海上保险实务与法律

PRACTICE & LAW OF MARINE INSURANCE

（第2版）

主　编　/　苏同江　吴书爱

副主编　/　高　伟　李爱新

大连海事大学出版社

DALIAN MARITIME UNIVERSITY PRESS

图书在版编目(CIP)数据

海上保险实务与法律／苏同江,吴书爱主编. — 2
版. — 大连：大连海事大学出版社，2023.8
ISBN 978-7-5632-4428-7

Ⅰ.①海…　Ⅱ.①苏…②吴…　Ⅲ.①海洋运输保险
—职业教育—教材②海洋运输保险—保险法—中国—职业
教育—教材　Ⅳ.①F840.63②D922.284

中国国家版本馆 CIP 数据核字(2023)第 123882 号

大连海事大学出版社出版

地址:大连市黄浦路523号　邮编:116026　电话:0411-84729665(营销部)　84729480(总编室)
http://press.dlmu.edu.cn　E-mail:dmupress@dlmu.edu.cn

大连日升彩色印刷有限公司印装　　　　　　　　大连海事大学出版社发行

2014 年 9 月第 1 版　　　2023 年 8 月第 2 版　　　2023 年 8 月第 1 次印刷
幅面尺寸:184 mm×260 mm　　　　　　　　　　　印张:13.5
字数:333 千　　　　　　　　　　　　　　　　　印数:1~1000 册

出版人:刘明凯

责任编辑:魏　悦　　　　　　　　　　　　　　　责任校对:王　琴
封面设计:解瑶瑶　　　　　　　　　　　　　　　版式设计:解瑶瑶

ISBN 978-7-5632-4428-7　　　定价:38.00 元

内容提要

　　本书是为适应我国高等教育的教学需要,为港口与航运管理和现代物流管理等相关专业学习海上保险而编写的一本专业性教材。本书主要包括海上保险基本知识、海上保险合同、海上运输货物保险、海上船舶保险、海运责任保险、海上保险索赔与理赔。本书较系统、全面地论述了海上保险制度、海上保险条款和相关的法律规定,并配有保险案例。为便于学生掌握所学知识,各章还设置了案例讨论和目标检测题,书后附录附有相应的参考答案。

第 2 版前言

本书自 2014 年出版至今,国际、国内立法发生了较大变化:《中华人民共和国民法典》于 2021 年 1 月 1 日起施行;国际商会(International Chamber of Commerce,ICC)新公布的 2020 版本《国际贸易术语解释通则》自 2020 年 1 月 1 日起生效;中国人民财产保险股份有限公司在中国银行保险监督管理委员会备案了海洋运输货物保险(2018 版)最新保险条款。有关海上保险实务和海上保险合同的相关法律规定发生了变化,本书的部分内容明显落伍,已不适应当前教学的需要。

围绕上述内容,编者依据现行法律和国际贸易术语的规定对相关内容进行了修订。修订过程中,编者查阅了相关法律法规、国际公约以及相关网站资料,保证修订质量。本书在修订过程中注重工学结合,邀请山东海运股份有限公司李爱新担任副主编。同时,本书在修订过程中得到了中国远洋海运人才发展院孙勇志副教授和山东大学法学院张平华教授的悉心指导、中国远洋海运人才发展院港口与航运管理团队负责人高伟老师的大力协助,在此一并谢过!

限于编者水平,书中的错误和不足之处还望读者见谅!

编者
2023 年 7 月于青岛

第1版前言

本书是为贯彻和落实教育部"十二五"职业教育教材建设的若干意见文件精神,加强教材建设,提高教材质量,打造精品教材,服务现代职业教育体系建设,开发具有现代国际航运服务业特色的教材,切实提高职业教育人才培养质量,更加有利于培养学生获取和应用知识的能力,培养学生的创新能力,为国际航运业务管理专业、集装箱运输管理专业和物流管理专业以及相关专业学生学习海上保险理论与实务而编写的一本专业性教材。

本书自 2005 年首次由大连海事大学出版社正式出版发行以来,得到广大读者的支持和偏爱,在此表示衷心的感谢和敬意。在此期间,由于新修订的《中华人民共和国保险法》于 2009 年 9 月 1 日颁布并实施,加强了对被保险人利益的保护,进一步明确了保险活动当事人的权利、义务,国际商会制定的 2007 年《跟单信用证统一惯例》(国际商会第 600 号出版物,UCP600)、《国际贸易术语解释通则 2010》相继出台,我国各大保险公司相继推出国际货运代理责任保险条款和物流责任保险条款等原因,导致本书的部分内容明显落伍,已不适应当前教学的需要。为此,编者在参阅大量国内外有关海上保险的著作、文章和案例,总结多年教学经验的基础上,经过悉心研究和分析,对本书的内容进行了必要的修改和补充,使本书更加充分地体现职业教育的特点和实用性,满足教学需要,符合我国法律、法规和国际惯例的最新规定。

本书的针对性强,内容新,理论联系实际,特别适合已经学过国际贸易、海运集装箱运输、租船运输、海商法等科目,但缺乏航运保险知识的高等职业院校的学生学习海上保险的需要。为使学生更好地明确学习目标和技能要求,每章开篇列明本章的具体学习目标和具体技能方面的要求。为了方便学生学习海上保险课程,掌握所学知识,有效地提高学习能力,每章先架构学习导图和先导案例,提出问题,激发学生学习相关概念的兴趣,调动学生已有的知识和经验,活跃思维,让学生带着问题阅读教材,帮助学生理解和把握知识体系,引导学生自主建构知识框架。为了满足理论和实践一体化教学模式的需要,本书把知识性与技能性融为一体,增加海上运输货物保险单填写、小组案例讨论、海洋运输保险费和保险金额的计算以及货物和船舶保险索赔的计算等实训内容。

在体系安排上,本书分为六大部分内容,即海上保险基本知识、海上保险合同、海上运输货物保险、海上船舶保险、海运责任保险、海上保险索赔与理赔,较系统、全面地论述了海上保险制度、条款和相关的法律规定、实务操作以及保险案例。其具体结构包括学习目标、技能要求、重点和难点、学习导图、先导案例、知识技能、真实案例、知识拓展、小组案例讨论、本章小结、目标检测。附录 A 附有每章的案例讨论及目标检测的参考答案。

本书既可作为全国高等职业院校港口与航运管理专业和集装箱运输管理专业开设"海上保险实务与法律"课程的教学用书,也可作为全国高等职业院校国际物流管理专业以及相关专业学生学习海上保险课程的教学用书。同时,本书还可以作为航运保险、国际货代、外贸业务、物流管理等企业对员工开展培训的教材和参考资料。

本书由青岛远洋船员职业学院物流与航运管理系苏同江教授和国际航运业务管理教研室主任高伟担任主编,上海海事大学博士生导师王学峰教授担任主审。参加本书编写工作的还有中国国际货运代理协会培训部副主任王晓宇,青岛港湾职业技术学院王海蛟,青岛远洋运输有限公司孟祥伟,青岛远洋船员职业学院物流与航运管理系吴书爱、王瑞亮、于晓丹、李莉莉等老师。

在本书付梓之际,编者对大连海事大学出版社在本书成功申报"十二五"职业教育国家规划教材以及整个编写过程中提供的建议和帮助表示感谢。由于编者水平有限,本书中难免会出现错误和不足之处,有些观点也属于编者个人见解,敬请专家与读者批评指正,提出宝贵意见。

编 者

2014 年 6 月

目　录

第一章
海上保险基本知识

学习目标

1. 了解海上保险的发展历史;
2. 熟悉风险的特征和分类;
3. 掌握保险及海上保险的概念、特征、分类;
4. 掌握海上保险的当事人和关系人的相关知识。

技能要求

1. 具备分析和辨别风险的特征与分类的能力;
2. 具备分析和辨别海上保险的特征与分类的能力;
3. 能够明确保险的分类和主要作用;
4. 能够明确海上保险当事人和关系人的主要权利和义务。

重点和难点

保险代理人与保险经纪人的区别;重复保险的含义及重复保险下保险人的赔偿责任;预约保险下保险人的责任。

学习导图

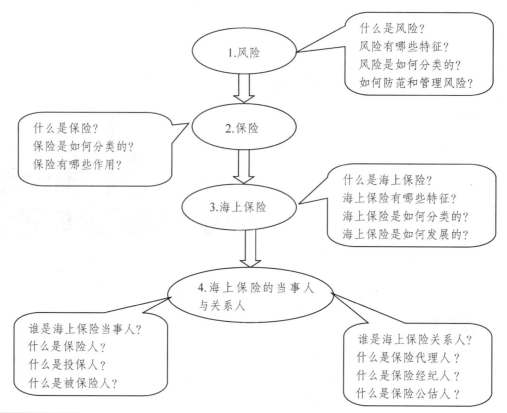

先导案例

我国 A 进出口公司与 B 保险公司的保险代理人 C 公司签订了一份进口货物保险合同。随后,A 进出口公司将保险费通过银行转账的方式划入 C 公司的账户内,C 公司也向 A 进出口公司出具了一份盖有 B 保险公司业务专用章的保险单。在海上运输期间,货物由于遭遇恶劣天气而受损,这属于保险人的责任范围,作为被保险人的 A 进出口公司持有关保险的索赔资料向 B 保险公司索赔。但 C 公司因经营问题,将该笔保险费挪作他用,未交给 B 保险公司,所以保险人以未收到保险费为由,认为保险合同未生效,保险公司不承担保险责任。法院认定,保险代理人 C 公司代理保险公司与被保险人签订保险合同,没有超越代理权限,其在代理期限内以保险公司的名义实施的代理行为,依法应由 B 保险公司承担民事责任。至于代理人是否将保险费上交给保险公司以及双方是否有其他约定,均不影响保险公司对外承担保险责任。

第一节　保险的基本知识

海上保险(Marine Insurance)是财产保险的一种特殊类型。学习海上保险,首先要学习和掌握有关保险的一些基本知识。

一、风险

风险(Risk)是保险存在的前提条件和基础。保险主要承保风险给人类社会带来的损失；无风险,则无保险存在的必要,保险也就失去了存在的意义。风险的存在是构成保险的一个重要要件,风险与保险有着密切的关系,研究保险应从风险入手。

(一) 风险的概念

风险又称危险,是指自然界和人类社会客观存在的导致损失发生的不确定性。俗话说:"天有不测风云,人有旦夕祸福。"自然界和人类社会客观存在的种种风险,如地震、洪水、台风、海啸、战争、疾病、车祸、火灾、爆炸等,都可能给人类生活和财产带来不同程度的灾难和破坏,甚至危及人身安全和健康。人类需要通过各种方式来防止、转移或减少风险。保险正是源于风险或危险的存在而产生和发展的,是一种比较有效的转移风险的方法。

【风险导致灾害实例】

实例一:2008 年 5 月 12 日,中国四川省汶川发生 8 级特大地震。据有关方面的统计,69 227 人遇难,374 643 人受伤,17 923 人失踪,直接经济损失达 8 451.4 亿元人民币。

实例二:2004 年 12 月 26 日,印度尼西亚苏门答腊岛附近海域发生地震并引发大规模海啸。有关方面统计数据显示,印度洋大地震和海啸以及所造成的瘟疫灾害已经造成近 30 万人死亡,是世界 200 多年来死伤最惨重的海啸灾难。

(二) 风险的特征

从保险的角度,保险所承保的风险应具有以下特征。

1. 风险的不确定性

风险的不确定性是指风险发生与否不确定,风险发生的时间也不确定。在海上运输货物和船舶营运的整个过程当中,虽然也充满着种种自然和人为的风险,例如,恶劣气候可能造成货物受损或者灭失,船舶可能由于船员操作不当发生与其他船舶或码头的碰撞事故而导致受损以及产生赔偿责任等,但这些风险是否一定会发生则是不确定的,发生的时间和地点也是不确定的,发生的原因和导致损失的结果更是不确定的。确定的要发生的风险通常不属于保险的承保范围。

2. 风险的客观可能性

风险的客观可能性是指风险是客观存在的,不以人的意志为转移。无论人们是否意识到,风险都是客观的,时时刻刻存在于人们工作和生活的方方面面。风险的客观存在,使得它的发生具有可能性,但不一定必然发生。风险必须是可能发生的,不可能发生的风险则无须保险。必定要发生的风险也不属于保险的承保范围。

3. 风险的可测性

风险的可测性是指对风险的不确定性,可以根据概率论和大数法则加以测算。大数法则是概率论中的一个重要法则,它揭示了以下规律:大量的、在一定条件下重复出现的随机现象将呈现出一定的规律性或稳定性。风险必须是可以测定的,如不能测定,则无法计算保险费。虽然从个别事件上看风险具有不确定性,无法确定风险是否发生,但就总体而言,风险会呈现出非偶然的规律性。例如,人们无法预测某艘船舶出海是否会遭遇风险,从而发生损失,但通过对成百上千艘船舶的综合观察和统计,在一定时期内风险发生的频率和损失率是可以测算的。只有在能够准确预测风险造成的损失率后,保险体系才能成功运作。

4. 风险的约定性

保险人并不承保所有的风险,只有属于承保范围内的风险造成的损失,保险人才予以赔偿。从这个角度来看,风险具有约定性。保险人承担的赔偿责任以约定的保险风险为准。如果风险没有约定,则保险人的责任就无法界定,保险人也不可能承保所有的风险。在保险实务中,不论是船舶保险还是货物保险或者其他种类的保险,保险人都在保险合同中规定了对承保的保险事故造成的损失负责任,如我国平安险、水渍险和一切险也都列明约定的承保风险。即便是英国的协会货物保险(A)条款也把不保的风险作为除外责任予以列明。约定的风险造成的损失才是保险人承担赔偿责任的基础。

5. 风险原因的适法性

风险原因的适法性是指导致风险发生的原因必须符合法律的规定,违背法律、道德的风险造成的损失,保险人不予承担责任。例如,走私货物而被没收,造成货物损失的原因是违法的行为,货物保险人对此不予赔偿。再如,利用保险进行诈骗是海运欺诈的手段之一,对此保险人也是不承担赔偿责任的。

(三)风险的分类

按照不同的标准划分,风险有不同的分类。根据产生的后果对象的不同,风险分为人身风险、财产风险、责任风险和信用风险;根据形态的不同,风险分为静态风险和动态风险;根据性质的不同,风险可分为纯粹风险和投机风险;根据产生原因的不同,风险可分为政治风险、自然风险、社会风险和经济风险,如图1-1所示。

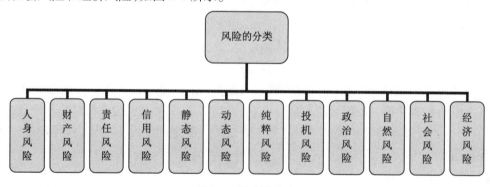

图1-1　风险的分类

【知识拓展】

1. 人身风险

人身风险(Personal Risk)是指可能导致人的伤残、死亡或丧失劳动能力的风险。例如,人会因生、老、病、死等生理规律和自然、政治、军事、社会等原因而早逝、伤残、丧失工作能力等。

2. 财产风险

财产风险(Property Risk)是指导致一切有形财产毁损、灭失或贬值的风险。例如,建筑物可能由于火灾、地震、爆炸等造成毁损,货物在海上运输的过程中可能由于自然灾害而遭受灭失。

3. 责任风险

责任风险(Liability Risk)是指因个人或团体行为的疏忽或过失,造成他人的财产损失或人身伤亡,依照法律、合同应当承担经济赔偿责任的风险。例如,雇主对雇员在从事职业范围内的活动中,身体受到伤害等应负的经济赔偿责任,船东对船舶在海上由于船员过失碰撞他船而应承担的损害赔偿责任等。

4. 信用风险

信用风险(Credit Risk)是指在经济交往中,由于一方违约或违法行为给另一方造成经济损失的风险。例如,在国际贸易销售合同中,出口商和进口商之间都可能因一方不履约而致对方遭受经济损失。

5. 静态风险

静态风险(Static Risk)是指在社会、政治、经济环境正常的情况下,由自然力的不规则变动,人们的错误判断和错误行为所导致的风险。例如,地震、洪水、飓风等自然灾害,交通事故、火灾、爆炸等意外事故均属静态风险。

6. 动态风险

动态风险(Dynamic Risk)是指由社会、经济的或政治的变动所导致的风险。例如,通货膨胀、汇率风险、罢工、暴动、消费者偏好改变、国家政策变动等均属于动态风险。静态风险的影响范围有限,往往只会影响到部分财产或个人;而动态风险的影响范围较大,甚至影响全社会。

7. 纯粹风险

纯粹风险(Pure Risk)是指那些只有损失机会而无获利可能的风险。例如,船舶经营人面临船舶在海上的碰撞风险或搁浅风险等,当碰撞或者搁浅事故发生时,他们便会遭受经济利益上的损失。

8. 投机风险

投机风险(Speculative Risk)是指那些既有损失机会,又有获利可能的风险。例如,商业上的价格投机行为,投资者购买某种商品后,可能会由于商品价格上涨而获得收益,也可能由于商品价格下跌而蒙受损失,但商品的价格到底是上涨还是下跌,幅度有多大,这些都是不确定的,因而这类风险就属于投机风险。在通常情况下,纯粹风险具有可保性,投机风险不具有可保性。保险公司承保纯粹风险,不承保投机风险。

9. 政治风险

政治风险(Political Risk)又称国家风险,是指在国际经济活动中,由国家的主权行为所引起的造成损失的风险。例如,因输入国家发生战争、革命或内乱而中止货物进口造成的损失,或因国家变更对外贸易法规,造成国际贸易合同无法履行而形成的损失等。

10. 自然风险(Natural Risk)

自然风险是指因自然力的不规则变化引起的种种现象,导致对人们的经济生活和物质生产及生命造成的损失或损害的风险,例如,地震、水灾、火灾、风灾、雹灾、冻灾、旱灾、虫灾以及各种瘟疫等。

11. 社会风险

社会风险(Social Risk)是指由于个人或团体的行为,包括过失行为、不当行为以及故意行为对社会生产及人们生活造成损失的风险,例如,盗窃、抢劫、玩忽职守及故意破坏等行为对他人的财产或人身造成损失或者损害等。

12. 经济风险

经济风险(Economic Risk)是指在经济活动中由于受市场供求关系、经济贸易条件等因素的影响,或经营者决策失误,对前景预期出现偏差等,而遭受经济损失的风险。例如,价格的涨跌、利率和汇率变动等方面的风险。

（四）风险的管理与防范

由于人类社会存在各种风险,为了降低和转移风险,人们采取各种处理风险的办法。对付和处理风险的方法主要有积极预防、主观承担、控制和减少、设法转移等。保险则是其中一种比较有效、可靠的转移风险的办法。被保险人通过交纳一定的保险费,将风险转移给保险人,由保险人来承担可能发生的风险给被保险人造成的损失。

从风险管理的历史上看,最早形成系统理论并在实践中广泛应用的风险管理手段就是保险,人们主要通过购买保险的方法来管理企业和个人的风险。从 20 世纪 30 年代初期风险管理在美国兴起,到 20 世纪 80 年代形成全球范围内的国际性风险管理运动,保险一直是风险管理的主要工具,并越来越显示出其重要地位。保险公司的风险管理职能更多的是通过承保其他风险管理手段所无法处置的巨大风险,来为社会提供风险管理服务的。所以,保险是风险管理的一支主力军。保险业是经营风险的特殊行业,除了不断探索风险的内在规律,积极组织风险分散和经济补偿之外,保险业还造就了一大批熟悉各类风险发生变化特点的风险管理技术队伍。他们为了提高保险公司的经济效益,在直接保险业务之外,还从事有效的防灾防损工作,使大量的社会财富免遭损失。保险公司还通过自身的经营活动和多种形式的宣传,培养人们的风险意识,提高社会的防灾水平。

二、保险

学习保险(Insurance)知识,尤其是学习海上保险知识,首先要学习和掌握的是保险的概念。对于保险的概念,从不同的角度和不同的分类上,所给出的定义是不同的。

（一）保险的概念

在保险学中,保险一词有其特定的内容和深刻的含义。保险是一种金融活动,在国家经济活动中占有重要的地位。从金融角度理解保险的含义应当是,保险是将风险转移给一个风险共担组织,通过被保险人交纳保险费建立保险基金,风险共担组织在投保人或被保险人发生损失时给予赔偿的一种经济制度。保险基金来源于投保人所交纳的保险费,保险人通过经营管理保险基金使其升值,增强其偿付能力。同时,当被保险人遭受承保风险造成的损失时,保险人动用保险基金给予赔偿。

保险活动同时是一种民事法律关系,投保人或被保险人购买保险,就是与保险人订立保险合同。保险是基于保险当事人双方协商一致,签订保险合同,明确双方的权利、义务关系,而产生的一种民事法律行为。简单地说,保险是一方当事人即保险人同意赔偿另一方当事人即投保人或被保险人损失的契约性约定。

广义上的保险应包括商业保险、社会保险和互助保险。狭义上的保险主要指商业保险。

（二）保险的定义

为了规范保险活动,保护保险活动当事人的合法权益,加强对保险业的监督管理,促进保险事业的健康发展,我国制定了调整保险关系的保险法。按照《中华人民共和国保险法》(以下简称《保险法》)第二条的规定,"本法所称保险,是指投保人根据合同规定,向保险人支付保险费,保险人对于合同约定的可能发生的事故因其发生所造成的财产损失承担赔偿保险金责任,或者当被保险人死亡、伤残、疾病或者达到合同约定的年龄、期限等条件时承担给付保险金责任的商业保险行为"。

我国《保险法》调整的对象是商业保险,不包括社会保险和互助保险。

【知识拓展】

从保险的词义上看,它包含几层含义:一是指稳妥、可靠或有把握,如"这样做可不保险""天气忽冷忽热,多穿点保险"等;二是指担保或保证,如"我敢保险,这是全国新纪录""你依我的话,保险不会出错"等;三是指肯定或一定,如"这件事问他保险知道""今天他保险会来"等;四是指机械物件上起安全作用,以防意外的装置,如"这是保险,这是机头,这是栓"等;五是指集中分散的社会资金,用于赔偿因自然灾害、意外事故或人身伤亡而造成的损失,如商业保险、社会保险、财产保险等。

三、保险的分类

保险的分类(Classification of Insurance)是指从不同的标准或角度出发,对保险做出的分类。

(一)财产保险和人身保险

国内根据保险标的的不同将保险分为财产保险与人身保险,国外分为寿险和非寿险。这种分类是按保险对象的不同对保险所做的最基本的分类。财产保险和人身保险下有关当事人之间的法律关系和业务经营是不尽相同的,有些规定仅适用于财产保险而不适用于人身保险,如赔偿原则不适用于人身保险。根据我国《保险法》的规定,保险人不得兼营人身保险业务和财产保险业务。但是,经营财产保险业务的保险公司经国务院保险监督管理机构批准,可以经营短期健康保险业务和意外伤害保险业务。

1. 财产保险

财产保险(Property Insurance)是以财产及其有关利益为保险标的的保险。财产保险包括财产损失保险、责任保险、信用保险、保证保险等保险业务。财产损失保险,是以有形财产作为保险标的的保险;责任保险,是以被保险人的民事损害赔偿责任为保险标的的保险;信用保险,是以信用风险作为保险标的的保险;保证保险,是以保险人为被保证人向权利人提供担保的保险。

2. 人身保险

人身保险(Personal Insurance)是以人的寿命和身体为保险标的的保险。人身保险包括人寿保险、健康保险、意外伤害保险等保险业务。人寿保险,是以人的生死为保险事故给付保险金的保险;健康保险,是以赔偿疾病所致的损失的保险;意外伤害保险,是以意外事故给人造成损失为保险对象的保险。

(二)社会保险、商业保险和互助保险

根据保险实施的形式不同,保险分为社会保险、商业保险和互助保险。这种分类的意义在于保险行为适用的法律是不同的,是否参加保险取决于当事人的意愿。我国《保险法》的规定不适用于强制保险。

1. 社会保险

社会保险(Social Insurance)又称法定保险或强制保险,是指由国家法令强制实施的一种

保险行为,如养老保险、失业保险、医疗保险、生育保险、工伤保险等。社会保险属于社会保障性质,是国家通过立法,以法律或法规的形式,强制有关当事人必须加入的某项保险。强制保险的特点是强制性和非营利性。《中华人民共和国社会保险法》(以下简称《社会保险法》)是我国第一部关于社会保险制度的综合性法律,于2011年7月1日实施。《社会保险法》规定,国家建立基本养老保险、基本医疗保险、工伤保险、失业保险、生育保险等社会保险制度,保障公民在年老、疾病、工伤、失业、生育等情况下依法从国家和社会获得物质帮助的权利。

2. 商业保险

商业保险(Commercial Insurance)又称自愿保险,是指有关当事人是否参与保险、投保何种保险等行为完全取决于当事人意愿的一种保险。商业保险的特点是非强制性和营利性。

社会保险和商业保险的区别:一是适用的范围和约束力不同,社会保险具有强制性和全面性,而商业保险是非强制性的;二是责任产生的条件不同,社会保险中保险人与被保险人的权利、义务关系都是在规范性文件中明确规定的,而商业保险是通过双方签订保险合同来确定和体现双方的权利、义务的;三是实现的目的不同,社会保险的目的是实现社会保障,是非营利的,而经营商业保险的保险机构的目的在于盈利,通过赔偿金少于所收保险费的差额来获取经营利润;四是保险费的来源不同,社会保险的保险费为多方,包括投保人、单位、政府等,而商业保险的保险费来源于投保人。

3. 互助保险

互助保险(Mutual Insurance)是指当事人自己组织起来,互相保障风险的一种保险行为。互助保险是体现自保互助原则的合作保险,它的特点是非强制性和非营利性。在海上保险中,最为典型的互助保险形式是船东保赔保险,由船东们自己组织起来成立船东保赔协会,承保海上运输中特定的风险和责任。

(三)原保险、再保险和重复保险

根据承担责任次序的不同或者风险转移方式的不同,保险分为原保险、再保险和重复保险。

1. 原保险

原保险(Original Insurance)是指保险人对被保险人因保险事故所致损害承担直接的赔偿责任的保险。也就是作为非保险人的被保险人或投保人直接向保险人或者通过保险代理人、经纪人向保险人投保而订立的保险合同。一般所说的保险主要指这类保险。

2. 再保险

再保险(Reinsurance)是指一方保险人将原承保的保险业务以分保形式部分转移给其他保险人承担的保险,即对保险人的保险,又称分保。分出保险业务的保险称为分出保险;接受分保业务的保险称为分入保险。应再保险接受人的要求,再保险分出人应当将其自负责任及原保险的有关情况书面告知再保险接受人。

再保险是建立在原保险的基础上的保险,可以说是保险的保险,是对保险人的赔偿责任的一种责任保险。再保险合同和原保险合同是两个相对独立的保险合同,参加原保险的被保险人不得享受再保险的利益。再保险接受人不得向原保险的投保人要求支付保险费。原保险的被保险人或者受益人不得向再保险接受人提出赔偿或者给付保险金的请求。再保险分出人不得以再保险接受人未履行再保险责任为由,拒绝履行或者延迟履行其原保险责任。

3.重复保险

重复保险(Double Insurance)是指投保人对同一保险标的、同一保险利益、同一保险事故分别与两个以上保险人订立保险合同,且保险金额总和超过保险价值的保险。

重复保险的条件为保险标的相同、保险利益相同、保险事故相同、与两个或两个以上的保险人签订保险合同。根据我国《保险法》第五十六条的规定,重复保险的投保人应当将重复保险的有关情况通知各保险人。重复保险的保险金额总和超过保险价值时,各保险人的赔偿总额不得超过保险价值。各保险人在重复保险下的赔偿原则是比例责任,即各保险人按照其保险金额与保险金额总和的比例承担赔偿保险金的责任。

根据《中华人民共和国海商法》(以下简称《海商法》)第二百二十五条的规定,被保险人对同一保险标的就同一保险事故向几个保险人重复订立合同,而使该保险标的的保险金额总和超过保险标的的价值的,除合同另有约定外,被保险人可以向任何保险人提出赔偿请求。被保险人获得的赔偿金额总和不得超过保险标的的受损价值。各保险人按照其承保的保险金额同保险金额总和的比例承担赔偿责任,任何一个保险人支付的赔偿金额超过其应当承担的赔偿责任的,有权向未按照其应当承担赔偿责任支付赔偿金额的保险人追偿。

四、保险的作用

保险的基本功能是分散风险和进行经济补偿,另外,保险还具有资金融通和社会管理功能。保险的作用(Function of Insurance)则是保险功能在实际运作过程中发挥和表现出来的效应的具体体现。保险的作用具体体现在以下几个方面。

(一)损失赔偿的作用

保险最基本、最主要的作用是损失赔偿,为被保险人提供保险的目的是使被保险人能够最大限度地恢复到损失发生前的经济状态。因此,赔偿损失是保险的最终目的。一旦保险事故发生,给被保险人造成财产灭失或损坏,保险人将按合同的规定,给予经济上的赔偿。

【例】2003年5月31日,中远散货运输有限公司所属的"富山海"号在丹麦海域与一外轮发生碰撞后沉没。该船在中国人民财产保险股份有限公司(以下简称中人保)投保的保险金额为2 050万美元,此案为我国船舶保险历史上损失最大的赔案之一。案件发生后,中人保立即启动应急理赔程序,按照国际惯例委请律师以及代理人积极开展调查工作,分析事故原因,在判定本次事故原因属于保险责任之后,支付了约定的赔偿金。

(二)分散风险的作用

人类社会和赖以生存的自然界客观存在各种风险及危险,保险本身并不能消灭危险,但是通过购买保险,可以把风险转移给保险人,由保险人承担可能发生的各种风险。

例如,卫星发射耗资巨大,一旦失败可能会造成巨大损失。卫星发射方可以通过保险的形式将发射失败的风险转给保险人来承担。

(三)积累资金的作用

保险公司可通过收取零星的保险费,聚沙成塔,集腋成裘,建立起庞大的保险基金。据统计,截至2013年6月底,中国保险业总资产接近8万亿元人民币。

【知识拓展】

据统计,2005年全国保险费收入4 927.4亿元,其中人身险收入3 697.5亿元,财产险收入 1 229.9 亿元,共支付赔款 1 129.7 亿元。2006 年全国保险费收入 5 641.4 亿元,其中人身险收入 4 132 亿元,财产险收入 1 509.4 亿元,共支付赔款 1 438.46 亿元。2007 年全国保险费收入 7 035.7 亿元,其中人身险收入 5 038 亿元,财产险收入 1 997.7 亿元,共支付赔款 2 265.2 亿元。2008 年全国保险费收入 9 784.09 亿元,其中人身险收入 7 447.39 亿元,财产险收入 2 336.7 亿元,共支付赔款 2 971.17 亿元。2009 年全国保险费收入 11 136.83 亿元,其中人身险收入 8 261 亿元,财产险收入 2 875.83 亿元,共支付赔款 3 125.48 亿元。2010 年全国保险费收入 14 527.64 亿元,其中人身险收入 10 632 亿元,财产险收入 3 895.64 亿元,共支付赔款 3 200.43 亿元。2011 年全国保险费收入 14 339.25 亿元,其中人身险收入 9 721.43 亿元,财产险收入 4 617.82 亿元,共支付赔款 3 929.37 亿元。2012 年全国保险费收入 15 488 亿元,其中人身险收入 10 157 亿元,财产险收入 5 331 亿元,共支付赔款 4 716.31 亿元。

(四)促进对外经济贸易发展的作用

保险是对外经济贸易中不可缺少的重要环节。由于国际贸易涉及国家、地区间的经贸往来,货物往往要经过海洋运输、陆上运输、航空运输等若干环节,因而遭遇自然灾害或意外事故而导致损失的风险也较大,这就使保险成为必需。保险作为对外贸易和经济交往中不可缺少的环节,为促进对外经济贸易的发展,起到了保驾护航的积极作用。

(五)保障社会稳定,人们生活安定的作用

保险通过分散风险及提供经济赔偿,在保障社会稳定方面发挥着积极的作用。公民个人及其家庭生活安定是整个社会稳定的基础。然而,各种风险事故的发生常使个人或家庭遭受损害,而成为社会不稳定因素。这些不稳定因素会使正常的社会生活秩序遭到破坏。具有未雨绸缪、有备无患作用的保险,通过保障个人及家庭的生活稳定,消除了这些不稳定因素,解除了人们的后顾之忧,帮助人们解决因灾害事故而导致的经济困难,从而维护了社会生活秩序的安定,保障社会稳定。

第二节　海上保险

一、海上保险的概念

海上保险(Marine Insurance)从性质上讲,属于财产保险,并在财产保险中有十分重要和相对独立的地位。海上保险是现代保险的起源,是一切保险的鼻祖。

海上保险是将与海上运输有关的财产(如货物和船舶)、利益(如货物预期利润)或有关责任(如船舶碰撞责任)作为保险标的的一种保险。因此,海上保险是指保险人对被保险人因海上及陆上风险和意外事故所造成的财产或利益损失而引起的责任,按照约定的条件和范围给予赔偿的一种特殊的商业保险行为。

早期的海上保险仅承保海上风险造成的财产损失,对于陆上风险是不予承保的。科学技术的发展、海上运输业的不断发展、国际多式联运业务的开展,都对海上保险提出了新的要求。保险业顺应时代发展的需求,将承保的风险从海上风险扩大到陆上风险。

风险是指自然界和人类社会客观存在的导致损失发生的不确定性。海上风险是指在海上运输或海上活动当中存在的导致损失发生的不确定性。英国海上保险法规定："海上风险是指因航海或与航海有关的危险,也就是指海难、火灾、战争、海盗、流寇、盗窃、捕获、拘捕、禁制、政府和人民的限制、抛弃、船员不法行为以及类似或者保险单中列明的危险。"

在海上保险中,保险人承保的海上风险是一种特定范围内的风险,它并不包括一切在海上发生的风险,又不局限于航海中所发生的风险。海上风险并不仅指来自海上的风险,也包括来自陆上的风险,它包括自然灾害、意外事故和外来原因。海上保险实务中,保险人一般都在保险合同中以承保责任的形式将承保何种风险列明,并以除外责任的方式将不予承保的风险一一列明。

二、海上保险的特征

海上保险的特征是指海上保险不同于其他类型的保险所体现的独特的特点。由于海上保险是在海上这一特定领域内的保险,鉴于海洋气候条件复杂而且变化不定,保险标的总处于流动状态,海上保险形成了一些独有的特征。

（一）承保风险的综合性

海上保险承保风险的综合性表现在:从性质上看,既有财产和利益上的风险,如货物保险和船舶保险,又有责任上的风险,如船舶碰撞责任;从范围上看,既承保海上风险,又承保陆上风险,如被保险货物在运到收货人仓库之前陆上发生的损失也予承保;从风险的种类上看,既有客观风险,如自然灾害引起的损失,又有主观风险,如船员故意损害船舶引起的损失。所以说,海上保险承保风险具有综合性。

（二）承保标的的流动性

海上保险主要承保的标的物是船舶和货物,因国际贸易和海上运输的需求,船舶和货物经常处于流动状态,从一个港口到另一个港口,从一个国家到另一个国家。海上保险承保的标的总是具有一定的流动性,不像一般财产保险承保的标的物相对固定。因此,海上保险承保的风险大于陆上一般财产保险承保的风险。

（三）承保对象的多变性

承保对象的多变性主要指海上货物保险的保险对象变化不定。在国际贸易中,货物在海上运输途中可以通过转让提单频繁易手,货物保险单可以同提单一样转让而无须经保险人的同意。货物受让人通过提单和保险单转让而成为新的货物所有人和被保险人,从而引起货物运输保险的保险对象不断变化。

（四）保险种类的多样性

海上承保风险的综合性、承保标的的流动性等特征决定了海上保险种类的多样性,以满足被保险人不同的保障需求。海上保险的险种和险别不仅数量多,其形式也在不断发生变化。如货物保险,包括一切险、水渍险、平安险、普通附加险、特别附加险、特殊附加险、海洋运输冷藏货物保险、海洋运输散装桐油保险、战争险和罢工险等。

（五）海上保险的国际性

海上保险保障的对象主要在世界范围内进行业务活动,海上保险标的物途经不同的国家和港口,从而涉及许多国际法律关系。海上保险与国际航运和国际贸易一样具有国际性,在处理具体保险业务时,不可避免地受到不同国家的法律和惯例的影响,应当遵循相应的国际公约和国际惯例的通用准则。

三、海上保险的分类

(一)按保险标的分类

海上保险按保险标的的分类,可以分为船舶保险、海上运输货物保险、运费保险、保赔保险等。

1. 船舶保险

船舶保险(Hull Insurance)是指以各种类型的船舶为保险标的的一种保险。船舶保险的标的物是各种类型的船舶,承保责任范围是船舶的财产损失和有关的利益及船东的责任。目前我国有关船舶保险条款主要分为四大类,即涉外运输的船舶保险、国内船舶保险、船舶建造保险、渔船保险。

2. 海上运输货物保险

海上运输货物保险(Marine Cargo Transportation Insurance)是指以航行于国际的船舶运输货物为保险标的的一种保险。海上运输货物保险的标的是贸易商品或非贸易商品,主要承保货物在运输途中因承保风险所造成的损失。目前我国有关海上运输货物保险条款主要分为三大类,即海上运输货物保险条款、海上运输冷藏货物保险条款、海上运输散装桐油保险条款。各类保险条款又分为不同的险别。

3. 运费保险

运费保险(Freight Insurance)是指以船舶营运中的预期或已交的运费为保险标的的一种保险。在海上保险实务中,货主支付的货物运费一般加在货物的价值上一起投保,因此货主无须单独再投保运费保险。对于承运人而言,预付运费是没有风险的,所以承运人仅需对有风险的到付运费进行投保。

4. 保赔保险

保赔保险(Protection and Indemnity Insurance)是指由船东自己组织起来,彼此之间相互保障,共同分担属于船东承担的责任的一种互助性保险。保赔保险的标的主要是船东的责任,主要承保商业保险公司的船舶保险责任之外的风险,保赔保险与商业保险也可以说是一种互补关系。

(二)按保险价值分类

海上保险按是否确定保险标的的价值来分类,可以分为定值保险和不定值保险。

1. 定值保险

定值保险(Valued Insurance)是指保险双方当事人对保险标的的价值做出约定,并把此约定价值订立在保险合同内的一种保险。船舶保险大都采用定值保险,货物保险习惯上把保险金额视为货物的保险价值。约定的保险价值是确定保险金额的依据,也是保险人赔偿的依据。

定值保险通常仅适用于财产保险合同。定值保险合同在保险标的出险时,一般不再对保险标的物进行估价,而是直接按照保险合同订立时确定的保险价值以及保险标的的实际损失与保险金额之比来确定应当赔偿的金额。

2. 不定值保险

不定值保险(Unvalued Insurance)是指保险双方当事人对保险标的的价值事先并未约定,只是把保险金额订立在保险合同内的一种保险。发生损失后,如何确定保险标的的价值,根据各国有关法律的规定来处理。一般来说,保险人按保险标的发生损失时的实际价值来确定自己的赔偿责任。如果确定的保险价值高于保险金额,保险人按照保险金额与保险价值的比例负赔偿责任。

(三)按保险期限分类

海上保险按保险人承保的保险期限来分类,可以分为航程保险、定期保险和混合保险。

1. 航程保险

航程保险(Voyage Insurance)是指保险双方当事人约定以一个航次或者以某点至某点为保险责任起讫的一种保险。保险人的承保责任自航程开始时起,至航程结束时终止。例如船舶航次保险,对于不载货船舶,自起运港解缆或起锚时开始至目的港抛锚或系缆完毕时终止。海上运输货物保险通常采用航程保险,其责任期间为仓至仓。

2. 定期保险

定期保险(Time Insurance)是指保险双方当事人约定以具体的期限为保险责任起讫的一种保险。定期保险的具体保险期限由双方协商确定,可以是半年或一年。保险单上要注明保险期限从某年某月某日零时起至某年某月某日二十四时止。定期保险一般适用于船舶保险,船舶保险的期限通常为一年。

3. 混合保险

混合保险(Mixed Insurance)是指既以一个航程又以具体的期限为保险期限的一种保险。混合保险主要以航程为主,但为了避免航程过分拖延,又以一定的时间加以限制,两者以先发生者为准。例如,某海上运输货物保险采用仓至仓条款,如果货物在卸货后六十天仍未运抵收货人的仓库,则保险人的责任终止;如果货物卸货后六十天内运抵收货人的仓库,则保险人的责任从货物一经入库即告终止。

(四)按承保方式分类

海上保险按保险标的的承保方式分类,可以分为逐笔保险、预约保险和总括保险。

1. 逐笔保险

逐笔保险(Specific Insurance)是指由被保险人单次、逐笔向保险人投保货物或船舶的一种保险。它适用于船舶保险和批量零星的进出口货物运输保险。

2. 预约保险

预约保险(Open Cover Insurance)是指保险双方约定总的保险范围承保被保险人在一定时期内分批发运货物的一种保险。预约保险的特点是不规定保险总金额,但规定每船限额,发运一批,申报一批,定期结算保险费。在这种方式下,被保险人不必为每一笔业务与保险人协商合同内容,简化了投保程序并节省了保险费;保险人订立预约保险合同,在简化业务程序的同时,可以取得稳定的保险费收入。预约保险适用于货物批量多、期限长而需在一定时期内分批发运或接受的货物。

我国《海商法》第二百三十一条规定:"被保险人在一定期间分批装运或者接收货物的,可以与保险人订立预约保险合同。预约保险合同应当由保险人签发预约保险单证加以确认。"

保险人在预约保险下,对被保险人的偶尔疏忽漏保和晚保也承担预先约定的保险责任。但对于被保险人已经知道发生保险事故后才投保,且超出预约保险合同协议范围,保险人对此不负赔偿责任。被保险人应尽早、如实地申报预约合同项下的全部发运货物名称、航程、数量和价值。

3. 总括保险

总括保险(Blanket Insurance)是指保险人对投保人在约定的期限内所运送的一定量的货物实行总承保的一种保险。总括保险的特点是规定保险总金额,不规定每船限额;发运一批,不必申报;事先一次付清保险费;实际损失从保险总金额扣除,扣除完毕,保险责任终止。具有一定规模船队的船公司可以采用总括保险。

四、海上保险的历史发展

(一)海上保险的起源

海上保险是一切各种类型保险的鼻祖,海上保险起源大体上有两种主要学说:一是共同海损起源说;二是船舶抵押借贷起源说。

1. 共同海损起源说

共同海损(General Average)是指在同一海上航程中,船舶、货物和其他财产遭遇共同危险,为了共同安全,有意地、合理地采取措施所直接造成的特殊牺牲、支付的特殊费用。共同海损分摊制度是一种古老的制度,大约在公元前 2000 年,地中海就有航海贸易。在当时,由于受条件的限制,航海中遇到风浪,船舶进水时,为避免船货沉没而不得不抛货。抛货的行为是为了大家的利益,因此该损失应由众人来分摊。这一原则便是今日人们共知的共同海损分摊原则,它具有互助保险的性质,可以说是海上保险的萌芽。不同的是,共同海损是一种分摊制度,未能对损失给予充分赔偿的保障。

2. 船舶抵押借贷起源说

船舶抵押借贷(Bottomry)又称冒险借款,它是古代海上借贷的变形。在早期的海上贸易活动中,船舶在运输过程中遇到急需钱的情况时,船东以船舶为抵押向商人借钱,贷款利息大大高于一般贷款,贷款人承担船舶航行中的风险。如船舶安全抵达航程的目的地,则贷款和利息必须偿还;如船舶未能安全抵达目的地,则贷款无须偿还。这就是船舶抵押借贷。船舶抵押借贷具备保险的一些特征,强调的是风险损失的赔偿。

船东作为债务人向商人借款,相当于被保险人;而商人作为债权人把钱借给船东,相当于保险人。作为抵押的船舶可以认为是现代意义上的保险标的,而高利息部分相当于保险费,商人不再收回贷款的行为算作对船东的赔偿。

以上表明船舶抵押借贷与今天海上保险中的船舶全损险相似,不同的是支付赔款程序不同。船舶抵押借贷是船东先拿到借款,安全抵达才归还,如发生损失则不用归还;船舶全损险则是先付保险费,如发生全损才能获得赔款。

(二)海上保险的发展

海上保险的发展经过了漫长的历史时期而形成当今海上活动不可缺少的保障体系。

1. 现代保险的起源地

海上保险在各类保险中起源最早,而正是海上保险的发展,带动了整个现代保险业的繁荣与发展。现代意义上的海上保险始于意大利,14世纪前后,意大利的一些城市成为当时的金融和商业中心。大量海上贸易的需求使得海上保险有了相应的发展。世界上发现的最早一张保险单是一位名叫乔治·勒克维伦的热那亚商人在1347年10月23日签发的一张船舶航程保险单,承担"圣·克勒拉"号船从热那亚至乌乔卡的风险。其内容比较简单,规定"如船舶安全抵达,合同无效;如船舶发生损失,合同成立,给予一定赔偿"。但它尚不具备现代保险单的基本形式。最具备现代保险单的基本形式的保单是比萨保单,即1384年1月15日由比萨的一组保险人出立的承保四大包纺织品从法国的阿尔兹到意大利的比萨的货运保险单。1397年在佛罗伦萨签订的保单已更加明确地列明承保的风险,具有现代保险单的格式。

2.现代海上保险的中心

17世纪英国的资本主义经济迅速发展,大规模的殖民掠夺,使英国成为世界上最大的殖民帝国,在世界贸易和航运业占有统治地位,为英国商人开展世界性的海上保险业务创造了条件。英国关于海上保险的第一部立法是1601年制定的《关于商人使用保险单的法案》;1745年英国又制定了《海上保险法》《防赌博法案》,其目的在于禁止订立被保险人没有保险利益的保险单,禁止赌博性保险。英国于1906年制定的《1906年海上保险法》是世界上影响最大的一部海上保险法,对保障和促进英国海上保险业的发展起到了重大作用。从18世纪起,英国成为世界上最大的保险市场,其制定的法规和保险单在世界上都有重要的影响。

【知识拓展】

与英国称霸世界海上保险业的历史几乎同步的是著名的英国劳合社。英国劳合社最早是从17世纪80年代一位名叫爱德华·劳埃德的英国人开设的一间咖啡馆发展起来的。由于此咖啡馆地处伦敦泰晤士河畔的塔街的特殊位置,所以船东、船长、商人、经纪人、海关办事员成为这家咖啡馆的常客,边喝边谈,交换有关贸易和航运的消息并洽谈业务,保险商人也常聚集于此,与投保人接洽保险业务。此处逐渐发展成为著名的保险市场。

英国劳合社不是一家保险公司,只向其成员提供交易场所和有关的服务,它本身并不承保业务,更确切地说是一个保险交易市场。英国劳合社的承保业务广泛,无所不保,涉及水险、非水险、航空险、汽车险和新技术险等五大类,但仍以经营水险居多。"保不可保的"是它最显著的特点。不管是多么特殊或危险的风险,劳合社都能开出承保的条件。英国劳合社设计的条款和保单格式在世界保险业中有广泛的影响,其制定的费率也是世界保险业的风向标。英国劳合社对保险业的发展,特别是对海上保险和再保险做出的杰出贡献是世界公认的。

(三)我国海上保险的发展

我国虽然是世界上最早开展海上运输和海上贸易的国家,但是由于我国封建社会发展漫长,且长期实行重农抑商、闭关自守政策,海上活动一直不发达,更谈不上开展海上保险业务。据有关资料介绍,1805年,一位英籍法国人与其他合伙人在广州建立了广州保险会社,成为有史记载的中国境内第一家保险公司,主要经营与英商贸易有关的运输保险业务。1865年5月25日开业的上海华商义和公司保险行可以说是中国第一家民族保险企业,从事经营海上运输货物保险业务。1875年12月28日轮船招商局在上海开办保险招商局,从事船舶和货物保险业务,是规模较大的民族保险业。

中华人民共和国成立后,我国的保险业几经起伏,逐渐发展。1949年10月20日,中国人民保险公司成立。20世纪50年代末—70年代末中国保险业发展缓慢,经历一些挫折,曾一度停办(1958年12月全国财政会议正式决定全面停办国内保险业务,只保留涉外保险业务继续经营)。1979年2月在京召开的全国人民银行分行长会议做出恢复国内保险业务的重大决策。同年4月国务院明确提出"逐步恢复国内保险业务",停办20多年的国内保险业务开始复业。20世纪80年代起保险业获得迅速发展,继中国人民保险公司后,1986年7月15日经中国人民银行批准,新疆生产建设兵团农牧业生产保险公司成立。1988年3月21日中国人民银行批设了平安保险公司,它是中国第一家股份制保险公司。1991年4月26日经中国人民银行批准,中国交通银行在其保险业务部的基础上组建中国太平洋保险公司,这是继中国人民保险公司成立后的第二家全国性商业综合性保险公司。随后外资保险公司开始进入中国市场,1992年10月美国国际集团被获准在上海经营寿险及非寿险业务,成为改革开放后第一家进入中国保险市场的外资保险企业。

改革开放40多年来,我国保险业成为国民经济中发展最快的行业之一,呈现出原保险、再保险、保险中介、保险资产管理相互协调,中外资保险公司共同发展的市场格局。

第三节　海上保险的当事人与关系人

一、保险人

(一)保险人的概念

保险人(Insurer or Underwriter)又称承保人,根据我国《保险法》第十条的规定,"保险人是指与投保人订立保险合同,并按照合同约定承担赔偿或者给付保险金责任的保险公司"。保险公司是指经保险监督管理机构批准设立,并依法登记注册的商业保险公司。保险人是保险合同的一方当事人,依法享有收取保险费的权利和承担赔偿或给付保险金的义务。在保险合同中应具体写明保险人名称的全称,以明确其作为合同一方当事人的身份,为将来一旦发生损失,作为赔偿方承担保险责任的依据。海上保险实务中,保险人的名称一般都事先印就在保险合同上。

(二)业务范围

保险公司的业务范围为财产保险业务、人身保险业务、国务院保险监督管理机构批准的与保险有关的其他业务以及再保险业务。根据我国《保险法》的规定,保险人不得兼营人身保险业务和财产保险业务。但是,经营财产保险业务的保险公司经国务院保险监督管理机构批准,可以经营短期健康保险业务和意外伤害保险业务。

(三)保险人的行为准则

根据我国《保险法》一百一十六条的规定,保险公司及其工作人员在保险业务活动中不得有下列行为:

(1)欺骗投保人、被保险人或者受益人。

(2)对投保人隐瞒与保险合同有关的重要情况。

(3)阻碍投保人履行本法规定的如实告知义务,或者诱导其不履行本法规定的如实告知义务。

（4）给予或者承诺给予投保人、被保险人、受益人保险合同约定以外的保险费回扣或者其他利益。

（5）拒不依法履行保险合同约定的赔偿或者给付保险金义务。

（6）故意编造未曾发生的保险事故、虚构保险合同或者故意夸大已经发生的保险事故的损失程度进行虚假理赔，骗取保险金或者牟取其他不正当利益。

（7）挪用、截留、侵占保险费。

（8）委托未取得合法资格的机构从事保险销售活动。

（9）利用开展保险业务为其他机构或者个人牟取不正当利益。

（10）利用保险代理人、保险经纪人或者保险评估机构，从事以虚构保险中介业务或者编造退保等方式套取费用等违法活动。

（11）以捏造、散布虚假事实等方式损害竞争对手的商业信誉，或者以其他不正当竞争行为扰乱保险市场秩序。

（12）泄露在业务活动中知悉的投保人、被保险人的商业秘密。

（13）违反法律、行政法规和国务院保险监督管理机构规定的其他行为。

二、投保人

（一）投保人的概念

投保人（Applicant）又称要保人，根据我国《保险法》第十条的规定，投保人是指与保险人订立保险合同，并按照合同约定负有支付保险费义务的人。投保人是保险合同的另一方当事人，既可以是法人，也可以是自然人。投保人依法享有获得损失赔偿或给付保险金的权利和支付保险费的义务。

（二）投保人须具备的条件

首先投保人必须具有相应权利能力和行为能力，否则所订立的保险合同无法律效力；其次投保人应当对保险标的具有保险利益。

三、被保险人

（一）被保险人的概念

根据我国《保险法》第十二条的规定，被保险人（Insured or Assured）是指其财产或者人身受保险合同保障，享有保险金请求权的人。在海上保险实务中，被保险人通常就是投保人。

（二）投保人与被保险人的区别

投保人可能是被保险人，也可能不是被保险人。投保人为自己利益而订立保险合同时是投保人，保险合同订立后其为被保险人；投保人为他人利益而订立保险合同时是投保人，但不是被保险人。

四、受益人

（一）受益人的概念

根据我国《保险法》第十八条的规定，受益人（Beneficiary）是指人身保险合同中由被保险人或者投保人指定的享有保险金请求权的人。投保人、被保险人可以为受益人。

(二)受益人的指定

受益人通常在人身保险合同中出现,他只享有权利,不承担任何义务。人身保险的受益人由被保险人或者投保人指定。被保险人或者投保人可以指定一人或者数人为受益人。受益人为数人的,被保险人或者投保人可以确定受益顺序和受益份额;未确定受益份额的,受益人按照相等份额享有受益权。投保人指定受益人时须经被保险人同意。投保人为与其有劳动关系的劳动者投保人身保险,不得指定被保险人及其近亲属以外的人为受益人。被保险人或者投保人可以变更受益人并书面通知保险人。保险人收到变更受益人的书面通知后,应当在保险单或者其他保险凭证上批注或附贴批单。投保人变更受益人时须经被保险人同意。

五、保险代理人

(一)保险代理人的概念

根据我国《保险法》第一百一十七条的规定,保险代理人(Insurance Agent)是根据保险人的委托,向保险人收取佣金,并在保险人授权的范围内代为办理保险业务的机构或者个人。保险代理机构包括专门从事保险代理业务的保险专业代理机构和兼营保险代理业务的保险兼业代理机构。保险代理人包括专业保险代理机构、兼业保险代理机构和个人保险代理人三种类型。

(二)责任承担

保险人委托保险代理人代为办理保险业务,应当与保险代理人签订委托代理协议,依法约定双方的权利和义务。保险代理人是保险人的代理人,因此保险代理人在代理权限内的责任及后果都由保险人承担,保险代理人不承担责任。保险代理人没有代理权、超越代理权或者代理权终止后以保险人名义订立合同,使投保人有理由相信其有代理权的,该代理行为有效,保险人应当承担责任。保险人可以依法追究越权的保险代理人的责任。

投保人有理由相信其有代理权是指以下情形:行为人持有保险公司工作证、空白保险合同、盖有保险公司印鉴的收据等;行为人原为保险公司代理人并与投保人签订保险合同的,后行为人丧失代理权而保险人未及时通知投保人,行为人又以保险公司代理人身份与投保人进行了续期保险费收取等业务活动的;保险公司的委托授权文件对代理人的授权不明的;其他使相对人有理由相信行为人有代理权的情况。上述证件、文件如果系伪造、变造的则除外。

(三)业务范围

保险专业代理机构可以经营下列保险代理业务:

(1)代理销售保险产品;

(2)代理收取保险费;

(3)代理相关保险业务的损失勘查和理赔;

(4)中国保险监督管理委员会(以下简称保监会)批准的其他业务。

六、保险经纪人

(一)保险经纪人的概念

根据我国《保险法》第一百一十八条的规定,保险经纪人(Insurance Broker)是基于投保人的利益,为投保人与保险人订立保险合同提供中介服务,并依法收取佣金的机构。保险经纪机构包括保险经纪公司及其分支机构。

（二）保险经纪人的责任

保险经纪人是客户利益的代表,代表了投保人和被保险人的利益。保险经纪人是为投保人和被保险人与保险人订立保险合同提供中介服务的机构,并不以自己或者投保人的名义与保险人订立保险合同。保险经纪机构因过错给投保人和被保险人造成损失的,应当依法承担赔偿责任。保险经纪机构从事保险经纪业务,应当与委托人签订书面委托合同,依法约定双方的权利、义务及其他事项。委托合同不得违反法律、行政法规及保监会有关规定。保险经纪机构应当按照与保险合同当事人的约定收取佣金。

（三）业务范围

保险经纪机构可以经营下列保险经纪业务:

（1）为投保人拟订投保方案、选择保险公司以及办理投保手续;

（2）协助被保险人或者受益人进行索赔;

（3）再保险经纪业务;

（4）为委托人提供防灾、防损或者风险评估、风险管理咨询服务;

（5）保监会批准的其他业务。

（四）保险经纪人与保险代理人的区别

保险经纪人与保险代理人的区别:一是代表的利益不同。保险经纪人接受客户委托,代表的是客户的利益;而保险代理人为保险公司代理业务,代表的是保险公司的利益。二是提供的服务不同。保险经纪人为客户提供风险管理、保险安排、协助索赔与追偿等全过程服务;而保险代理人一般只代理保险公司销售保险产品,代为收取保险费。三是服务的对象不同。保险经纪人的主要客户是收入相对稳定的中高端消费人群及大中型企业;而保险代理人的主要客户是个人。四是法律上承担的责任不同。客户与保险经纪人是委托与受托关系,如果因为保险经纪人的过错造成客户的损失,则保险经纪人对客户承担相应的经济赔偿责任;而保险代理人与保险公司是代理与被代理关系,被代理保险公司仅对保险代理人在授权范围内的行为后果负责。

七、保险公估人

（一）保险公估人的概念

保险公估人（Surveyor of Notary）是指接受委托,专门从事保险标的或者保险事故评估、勘验、鉴定、估损、理算等业务,并按约定收取报酬的机构。保险公估机构是依照我国《保险法》等有关法律、行政法规,经保监会批准设立的。未经保监会批准,任何单位和个人不得在中华人民共和国境内以保险公估机构名义从事保险标的的评估、勘验、鉴定、估损、理算等业务。

（二）保险公估人的责任

保险公估机构在办理保险公估业务过程中因过错给保险公司或者被保险人造成损害的,应当依法承担赔偿责任。保险公估与司法公证不同,保险公估不具有法律上的效力,只能作为当事人双方确定损失程度和赔偿金额的依据。

(三)业务范围

保险公估机构可以经营下列业务:

(1)保险标的承保前和承保后的检验、估价及风险评估;

(2)保险标的出险后的查勘、检验、估损、理算及出险保险标的残值处理;

(3)风险管理咨询;

(4)保监会批准的其他业务。

案例讨论

甲对外贸易公司与乙保险公司签订进出口货物运输预约保险协议,规定凡属被保险人进出口货物均属本保险协议承保范围,被保险人应在货物出运前向保险人办理投保手续,以确定承保的险别和费率;如不办理投保手续,保险人只承担最基本的险别,即平安险。在此期间,甲对外贸易公司进口 10 000 t 钢材,到货后发现货物严重锈蚀,于是向保险人递交投保单,承保风险为一切险。保险人拒绝赔偿被保险人的损失,双方发生争执。请讨论保险人是否应当承担赔偿责任,并给出理由。

本章小结

第一节　保险的基本知识

一、风险

二、保险

三、保险的分类

四、保险的作用

第二节　海上保险

一、海上保险的概念

二、海上保险的特征

三、海上保险的分类

四、海上保险的历史发展

第三节　海上保险的当事人与关系人

一、保险人

二、投保人

三、被保险人

四、受益人

五、保险代理人

六、保险经纪人

七、保险公估人

目标检测

一、单项选择题

1.投保人对同一保险标的、同一保险利益、同一保险事故分别与两个以上保险人订立保险合同,且保险金额总和超过保险价值的保险称为(　　)。

A. 重复保险　　　　　　　　　B. 保赔保险
C. 再保险　　　　　　　　　　D. 互助保险
2. ( )不属于财产保险。
A. 信用保险　　　　　　　　　B. 人寿保险
C. 责任保险　　　　　　　　　D. 保证保险
3. 保险起源于( )。
A. 保证保险　　　　　　　　　B. 财产保险
C. 责任保险　　　　　　　　　D. 海上保险
4. 根据保险标的的不同,可以将保险分为( )。
A. 商业保险与社会保险　　　　B. 财产保险与人身保险
C. 责任保险与保证保险　　　　D. 互助保险和强制保险
5. 保险所承保的风险通常是指自然界和人类社会客观存在导致损失发生的( )。
A. 确定性　　　　　　　　　　B. 必然性
C. 不可能性　　　　　　　　　D. 不确定性

二、多项选择题

1. 根据保险的实施形式不同,可以将保险分为( )。
A. 原保险　　　　　　　　　　B. 再保险
C. 自愿保险　　　　　　　　　D. 法定保险
2. 保险的基本作用有( )。
A. 赔偿损失　　　　　　　　　B. 分散风险
C. 积累资金　　　　　　　　　D. 保证安全
3. 海上保险的特点为( )。
A. 承保风险的综合性　　　　　B. 承保标的的流动性
C. 承保对象的多变性　　　　　D. 统一性
4. 海上保险按保险标的分类,可分为( )。
A. 船舶保险　　　　　　　　　B. 货物保险
C. 航程保险　　　　　　　　　D. 定值保险
5. 海上保险按保险价值分类,可分为( )。
A. 船舶保险　　　　　　　　　B. 货物保险
C. 不定值保险　　　　　　　　D. 定值保险

三、判断题

1. 海上保险仅承保由于海上风险造成的财产损失。( )
2. 商业保险的特点是非强制性和营利性。( )
3. 定值保险是指保险双方当事人约定保险金额,并把它订立在保险合同内的保险。( )
4. 保险代理人代表被保险人的利益,所以其佣金通常由被保险人支付。( )
5. 混合保险是指既以一个航程又以具体的期限为保险期限的一种保险。混合保险主要以航程为主,又以一定的时间加以限制,两者以后发生者为准。( )

四、思考题

1. 什么是保险? 什么是海上保险?

2. 保险有哪些作用?

3. 海上保险具有哪些特征?

4. 海上保险有哪些基本分类?

5. 保险经纪人与保险代理人有哪些主要区别?

五、案例分析

我国甲航运公司就其所属的船舶向乙保险公司投保船舶保险,船舶的保险金额为500万元,双方未就船舶的保险价值做出约定。在保险期间,船舶在航行中发生搁浅,造成船舶损失共计50万元。请讨论保险人是否应当赔偿被保险人50万元损失,并给出理由。

第二章 海上保险合同

学习目标

1. 了解海上保险合同的基本知识；
2. 熟悉海上保险合同的表现形式和法律适用；
3. 掌握海上保险合同主要的适用原则；
4. 掌握海上保险合同的订立和转让。

技能要求

1. 具备掌握海上保险合同主要内容的能力；
2. 具备分析和辨别海上保险的法律适用的能力；
3. 能准确处理海上保险合同的生效、履行、变更和终止事项；
4. 能熟练用海上保险合同的基本原则分析保险事故。

重点和难点

最大诚信原则、保险利益原则、保险金额与保险价值的关系。

🧠 **学习导图**

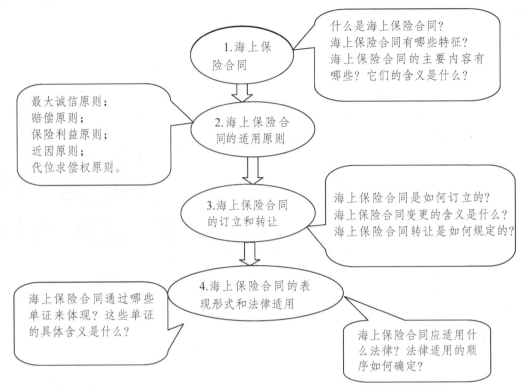

（学习导图内容）

1.海上保险合同
什么是海上保险合同?
海上保险合同有哪些特征?
海上保险合同的主要内容有哪些? 它们的含义是什么?

最大诚信原则;
赔偿原则;
保险利益原则;
近因原则;
代位求偿权原则。

2.海上保险合同的适用原则

3.海上保险合同的订立和转让
海上保险合同是如何订立的?
海上保险合同变更的含义是什么?
海上保险合同转让是如何规定的?

4.海上保险合同的表现形式和法律适用

海上保险合同通过哪些单证来体现? 这些单证的具体含义是什么?

海上保险合同应适用什么法律? 法律适用的顺序如何确定?

🧠 **先导案例**

　　国内某进出口公司出口一批货物到日本,在货物装船后且起航前,该公司向保险公司办理海上运输货物保险投保手续,双方为此达成协议。因下班时间已到,双方约定第二天由保险公司签发海上货物保险单。当天晚上,船上发生火灾,货物被毁,被保险人要求保险人予以赔偿,但保险人以尚未签发保单为由拒赔。法院判决,保险合同已经成立并生效,保险人不能拒赔。

第一节　海上保险合同的基本知识

一、海上保险合同的概念

(一)海上保险合同的定义

　　海上保险合同(Contract of Marine Insurance)是保险合同的一种特殊形式,为了调整有关海上保险合同当事人权利和义务的关系,各国法律都对保险合同和海上保险合同的概念做出明确的规定。我国《保险法》第十条规定:"保险合同是投保人与保险人约定保险权利义务关系的协议。"《海商法》第二百一十六条规定:"海上保险合同,是指保险人按照约定,对被保险人遭受保险事故造成保险标的的损失和产生的责任负责赔偿,而由被保险人支付保险费的合同。"

英国《1906 年海上保险法》第一条对海上保险合同所下的定义为"海上保险合同是保险人按照合同规定的承保范围对被保险人遭遇海上损失时,即当其遭遇海上风险而发生损失时,承担赔偿的合同"。

（二）保险事故的含义

关于保险事故的含义,我国《保险法》第十六条规定:"保险事故,是指保险合同约定的保险责任范围内的事故。"我国《海商法》第二百一十六条进一步明确规定:"保险事故,是指保险人与被保险人约定的任何海上事故,包括与海上航行有关的发生于内河或者陆上的事故。"

海上保险事故实际上是指保险人承保的风险,如自然灾害、船舶碰撞、战争与罢工等风险。根据我国《海商法》的规定,保险事故的具体范围可以由双方当事人约定,不但包括海上可能发生的事故,还包括内河或陆上可能发生的事故,这里主要指的是海上运输货物保险。

（三）海上保险合同的主要内容

根据我国《海商法》第二百一十七条的规定,海上保险合同的内容主要包括下列各项:

（1）保险人名称;

（2）被保险人名称;

（3）保险标的;

（4）保险价值;

（5）保险金额;

（6）保险责任和除外责任;

（7）保险期间;

（8）保险费。

根据我国《保险法》的规定,保险合同除应当包括上述内容外,还包括保险金赔偿或给付办法,违约责任和争议处理,以及订立合同的日期等内容。海上保险实务中,以上各项内容都包括在海上保险单内。另外,被保险人和保险人可以在规定的保险合同事项外,就与海上保险有关的其他事项做出约定,这些约定同样构成海上保险合同的内容。在保险合同有效期内,被保险人和保险人经协商同意,也可以变更保险合同的有关内容。

二、海上保险合同的法律特征

海上保险合同是财产保险合同的一种类型,具有一般商业保险合同的特征。

（一）海上保险合同是一种赔偿性质的合同

从海上保险合同的定义可以看出,海上保险合同是一种赔偿性合同（Contract of Indemnity）。保险人负责赔偿被保险人由于承保事故所遭受的损失,使被保险人恢复到未受损前的经济地位,保险的目的就是赔偿被保险人的经济损失。要注意的是,保险人的赔偿责任仅指金钱上的赔偿责任,保险人不承担恢复原状或归还原物的责任。

（二）海上保险合同是一种射幸合同

射幸合同（Aleatory Contract）是指一种碰运气的机会性合同。在订立合同时,一方当事人的给付义务并未确定,一方当事人支付的代价所获得的只是一个机会,既可能一本万利,也可能毫无所得。

海上保险合同是一种典型的射幸合同,在合同订立时,海上保险合同中被保险人支付保险费的义务是确定的,保险人支付赔偿金的义务则是不确定的,完全取决于保险事故是否发生,是否造成被保险人的损失。如果发生保险事故并造成被保险人的损失,被保险人可以从保险人那里得到远远超过其所支付的保险费的赔偿金额;如果未发生保险标的的损失,保险人则无须支付赔偿金,被保险人则丧失所交的保险费,不能要求保险人退还。

(三)海上保险合同是一种附意(格式)合同

附意合同(Contract of Adhesion)是指一方当事人实际上只限于服从、接受或拒绝对方当事人提出的条件而成立的合同。即一方当事人提出合同的主要内容,而另一方只能做出取与舍的决定,要么接受,要么拒绝签订合同,一般无商量余地。格式合同一般都是附意合同。

海上保险合同中的保险条款一般是保险人单方拟订和事先印备的,形成标准的格式合同,被保险人通常都是被动地接受。即使有时需要对个别保险条款做某些修改,通常这些修改也是由保险人做出的。

(四)海上保险合同是一种双务有偿合同

根据合同从一方履行义务是否应从对方获得相应报酬划分为有偿合同和无偿合同;根据合同的双方是否都承担义务划分为双务合同和单务合同。大部分合同都是双务有偿合同。

海上保险合同是保险人与被保险人订立约定相互间保险权利和义务的协议,双方当事人都承担义务,被保险人有支付保险费的义务,保险人有赔付的义务。双方有偿的体现是保险费与保险赔款的对价交换,尽管从某种意义上讲是一种非等价的交换。

三、海上保险承保标的的损失和责任

海上保险主要承保保险人和被保险人约定的保险事故造成的保险标的的损失和责任。保险标的的损失是指保险标的由于约定的保险事故的发生而造成的损害或灭失以及由此支出的各项费用。责任是指被保险人依法对第三人应承担的民事损害赔偿责任。

(一)保险标的的损失分类

1.直接损失和间接损失

保险标的的损失按损失发生的客体是否是保险标的本身,可以分为直接损失和间接损失。直接损失是指被保险的保险标的在遭受火灾、爆炸、雷击等保险责任范围内的自然灾害或意外事故造成直接损毁的经济损失。间接损失则是指由直接损失引起的其他损失,包括额外费用损失、收入损失等。对于间接损失,保险人一般是不予赔偿的,保险人通常仅负责赔偿保险标的的直接损失。例如,船舶在海上航行中遭遇台风而沉没属于直接损失(保险人予以赔偿),船公司因为船舶沉没而丧失营运利润属于间接损失(保险人不予赔偿)。

2.物质损失和费用损失

保险标的的损失按损失的形态,可以分为物质损失和费用损失。物质损失是指被保险的保险标的在遭受火灾、爆炸、雷击等保险责任范围内的自然灾害或意外事故造成的有形损失。费用损失是指被保险人因海上风险造成的费用支出。物质损失和费用损失只要在承保范围内,保险人都负责赔偿。

3.全损和部分损失

保险标的的损失按遭受损失的程度,可以分为全损(全损包括实际全损、推定全损和部分全损)和部分损失。全损是指保险标的达到全部损失的程度。部分损失是指保险标的遭受一部分的损失,凡保险标的没有达到全损程度的损失,均属部分损失,即不属于全损的损失为部分损失。

区分全损和部分损失对于保险标的的赔付有着重要意义。在保险合同中,如果保险人与被保险人约定仅承保全损险的话,当保险事故造成保险标的的损失没有构成全损时,被保险人不能从保险人那里获得相应的保险赔偿。

4. 共同海损和单独海损

保险标的的损失按损失的性质,可以分为共同海损和单独海损。

共同海损是指在同一海上航程中,船舶、货物和其他财产遭遇共同危险,为了共同安全,有意地、合理地采取措施所直接造成的特殊牺牲、支付的特殊费用。共同海损损失包括共同海损牺牲和费用。例如,载货船舶起火,为船、货的共同安全而采取灭火措施所造成的货物被水浸湿的损失属于共同海损牺牲。再如,载货船舶在海上遇难,请求救助而支付的救助报酬属于共同海损费用的支出。

单独海损是指海上自然灾害、意外事故等直接引起保险标的的损失和费用的支出,如船舱起火、货物被烧毁、船舶触礁受损等。单独海损有时也可能会造成保险标的的全损,如船舶遭遇台风而沉没,则是单独海损造成的船舶全损。

(二)实际全损、推定全损和部分全损

1. 实际全损

(1)实际全损的概念

实际全损(Actual Total Loss),根据我国《海商法》的规定,是指"保险标的发生保险事故后灭失,或者受到严重损坏完全失去原有的形体、效用,或者不能再归被保险人所拥有的,为实际全损"。

(2)实际全损的构成

根据我国《海商法》的规定,保险标的发生以下情形时构成实际全损:

①保险标的的灭失

保险标的的灭失包括保险标的的完全毁损和灭失,是指标的物本身已经完全被毁、灭失或不存在了。例如,船舶在海上航行遇到台风或者碰撞而沉入大海中,便是典型的灭失。如中远散货运输公司所属的"富山海"船于2003年在丹麦海域与一外轮发生碰撞后沉没,青岛远洋运输公司所属的"桃源海"船从澳大利亚前往南非途中因为恶劣气候沉没在印度洋。再如,货物遭受大火的焚毁,已经不存在了,也构成实际全损。

②保险标的的失去原有的形体和效用

保险标的的失去原有的形体和效用是指保险标的的遭受保险事故后,尽管没有完全毁损和灭失,但已失去原有的性质和用途,其特性已经全部被改变,没有经济价值。例如,茶叶在运输途中被海水或雨水浸泡,已失去茶叶的效用,不能再供人饮用;水泥经海水浸泡而结成硬块,失去原有用途等。英国《1906年海上保险法》也做出相同的规定,即当保险标的的损坏程度严重到不再是与原保险标的的类似的事物,构成实际全损。例如,一批枣在运输途中遭受污水的污染,致使只能被用作肥料,英国法院判决构成实际全损。

③被保险人丧失对保险标的的拥有

被保险人丧失对保险标的的拥有是指被保险人不能再拥有保险标的,或者说不可避免地丧失了保险标的。例如,船舶被政府没收,尽管船舶仍在,但被保险人已经丧失对保险标的的拥有。要注意的是,被保险人丧失对保险标的的拥有不能完全理解为丧失对保险标的的所有权,如船舶被海盗掠走,被保险人仍然拥有对船舶的所有权,但实际上已不可能再拥有被保险船舶,除非通过交纳赎金或其他方式将船舶赎回。

④船舶失踪

对于船舶失踪,我国法律和船舶保险单一般把它视为实际全损,但在时间上做出规定。根据我国《海商法》的规定,船舶在合理时间内未从被获知最后消息的地点抵达目的地,除合同另有约定外,满两个月后仍没有获知其消息的,为船舶失踪。船舶失踪视为实际全损。国际上一些国家规定船舶失踪作为推定全损处理。

(3)实际全损的法律后果

保险标的发生实际全损后,如果属于保险承保范围,则保险人按保险金额全额给予赔偿。保险人对于保险标的的实际全损的赔付不能扣除免赔额,保险标的如有残值则归保险人所有。保险标的发生全损后,被保险人无须向保险人提出保险委付通知书。

根据我国《海商法》的规定,发生保险事故后,保险人有权放弃对保险标的的权利,全额支付合同约定的保险赔偿,以解除对保险标的的义务。如保险人未放弃的话,保险标的发生全损,保险人支付全部保险金额的,取得对保险标的的全部权利;但是,在不足额保险的情况下,保险人按照保险金额与保险价值的比例取得对保险标的的部分权利。

2. 推定全损

(1)推定全损的概念

推定全损(Constructive Total Loss)是一个较为抽象的概念,也是海上保险特有的概念。推定全损是指保险标的发生保险事故后,认为实际全损已不可避免,或者为避免发生实际全损所需支付的费用超过保险价值的情形。推定全损是一种介于实际全损和部分损失之间的中间阶段,但赋予被保险人向保险人索赔全部保险金额的权利。

【知识拓展】

我国《海商法》分别就船舶推定全损和货物推定全损的构成做出具体规定,船舶推定全损是指"船舶发生保险事故后,认为实际全损已不可避免,或者为避免发生实际全损所需支付的费用超过保险价值的,为推定全损";货物推定全损是指"货物发生保险事故后,认为实际全损已经不可避免,或者为避免发生实际全损所需支付的费用与继续将货物运抵目的地的费用之和超过保险价值的,为推定全损"。

(2)推定全损的构成

根据我国《海商法》的规定,推定全损包括实际全损已不可避免或支付的费用超过保险价值等情形。

①实际全损已不可避免

实际全损已不可避免是指被保险标的遭受保险事故后,虽然没有达到像上述所列实际全损的情形,但已不可避免地要发生这种情形的后果。例如,船舶在台风中触礁,船舶仍在那里,但无法实施救助,船舶的完全灭失已无法避免。

②支付的费用超过保险价值

保险标的遭受保险事故后，为了避免实际全损的发生所需支付的费用超过保险标的的保险价值同样构成推定全损。在海上保险实务中，对于船舶保险而言，如果恢复、修理、救助的费用或者这些费用的总和超过保险价值时，也可视为船舶推定全损。例如，船舶的保险价值为100万元，该船舶在海上航行中触礁受损严重，估计救助费用为40万元，修理费用为70万元，两者之和超过船舶保险价值，视为推定全损。

（3）推定全损的法律后果

保险标的的发生推定全损后，被保险人既可以将其视为部分损失，选择向保险人索赔部分损失，也可以将其视为实际全损，选择向保险人索赔全损。被保险人如果要求保险人按全部损失赔偿的，则应当向保险人委付保险标的，保险人一旦接受保险委付，标的物的权利和义务就归属保险人，保险人按全损赔偿被保险人。

3.部分全损

部分全损是指在海上运输货物中可以分割的一部分保险标的的发生全损的情形。部分全损主要针对货物而言，例如，货物使用驳船运输时，同一驳船上的全部货物发生全损；同一张保险单承保两种以上不同货物，其中一种货物发生全部损失。对于部分全损，只要符合规定，即便是承保全损险，保险人也应给予赔偿。

【案例佐证】

英国高等法院审理了一起因海盗劫持商船勒索赎金，被劫持船上货主以货物发生全损为由向货物保险人索赔的案例。在该案中，法官大卫·斯蒂尔最后判决，海盗劫持船只勒索赎金不能构成货物的实际全损或推定全损。理由是判断被保险人是否不可恢复地损失货物有一个客观的标准，需要根据具体的事实情况来进行评定。如果在法律上和事实上有可能索回货物，那么被保险人就没有不可恢复地损失货物。本案中，海盗劫持船只和货物只是为了索取赎金，货物并没有不可恢复地损失。

（三）费用支出和责任

费用支出属于无形财产损失。保险标的的损失不但包括保险标的本身损失，还可能导致费用上的损失，如施救费用、救助费用、特别费用和额外费用等。责任是指被保险人本身有过失造成他人财产或人身损失，根据法律或有关规定所应承担的赔偿责任。

1.施救费用

施救费用（Sue and Labour Expenses）是指保险事故发生后，被保险人为防止或减少保险标的的损失，采取各种必要的措施所支付的必要的、合理的费用。

2.救助费用

救助费用（Salvage Charges）是指保险事故发生，由第三者对保险标的的进行救助后，被保险人支付给第三者的救助报酬。例如船舶在海上航行中不幸触礁，请专业的救助公司前来救助而支付给救助公司的报酬。救助费用如是为了船和货的共同安全所支付的，则属于共同海损损失。海上保险的救助费用的实际含义与海难救助中的救助报酬的含义基本上是一致的。

施救费用与救助费用是两个不同的概念，它们的区别在于：一是实施的主体不同。施救是被保险人实施所发生的，救助是第三者实施所发生的。二是给付原则不同，施救无论有无效果，所发生的费用保险人都应支付。救助一般是无效果无报酬，如没有效果则被保险人无须支付给第三者，自然保险公司也就无须赔偿。三是赔偿的责任不同。施救费用是一个单独保额，保险人在保险标的损失赔偿之外另行支付,最高不超过保险金额。救助费用则不是,救助往往与共损连在一起,保险人对救助费用的赔偿金额是将其合并到保险标的本身损失一并计算。

3.特别费用

特别费用(Forwarding Charges)是指船舶遭遇海难后,在中途港或避难港由于卸货、存仓以及运送货物所发生的特别费用。

4.额外费用

额外费用(Additional Expenses)是指为确定保险事故的性质、程度而支出的检验、估价的合理费用,以及为执行保险人的特别通知而支出的费用。保险人对于额外费用的支付与施救费用一样,在保险标的的损失赔偿之外另行支付,并以保险金额为限。

我国《海商法》规定,被保险人为防止或者减少根据合同可以得到赔偿的损失而支出的必要的合理费用,为确定保险事故的性质、程度而支出的检验、估价的合理费用,以及为执行保险人的特别通知而支出的费用,应当由保险人在保险标的的损失赔偿之外另行支付。保险人对前款规定的费用的支付,以相当于保险金额的数额为限。保险金额低于保险价值的,除合同另有约定外,保险人应当按照保险金额与保险价值的比例,支付规定的费用。

5.被保险人的责任

被保险人的责任(Liability)是指被保险人本身有过失造成他人财产或人身损失,根据法律或有关规定所应承担的赔偿责任。为此如果投保责任保险,则由保险人根据保险合同的规定给予赔偿。责任保险主要指船舶碰撞责任保险、油污责任保险、船东保赔保险、国际货运代理人责任保险等。

四、保险标的

(一)保险标的的概念

保险标的(Subject Matter Insured)是指保险合同中双方当事人约定的保险保障对象。保险标的具有重要的意义:决定保险业务的种类;判断投保人是否对其具有可保利益;根据保险标的的实际价值或者存在状况确定保险金额;根据保险标的的危险程度厘定保险费率;根据保险标的的损失程度计算赔付数额等。财产保险的保险标的是财产及其有关利益或责任。海上保险标的指的是海上保险所承保的财产或有关利益和责任。

(二)保险标的的分类

保险标的可以分为以下几种情形:

(1)有形财产,如船舶、货物、集装箱等;

(2)无形财产,如被保险人对第三人的责任、保险人的责任;

(3)利益,如工资、运费、货物预期利润。

(三)海上保险标的

根据我国《海商法》的规定,下列各项可以作为保险标的。

1.船舶

根据我国《海商法》第三条的规定,"本法所称船舶,是指海船和其他海上移动式装置,但是用于军事的、政府公务的船舶和20总吨以下的小型船艇除外。船舶包括船舶属具"。海上保险实务中,船舶包括哪些项目取决于保险合同的具体规定,不同类型的船舶保险合同对此规定不一致。如船上的燃料和物料在涉外船舶保险条款中属于船舶的范畴,而在沿海内河船舶保险条款中不属于船舶的范畴。

2. 货物

货物的概念有其特殊的含义,一般来说,货物主要指国际贸易货物。我国《海商法》第四十二条规定,"'货物',包括活动物和由托运人提供的用于集装货物的集装箱、货盘或者类似的装运器具"。海上运输货物保险标的的货物在实务中除包括国际贸易货物外,还包括一些非国际贸易货物,如对外经济援助物资、展览品、艺术品等。

3. 船舶营运收入

船舶营运收入指的是船舶所有人或经营人对其收入进行投保,包括运费、租金、旅客票款等。

4. 货物预期利润

货物预期利润指的是货主对于货物的期得利益,可以单独投保。但在海上货物保险实务中,一般同货物一起投保,采用投保加成方法,即以货物 CIF 价格加一成投保。

5. 船员工资和其他报酬

船员工资和其他报酬是指船员的工资和应得的报酬等。

6. 对第三者的责任

对第三者的责任指的是被保险人依法对第三者应承担的民事损害赔偿责任,例如船舶保险中的碰撞责任。

7. 由于发生保险事故可能受到损失的其他财产和产生的责任、费用

由于发生保险事故可能受到损失的其他财产和产生的责任是指没有列入前六项的其他财产或责任。例如,海运集装箱、代理人的代理费、经纪人的佣金等也都可以作为保险标的。

8. 再保险

再保险是指将原保险的保险责任再行投保的保险,可以说是分保或保险之保险。原保险人对于自己承保的赔偿责任可以以分保的形式转移给其他的保险人,以降低其风险。再保险合同是保险人与保险人之间订立的一份保险合同,仅在原保险人和再保险人之间产生保险的权利和义务关系,原被保险人不能向再保险人提出赔偿请求。除合同另有约定外,原被保险人不得享有再保险的权益。

五、保险价值

(一)保险价值的概念

保险价值(Insured Value)是指保险合同双方当事人约定的保险标的的价值,也可以说是保险标的的实际价值。它是确定保险金额的依据,保险金额不能超过保险标的的价值,但可以低于保险标的的价值。保险价值同时又是保险人确定保险赔偿的基础,发生保险事故后,保险人赔偿的最高限额为保险价值;对于超出保险价值的部分,保险人不予赔偿。

(二)保险价值的确定

保险价值应是保险标的的实际价值,从理论上讲保险价值应等于保险标的的实际价值。由于受各种因素的影响,被保险人很难准确测定保险标的的实际价值,尤其船舶的实际价值受国际航运市场影响而变化不定,船舶价值有建造价、合同价、账面价、市场价等,很难精确。所

以,保险标的的保险价值一般由保险人与被保险人双方议定。我国《海商法》第二百一十九条规定,"保险标的的保险价值由保险人与被保险人约定"。

(三)保险价值未确定的计算

如果保险双方当事人对保险标的的价值未做约定时,根据我国《海商法》第二百一十九条的规定,保险标的的保险价值按照下列规定计算。

1.船舶的保险价值

船舶的保险价值是指保险责任开始时船舶的价值。它包括船壳、机器、设备的价值,以及船上燃料、物料、索具、给养、淡水的价值和保险费的总和。

2.货物的保险价值

货物的保险价值是指保险责任开始时货物在起运地的发票价格或者非贸易商品在起运地的实际价值以及运费和保险费的总和。

3.运费的保险价值

运费的保险价值是指保险责任开始时承运人应收运费总额和保险费的总和。

4.其他保险标的的保险价值

其他保险标的的保险价值,是保险责任开始时保险标的的实际价值和保险费的总和。

(四)保险价值与保险标的价值的关系

理论上讲保险价值应等于保险标的的实际价值,但由于实际上很难准确,所以,双方当事人约定一个价值以作为保险标的的实际价值,因此保险价值可能等于或大于或小于保险标的的实际价值。如果约定的保险价值大于保险标的的实际价值,则保险人不能仅赔保险标的的实际价值。从司法解释来看,保险人以约定的保险价值高于保险标的的实际价值为由不承担保险责任的,应不予支持。

(五)保险价值仅适用财产保险合同

保险价值的规定只适用于财产保险,不适用于人身保险,因为人身保险合同的保险标的是人的身体或寿命,没有确定的价值,不存在确定保险价值的问题。

六、保险金额

(一)保险金额的概念

我国《保险法》第十八条规定:"保险金额(Insured Amount)是指保险人承担赔偿或者给付保险金责任的最高限额。"保险金额在海上保险合同中具有重要意义,它既是计算保险费的依据,也是双方当事人享受权利、承担义务的重要依据。

(二)保险金额的确定

保险金额根据保险价值来确定,不能超过保险标的的保险价值。在海上保险实务中,保险金额同保险价值的确定一样,一般由双方当事人在合同中约定实际投保的保险金额。我国《海商法》第二百二十条规定,"保险金额由保险人与被保险人约定。保险金额不得超过保险价值;超过保险价值的,超过部分无效"。

(三)保险金额与保险价值的关系

保险金额根据保险价值来确定,可以等于或低于保险价值。如果被保险人按保险价值等值投保,也就是说保险金额等于保险价值,称为足额保险或全额保险;如果被保险人按保险价值的部分投保,也就是说保险金额低于保险价值,称为不足额保险。对于不足额保险,在保险标的发生部分损失时,保险人按照保险金额与保险价值的比例负赔偿责任。如果被保险人投保的保险金额超过保险价值,也就是说保险金额高于保险价值,则称为超额保险。保险人对于超过部分不予赔偿。

我国《海商法》第二百三十八条规定,"保险人赔偿保险事故造成的损失,以保险金额为限。保险金额低于保险价值的,在保险标的发生部分损失时,保险人按照保险金额与保险价值的比例负赔偿责任"。例如,船舶的保险价值为人民币 1 000 万元,被保险人投保的保险金额为人民币 800 万元,船舶发生部分损失为人民币 10 万元,保险人赔付人民币 8 万元,而不是人民币 10 万元。

七、保险责任和除外责任

(一)保险责任

保险责任(Insurance Liability)是指保险人按照海上保险合同的约定,所应承担的保险标的损害赔偿的责任范围。这是保险人的主要义务。保险人的赔偿责任范围取决于保险合同的约定,不同的保险合同、不同的保险险别都有不同保险责任的具体规定。一般来说,保险人的保险责任分为两种方式:一种方式是一切险减除外责任,只要不是除外责任造成的损害,保险人都负责赔偿,如英国协会货物保险条款(A)险,承保的风险便是一切险减除外责任;另一种方式是列明风险责任,保险人仅对列明的风险造成的损害负责赔偿,非列明的风险造成的损失是不予赔偿的。对于一切险的概念,在我国船舶保险和货物保险条款中所体现的几乎与列明风险责任类似,并不是承保所有的风险,保险人也仅对列明的风险造成的保险标的的损失负责任,而不是一切险减除外责任。

(二)除外责任

除外责任(Exclusions)是指保险人按照海上保险合同的约定,对标的物损害不负赔偿责任的范围。保险人的除外责任取决于法律的规定和合同的具体约定。

依照我国《海商法》的规定,对于被保险人故意造成的损失,保险人不负赔偿责任。另外,除非合同另有约定,保险人对于下列原因造成的损失也不负赔偿责任:航行迟延、交货迟延或者行市变化;货物的自然损耗、本身的缺陷和自然特性;包装不当;船舶不适航;船舶的自然磨损或者锈蚀。

【知识拓展】

根据我国《保险法》的规定,保险合同中规定有关保险人责任免除条款的,保险人在订立保险合同中应当向投保人明确说明;未明确说明的,该条款不产生效力。这是为保护投保人的利益而设立的专门规定。"明确说明"应当理解为,保险人在与投保人签订保险合同时,保险合同中所约定的有关保险人责任免除条款,应当在保险单或者其他保险凭证上对有关免责条款做出能够足以引起投保人注意的提示,并且应当对有关免责条款的内容以书面或口头形式向投保人做出解释。保险人对是否履行了明确说明义务承担举证责任。保险合同中免责条款本身,不能证明保险人履行了说明义务。

八、保险期间和保险费

(一)保险期间

保险期间(Duration of Insurance Coverage)是指保险人所承担的保险责任从开始到终止的时间。在此期间发生的承保风险造成的保险标的的损害,保险人承担赔偿责任。如果不是在保险期间,即便是承保风险造成的保险标的的损害,保险人也不承担赔偿责任。不同的保险合同对保险期间的规定是不同的。

(二)保险费

保险费(Premium)是指被保险人按约定向保险人交纳的金额,作为换取保险保障的对价。保险费是根据保险费率计算出来的,保险费是保险金额与保险费率的乘积。保险费由纯保险费和附加保险费构成。纯保险费是保险人用于赔付给被保险人或受益人的保险金,它是保险费的最低界限;附加保险费是由保险人所支配的费用,由营业费用、营业税和营业利润构成。

保险费的交付时间由保险合同约定,如果合同没有约定,按照我国《海商法》的规定,被保险人应当在合同订立后立即支付保险费。

九、保险委付

(一)保险委付的概念

保险委付(Abandonment)是指发生保险事故,造成保险标的的推定全损,被保险人放弃保险标的,将一切权利和义务转移给保险人,而要求保险人按全部损失给予赔偿的法律行为。它是被保险人要求保险人按全损赔偿的前提条件。我国《海商法》规定,保险标的发生推定全损,被保险人要求保险人按照全部损失赔偿的,应当向保险人委付保险标的。保险人可以接受委付,也可以不接受委付,但是应当在合理的时间内将接受委付或者不接受委付的决定通知被保险人。委付不得附带任何条件。委付一经保险人接受,不得撤回。保险人接受委付的,被保险人对委付财产的全部权利和义务转移给保险人。

(二)保险委付的成立要件

1. 保险标的发生推定全损

在海上保险中,只有当保险标的发生推定全损时,才产生保险委付行为,实际全损和部分损失都不存在委付的问题。

2. 发出委付通知

被保险人必须向保险人发出保险委付通知,这种通知可以是书面的,也可以是口头的。海上保险实务中一般是书面的,而且应在合理时间内发出。

3. 委付不能附带任何条件

被保险人在向保险人提出保险委付时,不能附加任何条件来限制或要求保险人。如船舶失踪,被保险人申请保险委付时,不能要求当船舶有着落时归被保险人所有。

4. 委付须经接受方为有效

委付虽然说是被保险人的单方行为,但要以保险人接受为前提条件。保险人可接受,也可不接受。保险人一经接受就不得撤回。

5. 全部委付

被保险人不能就标的的一部分进行委付,而另一部分不适用委付。委付必须是全部委付。

(三)保险委付的效力

1. 保险人接受委付的法律效力

保险标的的一切权利和义务转移给保险人,保险人按全损赔偿被保险人。保险人一旦接受委付,不得撤回。

2. 保险人不接受委付的结果

保险人可以不接受委付,只要构成法律规定的推定全损,保险人按全损赔偿,保险人不承担标的物引起的一切责任。我国《海商法》规定,发生保险事故后,保险人有权放弃对保险标的的权利,全额支付合同约定的保险赔偿,以解除对保险标的的义务。

十、海上保险合同的解释

(一)法律规定

我国《保险法》第三十条规定,"采用保险人提供的格式条款订立的保险合同,保险人与投保人、被保险人或者受益人对合同条款有争议的,应当按照通常理解予以解释。对合同条款有两种以上解释的,人民法院或者仲裁机构应当做出有利于被保险人和受益人的解释"。《中华人民共和国民法典》(以下简称《民法典》)第四百六十六条规定:"当事人对合同条款的理解有争议的,应当依据本法第一百四十二条第一款的规定,确定争议条款的含义。"第一百四十二条第一款规定:"有相对人的意思表示的解释,应当按照所使用的词句,结合相关条款、行为的性质和目的、习惯以及诚信原则,确定意思表示的含义。"

(二)通常解释

在审理保险纠纷案件中,保险人与投保人、被保险人或者受益人对保险合同的条款有争议时,人民法院应当按照通常理解予以解释,即按保险合同的有关词句、有关条款、合同的目的、交易习惯以及诚实信用原则,确定该条款的真实意思,并可以按照下列规则予以认定:书面约定与口头约定不一致的,以书面约定为准;投保单与保险单或者其他保险凭证不一致的,以保险单或者其他保险凭证载明的内容为准;特约条款与格式条款不一致的,以特约条款为准;保险合同的条款内容因记载方式或者时间不一致的,按照"批单"优于"正文","后批注"优于"前批注","加贴批注"优于"正文批注","手写"优于"打印"的规则解释。

(三)有利于被保险人的解释

按照通常理解予以解释,仍然有两种以上理解的,根据我国《保险法》第三十条的规定解释,应当做出有利于被保险人的解释。

保险合同是典型的格式合同,保险条款事先印好了,保险人在拟订条款时难免较多地考虑自身的利益。而被保险人由于专业知识的欠缺或时间上的限制等原因,往往不会对保险条款做深入、细致的研究。因此,当发生争议需要对保险条款做进一步的解释时,应当从公平、合理的原则出发,做出有利于被保险人而不是保险人的解释。这也是世界各国保险立法普遍奉行的原则。

第二节　海上保险合同的适用原则

根据我国《保险法》的规定,从事保险活动应当:遵循法律、行政法规的原则;遵循社会公德原则;遵循自愿原则;遵循诚实信用原则。海上保险合同除了要适用这些基本原则外,由于其本身的特点,还应适用一些特殊的原则。

一、最大诚信原则

根据我国《保险法》第五条的规定,"保险活动当事人行使权利、履行义务应当遵循诚实信用原则"。我国有关法律中没有最大诚信原则(Principle of Utmost Good Faith)的明文规定,但司法界和学术界普遍认为海上保险基于其本身的特点,要求的是最大诚信原则。其基本精神就是保险合同双方当事人在订立和履行保险合同的整个过程中必须诚实守信,本着最大的诚意恪守信用,如实告知所有重要情况,不得欺骗和隐瞒,并保证履行合同规定的义务。任何一方不遵循这个原则,另一方可解除合同。英国《1906年海上保险法》明文规定保险合同双方当事人均应当遵循最大诚信原则。最大诚信原则不仅适用于被保险人,同样也适用于保险人,不能片面地认为仅适用于被保险人。从被保险人的角度来看,最大诚信原则主要包括以下内容。

(一)被保险人的告知义务

1. 告知的概念

告知(Disclosure)指的是被保险人在投保时将其所知道或者应当知道有关保险标的的重要情况告诉保险人。我国《海商法》第二百二十二条第一款规定,"合同订立前,被保险人应当将其知道的或者在通常业务中应当知道的有关影响保险人据以确定保险费率或者确定是否同意承保的重要情况,如实告知保险人"。我国《保险法》以及英国《1906年海上保险法》也都做出同样的规定,重要情况是指有关影响保险人据以确定保险费率或者确定是否同意承保的事项。

2. 告知的类别

被保险人告知的类别分为无限告知义务和询问告知义务。无限告知义务是指无论保险人询问与否,被保险人都负有告知义务。我国《海商法》和英国《1906年海上保险法》均要求被保险人负无限告知义务。询问告知义务是指保险人询问,被保险人才负有告知义务。保险人未询问的事宜,被保险人无此义务。因此,告知义务之范围,依保险人提出询问之范围为限。我国《保险法》采用询问告知义务,投保人的告知义务仅限于保险人询问范围。

3. 不告知后果

根据我国《海商法》的规定,如果由于被保险人的故意,未将有关影响保险人据以确定保险费率或者确定是否同意承保的重要情况如实告知保险人,则保险人有权解除合同,并不退还保险费。合同解除前发生保险事故造成损失的,保险人不负赔偿责任。但是,2007年1月1日起施行的《最高人民法院关于审理海上保险纠纷案件若干问题的规定》第四条规定:"保险人知道被保险人未如实告知海商法第二百二十二条第一款规定的重要情况,仍收取保险费或者支付保险赔偿,保险人又以被保险人未如实告知重要情况为由请求解除合同的,人民法院不予支持。"

不是由于被保险人的故意,未将有关影响保险人据以确定保险费率或者确定是否同意承保的重要情况如实告知保险人的,保险人有权解除合同或者要求增加保险费。保险人解除合同的,对于合同解除前发生保险事故造成的损失,保险人应当负赔偿责任;但是,未告知或者错误告知的重要情况对保险事故的发生有影响的除外。

【案例佐证】

"TONYBEST"船告知义务争议案。原告香港某船务有限公司向被告某保险公司投保船舶一切险,在投保和续保时,原告和其保险经纪人未将船舶的实际状况(船舶机器及压载舱管系有严重缺陷)告知被告。在一次航行中,"TONYBEST"船装载货物从中国至孟加拉国吉大港途中搁浅。之后,船舶又先后四次搁浅,终因机舱大量进水,船舶沉没。经调查,"TONYBEST"船多次搁浅并最终沉没的主要原因是:船舶压载管严重锈蚀,阀门无法关闭,无法排出压载水;机舱只有一台发电机可以工作,其他设备也处于严重磨损状态;船舶机器缺乏备件。这些缺陷在续保甚至第一次投保前就已存在,船长、轮机长已将这些缺陷告知原告。

法院意见:海上保险的一个重要原则是最大诚信原则。任何一方当事人违反最大诚信原则,另一方即可宣告合同无效。根据该原则,被保险人在保险合同订立之前应向保险人披露有关保险标的的所有重要情况,并履行自己的保证。本案中,"TONYBEST"船压载系统无法排放压载水,机舱只有一台发电机,其他设备也存在缺陷,应该认为是必须在订立合同时如实披露的重要情况。原告在订立本合同时没有披露这些情况,违反了最大诚信原则,保险公司有权宣告该合同无效,有权拒赔。

4.告知义务的免除

我国《海商法》规定,保险人知道或者在通常业务中应当知道的情况,保险人没有询问的,被保险人无须告知。因此,被保险人的告知义务在下列情况下可以免除:

(1)保险人知道的情况;

(2)在通常业务中,推定保险人应当知道的情况;

(3)保险人已经申明不需要告知的情况。

保险人不能以被保险人未如实告知上述所说的事项为理由提出抗辩。

(二)被保险人遵守保证的义务

1.保证的概念

保证(Warranty)是指被保险人对保险人做出的承诺,即担保对某一事项做或不做,或者担保某一事项的真实性。保险合同是建立在诚信基础之上的,保险人无法直接控制被保险的船舶或货物的具体活动过程,所以要求被保险人对合同规定的某些义务做出履行的承诺,或者要求被保险人对所述的某些事项保证其真实性。

2.保证的特点

保证是被保险人对保险人的一项许诺,无论保证的事项对于承保风险是否重要,被保险人都必须严格遵守保证。被保险人违反合同约定的保证条款时,应当立即书面通知保险人。保险人收到通知后,既可以解除合同,也可以要求修改承保条件、增加保险费。保证既可以是明示,也可以是默示。

《最高人民法院关于审理海上保险纠纷案件若干问题的规定》第六条规定:"保险人以被保险人违反合同约定的保证条款未立即书面通知保险人为由,要求从违反保证条款之日起解除保险合同的,人民法院应予支持。"第七条规定:"保险人收到被保险人违反合同约定的保证条款书面通知后仍支付保险赔偿,又以被保险人违反合同约定的保证条款为由请求解除合同的,人民法院不予支持。"第八条规定:"保险人收到被保险人违反合同约定的保证条款的书面通知后,就修改承保条件、增加保险费等事项与被保险人协商未能达成一致的,保险合同于违反保证条款之日解除。"

3. 保证与告知的不同

被保险人告知义务的履行是在海上保险合同订立前,是法律规定的合同订立前的义务,可以称为合同前义务;被保险人的保证义务的履行是在整个合同期间。告知仅须实质上的正确,保证必须严格遵守。

4. 保证的种类

保证分为明示保证和默示保证。明示保证是指保险单明文规定被保险人必须遵守的保证事项。默示保证是指保险单未做明文规定,但依法律或习惯被保险人必须遵守的事项。如船舶适航的默示保证、船舶不得绕航的默示保证、航海合法的默示保证。

(三)保险人的说明义务

对于保险人而言,最大诚信原则主要表现在保险人的说明义务。根据我国《保险法》第十七条的规定,订立保险合同,采用保险人提供的格式条款的,保险人向投保人提供的投保单应当附格式条款,保险人应当向投保人说明保险合同条款内容。保险合同中规定有关保险人责任免除条款的,保险人在订立保险合同时应当向投保人明确说明,未明确说明的,该条款不产生效力。这是为保护投保人的利益而设立的专门规定。保险合同责任免除条款包括除外责任条款、免赔额、免赔率、比例赔付、减轻保险人责任的条款。

【知识拓展】

明确说明应当理解为在保险人在与投保人签订保险合同时,对于保险合同中所约定的有关保险人责任免除条款,在投保单或者保险单等其他保险凭证上,以足以引起投保人注意的文字、字体、符号或者其他明显标志做出提示。保险人对是否履行了明确说明义务承担举证责任。通过网络、电话等方式订立的保险合同,依据2013年6月8日起施行的《最高人民法院关于适用〈中华人民共和国保险法〉若干问题的解释(二)》第十二条的规定,保险人以网页、音频、视频等形式对免除保险人责任条款予以提示和明确说明的,人民法院可以认定其履行了提示和明确说明义务。

二、赔偿原则

赔偿原则(Principle of Indemnity)是海上保险的基本原则,保险的基本目的就是转移风险给保险人,由保险人承担被保险人的经济损失。而保险人承担被保险人的经济损失的主要形式就是给予被保险人损失赔偿。

(一)赔偿原则的概念

赔偿原则是指当被保险人遭受保险事故而受到损失时,保险人在合同规定的范围内给予被保险人充分的经济赔偿而应遵循的基本准则。综观世界各国的有关保险合同定义的法律规定,都可以看出海上保险合同是一个赔偿性质的合同,由保险人赔偿被保险人的损失。

(二)赔偿原则的目的

赔偿原则的目的可以从两个方面来理解:一方面,赔偿原则体现海上保险合同的宗旨。保险的基本目的就是转移风险给保险人,由保险人承担被保险人的经济损失。赔偿原则完全体现这一宗旨。保险人赔偿被保险人的损失,使其恢复到未受损失前的经济状况。但要注意的是,保险人只负责金钱赔偿责任,不负恢复原状或归还原物的责任。另一方面,防止被保险人利用其与保险人签订的海上保险合同从中获得非法的或额外的利益。保险人对被保险人的赔偿是建立在被保险人的实际损失发生的基础上的,没有损失或超过损失的金额,保险人不予赔偿,被保险人不能从中获得非法利益。

(三)赔偿原则的具体体现

根据我国有关保险的法律规定,赔偿原则体现以下三方面内容。

1.及时赔偿

保险人对于属于保险人承保责任范围内的损失,必须及时赔偿被保险人的损失,不能拖而不决。我国《海商法》第二百三十七条规定,"发生保险事故造成损失后,保险人应当及时向被保险人支付保险赔偿"。我国《保险法》第二十三条规定,"保险人收到被保险人或者受益人的赔偿或者给付保险金的请求后,应当及时做出核定;情形复杂的,应当在三十日内做出核定,但合同另有约定的除外。保险人应当将核定结果通知被保险人或者受益人;对属于保险责任的,在与被保险人或者受益人达成赔偿或者给付保险金的协议后十日内,履行赔偿或者给付保险金义务。保险合同对赔偿或者给付保险金的期限有约定的,保险人应当按照约定履行赔偿或者给付保险金义务。保险人未及时履行前款规定义务的,除支付保险金外,应当赔偿被保险人或者受益人因此受到的损失"。

2.全面赔偿

全面赔偿是指被保险人在合同规定的承保范围内遭受的损失,有权获得全面和充分的赔偿。保险人不但对被保险人保险标的的实际损失给予赔偿,还应对被保险人为此支付的一些费用给予赔偿。我国《海商法》规定,被保险人为防止或者减少根据合同可以得到赔偿的损失而支出的必要的合理费用,为确定保险事故的性质、程度而支出的检验、估价的合理费用,以及为执行保险人的特别通知而支出的费用,应当由保险人在保险标的损失赔偿之外另行支付。保险人对前款规定的费用的支付,以相当于保险金额的数额为限。我国《海商法》的规定充分体现了全面赔偿的原则。

3.实际损失赔偿

保险人对于被保险人的损失赔偿不得超过被保险人的实际损失,被保险人不能由于保险人的赔偿而获得额外的利益。实际损失赔偿具体体现在:在不定值保险下,按保险标的的实际价值进行赔偿,而不是按照保险金额赔偿;在超额保险下,超过保险价值的部分无效,保险人对超过部分不予赔付;在保险标的部分损失下,保险人只赔付部分损失;在不足额保险下,保险人按比例赔付;在重复保险下,被保险人获得的赔偿金额总数不得超过保险标的的受损价值;另外,保险人在赔偿被保险人损失后,如果损失是由于第三者过错造成的,保险人获得代位求偿权(Right of Subrogation),被保险人不能同时从保险人和第三者获得双重赔偿。

三、保险利益原则

保险利益原则(Principle of Insurable Interest)是海上保险,也是一般财产保险的一项重要的基本原则。被保险人有无保险利益对于订立和履行保险合同至关重要,保险利益决定保险合同的效力问题,也是保险人履行保险责任的前提。被保险人对保险标的的不具有保险利益的,保险合同无效,因此也就不能从保险人处得到赔偿。

（一）保险利益的概念

从立法规定本身来看,国际上对保险利益的概念基本有两种立法方式:一种是定义式,即在立法中对保险利益概念进行定义,凡符合这一定义的,认为是具有保险利益。在财产保险之中,保险利益的概念多采用定义式。另一种是列举式,在立法时,对具有和符合保险利益的情况一一列举,只要属于所列的情形,便被认为是具有保险利益。在人身保险中,保险利益的概念多采用列举式。

我国《海商法》没有关于保险利益的具体规定,依照我国《保险法》的规定,保险利益是指投保人或者被保险人对保险标的具有的法律上承认的利益。英国《1906年海上保险法》规定,"凡与海上冒险有利益关系的人,即认为有保险利益。对某项海上冒险或对于海上危险之中任何对保险的财产具有某种普通法或衡平法上关系的人,如果对该项财产的安全或按期抵达享有的利益,或者该项财产发生灭失、受到损害、延误受损或负有责任,即认为具有利益关系而具有保险利益"。我国《保险法》关于保险利益的规定比较笼统,但基本上与英国的规定类似。采用的标准为利益关系,应当是可以确定的经济利益,这种利益关系必须为法律所承认。

【知识拓展】

我国《保险法》第三十一条规定:"投保人对下列人员具有保险利益:（一）本人;（二）配偶、子女、父母;（三）前项以外与投保人有抚养、赡养或者扶养义务关系的家庭其他成员、近亲属;（四）与投保人有劳动关系的劳动者。除前款规定外,被保险人同意投保人为其订立合同的,视为投保人对被保险人具有保险利益。"

（二）保险利益的意义

保险利益在海上保险乃至整个保险业中占有重要地位,是保险的一项重要原则。有无保险利益对保险合同是否有效、投保人和被保险人能否获得相关损害赔偿起着至关重要的作用。海上保险乃至整个保险业之所以引入保险利益是有其重要意义的。

（1）为了避免赌博行为的发生,规定保险利益起到遏制赌博行为的作用。赌博是有悖于社会利益和社会公共秩序的不良行为,广为各国法律所禁止。英国《1906年海上保险法》第4条第1款明文规定,以赌博为目的而订立的海上保险契约,应为无效。在我国赌博行为是违法行为,我国严禁赌博行为。由于保险合同是一种射幸合同或者说是一种机会性合同,保险赔偿是以发生承保范围内的保险事故为前提条件的,而保险事故是否发生是不确定的,保险标的是否受损也是不确定的。从本质上讲,保险含有赌博性质。为了避免保险中赌博现象的发生,保障保险业的健康发展,各国保险法律都规定了保险利益原则,即投保人或被保险人对保险标的要具有保险利益。无保险利益,则保险合同无效,从而避免发生无利益方的赌博行为。

（2）为了防止道德危险,确定保险利益原则可以有效地防止和消除道德危险。所谓道德危险,是指投保人或被保险人投保的目的不是获得保险保障,而是图谋保险赔款或者保险金,从而在订立保险合同后,不是积极防止保险事故的发生,而是希望、促使其发生,损害保险标的或在保险事故发生时人为扩大损失程度的行为,甚至故意制造保险事故。在这个目的的促使下,如不规定投保人对保险标的要具有保险利益,则很容易产生道德危险。因此,保险利益原则的确立,消除了道德危险产生的根源,可以有效地防止道德危险的发生。

（3）为了控制保险金额,防止投保人或被保险人从中获利。被保险人在发生保险事故后,向保险人请求损害赔偿的范围应以保险标的的保险利益为限,即不能超过以保险标的的保险价值所体现的保险利益。保险价值是指保险标的的实际价值,保险金额不能超过保险价值,超过保险价值的,超过部分无效。

为此,我国《保险法》第三十一条规定,"订立合同时,投保人对被保险人不具有保险利益的,合同无效"。对于财产保险,第四十八条规定,"保险事故发生时,被保险人对保险标的不具有保险利益的,不得向保险人请求赔偿保险金"。

(三)保险利益构成要件

1. 必须是合法利益

海上保险合同是一种民事法律行为,因此,被保险人与保险标的之间的利益关系,必须为法律认可并受法律保护的利益。如果被保险人以违法的利益投保,则保险合同无效。例如,被保险人对非法进口货物不具有保险利益。

【案例佐证】

被保险人就进口 10 000 t 钢材向保险人投保,船舶中途进水沉没而致货物全损,被保险人向保险人索赔遭拒绝,诉至法院。法院终审判决认为,本案所涉及保险标的进口钢材属核定经营钢材进口的公司或申领进口许可证后方可经营进口,被保险人并非核定经营钢材进口的公司,也没有申领进口许可证,故其进口钢材的行为不合法。被保险人对非法进口的钢材不可能享有法律上承认的利益,因而无保险利益可言。被保险人以非法进口的钢材为保险标的与保险人所签订的保险合同依法应确认为无效。被保险人无权依据该无效的保险合同向保险人索赔。法院据此判决,驳回被保险人的诉讼请求。

2. 必须是确定的、可以实现的利益

被保险人对于保险标的上的利益必须是一种确定的并可以实现的利益。已经确定的利益是指已经存在的利益,如船舶所有人对船舶的所有权和使用权等。可以实现的利益是指将来可以得到的利益,如对货物的预期利润。

3. 必须具有经济上的利益

保险利益必须具有经济上的利益是指可以用货币计算的经济利益,即能够用金钱来衡量的利益。保险不能赔偿被保险人遭受的非经济上的损失,如精神创伤、刑事处罚、政治上的打击等。

4. 必须是与被保险人有利害关系的利益

保险标的与被保险人有利害关系,关系到其切身经济利益,保险标的受损,则被保险人经济上受到损失。按照英国《1906 年海上保险法》的规定,如果对某项财产的安全或按期抵达享有的利益,或者某项财产发生灭失、受到损害、延误受损或负有责任,即认为具有利益关系。

(四)保险利益的种类

财产保险的保险利益,包括现有利益以及现有利益产生的期待利益、责任利益等法律上承认的利益。

1. 现有利益

现有利益是指投保人或被保险人对保险标的现在存有的并可以继续存在的利益。如船东对其所有的船舶享有的利益。

2. 期待利益

期待利益是指现有利益产生未来可获得的利益。这种期待利益不是凭空产生的利益,应以合同或法律为依据而产生的,如货物的预期利益、船员的工资报酬等。

3. 责任利益

责任利益是指因合同责任或侵权责任,对他人负有民事赔偿责任关系而产生的责任利益。

(五)保险利益具有的时间

被保险人对保险标的必须具有保险利益,问题是被保险人应当何时具有保险利益:是在订立保险合同时具有保险利益,还是在发生损害时具有保险利益呢? 英国《1906年海上保险法》规定,保险标的发生损失时,被保险人必须对其具有保险利益。我国《海商法》在海上保险章节中并没有对保险利益做出规定。我国《保险法》规定,保险事故发生时,被保险人对保险标的不具有保险利益的,不得向保险人请求赔偿保险金。因此,对于海上保险而言,被保险人投保时可以无保险利益,但发生保险事故时,被保险人必须对保险标的具有保险利益。海上保险合同订立时,被保险人对保险标的具有保险利益但保险事故发生时不具有保险利益的,保险人不承担保险责任;海上保险合同订立时被保险人对保险标的不具有保险利益但发生保险事故时具有保险利益的,保险人应当依法承担保险责任。

保险人与被保险人在订立保险合同时均不知道保险标的已经发生保险事故而遭受损失,或者保险标的已经不可能因发生保险事故而遭受损失的,不影响保险合同的效力。只要属于承保范围,保险人就应当给予赔偿。

(六)具有保险利益的当事人

船舶所有人对船舶、到付运费,货主对货物、预期利润、预付运费,海上保险人、船长和船员、船舶承租人、集装箱所有人都可以对特定的保险标的具有保险利益。不同投保人对同一保险标的具有保险利益的,可以在各自保险利益范围内投保。

四、近因原则

在海上保险中,保险人承担赔偿责任的前提条件是,导致损失发生的原因是在保险人的承保范围之内;如果不是保险人承保范围的原因导致的损失,保险人是不予赔偿的。因此确定损失原因对于保险人是否承担保险责任是至关重要的。保险人以近因作为确定自己是否应对被保险人所受到的海上损失承担赔偿责任的依据。英国《1906年海上保险法》规定,保险人对以承保风险为近因的损失承担赔偿责任,对以承保风险非为近因所造成的损失不承担赔偿责任。

(一)近因的含义

在海上保险中,造成保险标的损失的原因可能有一个,也可能有几个。一般来说导致损失的原因往往不止一个,其中有的属于保险人的承保范围,有的则不属于保险人的承保范围,为了确定保险人的责任,产生了近因原则(Principle of Proximate Cause)。

海上保险法上的近因是指导致海上损失的主要的、起支配性和决定性作用的原因。也就是说损失与原因之间要有因果关系,这种因果关系必须是由直接原因导致的,不能把近因理解为在时间上离损失最近的原因或者导致损失的最后原因。

(二)单一原因构成的近因

对于单一原因造成的保险标的损失,理论上的理解和实务中的处理都比较简单。如果这一原因属于保险人承保的风险,则保险人应当承担赔偿责任;如果不属于保险人承保的风险,则保险人不应当承担赔偿责任。

（三）从多因中确定近因

对于多种原因造成的保险标的损失,理论上的理解和实务中的处理都比较复杂。因为致损的原因比较复杂,有同时发生的,也有先后发生的,但都相对独立;有连续发生的且互为因果关系,也有间断发生的且对损失的形成都是不可缺少的条件;有外因造成的,也有内因造成的等等。这都需要通过确定损失的近因,来决定保险人是否应当承担责任。一般来说,多种原因中持续起决定作用或处支配地位的原因属承保风险的,保险人应承担责任;在因果关系中,有新的、相对独立原因介入并导致损失发生,如果这一原因属承保范围,则保险人要承担责任。

【案例佐证】

被保险人诉保险人关于船舶搁浅造成的货损是否属于保险人的赔偿责任。法院经审理认为,本案保险单约定的平安险是一种列明风险。在保险人承保列明风险的情况下,被保险人须证明造成损失的近因是某种具体的列明承保风险。根据已查明的事实,本案所涉及的货损均与搁浅无因果关系。船舶搁浅前,造成的16个集装箱倾斜落海的近因是船舶积载不当;船舶搁浅后,印尼军方介入扣留12个集装箱的货物。船舶积载不当及军方扣留货物造成的货损,均不属于平安险的责任范围。原告主张货物的损失是由船舶搁浅沉没造成的,没有事实依据,不予支持。

五、代位求偿权原则

海上保险合同是赔偿性质的合同,保险的宗旨是由保险人赔偿被保险人在承保范围内遭受的损失。为防止被保险人从中获得额外利益,法律规定了保险人的保险代位求偿权。

（一）海上保险代位求偿权的概念

海上保险代位求偿权是指在海上保险中,由于第三者的责任而导致保险标的受损,保险人按照保险合同的约定履行赔偿责任后,依法取得代替被保险人向第三者请求赔偿的权利。海上保险代位求偿权仅适用于财产保险。

我国《海商法》规定,保险标的发生保险责任范围内的损失是由第三人造成的,被保险人向第三者要求赔偿的权利,自保险人支付赔偿之日起,相应转移给保险人。

我国《保险法》规定,因第三者对保险标的的损害而造成保险事故的,保险人自向被保险人赔偿保险金之日起,在赔偿金额范围内代位行使被保险人对第三者请求赔偿的权利。

《中华人民共和国海事诉讼特别程序法》(以下简称《海事诉讼特别程序法》)规定,保险人向被保险人支付保险赔偿后,在保险赔偿范围内可以行使被保险人对第三者请求赔偿的权利。

（二）海上保险代位求偿权的构成要件

海上保险代位求偿权的构成应当具备以下两个基本条件。

1.第三者对保险标的损害负有责任

保险代位求偿权产生的前提条件是,被保险人的损失是由第三者的过错造成的,依照法律的规定第三者应对被保险人的损失负有赔偿责任。如果第三者对被保险人的损失不负有赔偿责任,则保险代位求偿权不成立。对此的理解是:首先,保险事故的发生是由第三者行为导致的;其次,是在保险人的承保范围之内;最后,第三者依法对造成被保险人的损失负有赔偿责任,也就是说被保险人享有对第三者的索赔请求权。

2. 保险人赔付被保险人的损失

保险人代位求偿权的取得是在赔偿被保险人的损失之后产生的,如果保险人未赔付被保险人的损失,也就是说保险人在没有支付保险赔偿之前,是没有代位求偿权的。只有保险人赔付被保险人之后,保险人才获得代位求偿权。保险人必须要有支付保险赔偿的凭证,如赔偿金收据、银行支付单据或者其他支付凭证。仅有被保险人出具的权利转让书但不能出具实际支付证明的,不能作为保险人取得代位请求赔偿权利的事实依据。

(三)海上保险代位求偿权的作用

法律之所以规定保险人的代位求偿权,是有其必要性的,具体原因如下:

(1)防止被保险人获得双重赔偿。为确保损失赔偿原则的贯彻,防止被保险人从保险人和第三者同时获得双重赔偿而额外获利,因此,在被保险人从保险人处取得保险赔偿后,应当将向第三者请求赔偿的权利转移给保险人,由保险人代位求偿。

(2)防止第三者逃脱责任。依照法律的规定,如果第三者应对被保险人的损失负有一定或全部责任,他应当给予赔偿,不能因为被保险人享有保险赔偿而免除其赔偿责任。

(3)维护保险人的利益。通过代位求偿,保险人可以从第三者追回保险人支付的赔偿费用,从而维护保险人的合法利益。

(四)海上保险代位求偿权的法律特征

(1)代位求偿权是一项法定权利。代位求偿权是基于法律规定而产生的请求权。被保险人接受赔偿后,不得拒绝让与向第三者追偿的权利。第三者也不得以无合同关系或侵权关系而抗辩保险人。

(2)代位求偿权是海上保险合同赔偿原则的体现,避免被保险人因保险事故的发生而获取双重赔偿。保险人赔偿后,向第三者追偿的权利相应转移给保险人。如在保险人支付赔偿前,被保险人已从责任方得到损失的全部或部分赔款,保险人有权免除或降低赔款。被保险人未经保险人同意放弃向第三者要求赔偿的权利,或者由于过失致使保险人不能行使追偿权的,保险人可以相应扣减保险赔偿。

(3)代位求偿权是派生权利,因保险人支付保险赔偿而产生的一种派生的权利。

(4)代位求偿权是受限制的请求权。具体体现在以下几个方面:一是保险人在未支付赔款前,无代位求偿权;二是保险人只能在其支付保险赔款的范围内行使;三是承受被保险人的债权瑕疵;四是不能向被保险人行使代位求偿权;五是第三者需有责任;六是人身保险中,保险人不得行使代位求偿权。

(五)代位求偿权的行使方式

保险人代位求偿权的行使方式,目前理论和实践上有三种观点和做法:一是以被保险人的名义行使。在英国法律下,保险人必须以被保险人的名义提起追偿之诉。二是以保险人的名义行使。三是保险人既可以以自己的名义,也可以以被保险人的名义行使。

在我国,按照最高人民法院司法的解释,保险人应以自己的名义行使保险代位求偿权。按我国《海事诉讼特别程序法》的规定,因第三者造成保险事故,保险人向被保险人支付保险赔偿后,在保险赔偿范围内可以代位行使被保险人对第三者请求赔偿的权利。保险人行使代位请求赔偿权利时,被保险人未向造成保险事故的第三者提起诉讼的,保险人应当以自己的名义向该第三者提起诉讼。以他人名义提起诉讼的,海事法院应不予受理或者驳回起诉。保险人行使代位请求赔偿权利时,被保险人已经向造成保险事故的第三者提起诉讼的,保险人可以向受理该案的法院提出变更当事人的请求,代位行使被保险人对第三者请求赔偿的权利。被保险人取得的保险赔偿不能弥补第三者造成的全部损失的,保险人和被保险人可以作为共同原告向第三者请求赔偿。

(六)保险赔偿额与代位获赔额关系

我国《海商法》第二百五十三条规定:"被保险人未经保险人同意放弃向第三人要求赔偿的权利,或由于过失致使保险人不能行使追偿权利的,保险人可以相应扣减保险赔偿。"我国《海商法》第二百五十四条规定:"保险人支付保险赔偿时,可以从应支付的赔偿额中相应扣减被保险人已经从第三人取得的赔偿。保险人从第三人取得的赔偿,超过其支付的保险赔偿的,超过部分应当退还给被保险人。"

根据法律的规定,首先在被保险人放弃向第三者追偿或由于过失致使保险人不能行使追偿权利的情况下,保险人不承担保险赔偿责任或相应扣减保险赔偿;其次被保险人先从第三者处取得赔偿,保险人对被保险人的赔偿要扣除其获得的部分;最后,如果保险人向第三者追偿所获得数额大于其赔付给被保险人的保险赔偿额,保险人要将超出部分退还给被保险人。

在不足额保险的情况下,保险人获得的追偿应在被保险人和保险人之间按比例分享,而不是完全归保险人所有。因为被保险人对未保的部分同样享有追偿的权利,保险人和被保险人按承保的损失与未承保的损失之比例分配。例如,一艘船舶的保险价值为100万美元,被保险人投保的保险金额为80万美元。假设由于第三者的过失使得被保险船舶发生全损的情况下,保险人根据合同赔偿给被保险人80万美元。保险人向第三者追偿获得80万美元。保险人可得64万美元(全部追偿所得的80%),被保险人可得16万美元(全部追偿所得的20%)。

【知识拓展】

保险委付与代位求偿权的区别如下:

(1)保险委付是被保险人的一项权利,自然只能由被保险人行使,是否行使也完全取决于被保险人的意愿。代位求偿权是保险人的权利,只能由保险人行使。

(2)保险委付只能适用于保险标的发生推定全损的情况下,而代位求偿权能适用于保险标的发生各类损失的情况,不论是部分损失还是全部损失。

(3)保险委付转让给保险人的是保险标的的一切权利和义务;代位求偿权转让给保险人的是向第三者索赔的权利,没有义务。

(4)保险委付以保险人接受为成立条件,保险人可以接受委付,也可以不接受委付;代位求偿权的成立以保险人支付保险赔款为条件,保险人不支付给被保险人的损失赔偿,则不享有代位求偿权。

(5)保险人从委付中的保险标的的获得的利益为限制;保险人从代位求偿中获得的利益以支付的保险赔款为限。在保险委付中,保险人获得保险标的的一切权利和义务。在代位求偿中,保险人获得利益不能超过其赔偿的数额,多余部分应返还给被保险人。

第三节　海上保险合同的订立、转让和终止

一、海上保险合同的订立和变更

（一）海上保险合同的订立

《民法典》第四百七十一条规定："当事人订立合同，可以采取要约、承诺方式或者其他方式。"被保险人购买保险，实际上就是与保险人签订保险合同。订立海上保险合同是保险人与被保险人的双方法律行为，保险合同的订立过程，是保险人与被保险人意思表示趋于一致的过程。海上保险合同同其他合同一样，其订立程序经过要约与承诺两个步骤。我国《海商法》第二百二十一条规定："被保险人提出保险要求，经保险人同意承保，并就海上保险合同的条款达成协议后，合同成立。"这一条规定表述了保险合同的成立必须具备投保人的要约和保险人的承诺两个要件。

1. 要约

海上保险合同的要约是指当事人一方即被保险人根据需要向保险人提出订立海上保险合同的要求或建议。被保险人提出保险要求是一种订约提议，即为要约。海上保险实务中，被保险人提出保险申请，填写投保单，就是订立海上保险合同所需的要约。

2. 承诺

海上保险合同的承诺是指当事人一方即保险人表示完全接受被保险人提出订立合同的提议的表示。保险人接受提议表示同意承保，即为承诺。海上保险实务中，保险人承诺的方式有书面、口头或其他方式，如在投保单上签章，接受被保险人支付的保险费等。

（二）海上保险合同的成立

1. 海上保险合同的成立时间

我国《海商法》第二百二十一条规定："被保险人提出保险要求，经保险人同意承保，并就海上保险合同的条款达成协议后，合同成立。"可见，海上保险合同自保险人承诺之时起成立，并不是以保险单签发的时间为合同成立时间。

2. 海上保险合同成立的法律意义

海上保险合同成立后，双方当事人就受到合同的约束。海上保险合同的成立对于判断合同是否存在，认定合同是否有效，判定有关当事人应当承担什么样的责任有着重要意义。

3. 海上保险合同成立的基本原则

确定海上保险合同成立的标准应以保险人的承诺之时为依据，它不以签发保单为必备条件，不以被保险人交纳保险费为前提，不受保险责任期间的限制。

《最高人民法院关于审理海上保险纠纷案件若干问题的规定》第五条规定："被保险人未按照海商法第二百三十四条的规定向保险人支付约定的保险费的，保险责任开始前，保险人有权解除保险合同，但保险人已经签发保险单证的除外；保险责任开始后，保险人以被保险人未支付保险费请求解除合同的，人民法院不予支持。"

（三）海上保险合同的变更

海上保险合同的变更是指海上保险合同成立后，由于某些原因发生一些变化而产生变更合同的要求。海上保险合同的变更包括主体和内容的变更。合同主体的变更，一般是指合同的转让。合同内容的变更主要是指保险标的的变更、保险风险的变更、保险责任的变更等。被保险人和保险人任何一方如果要求变更合同的内容，必须经过对方的同意。根据我国《保险法》的规定，在保险合同有效期内，投保人和保险人经协商同意，可以变更保险合同的有关内容。变更保险合同的，应当由保险人在原保险单或者其他保险凭证上批注或附贴批单，或者由投保人和保险人订立变更的书面协议。在海上保险实务中，保险人通常出具保险批单，这是保险人应投保人的要求对保险单等进行增删内容而出具的一种凭证。保险批单具有变更、补充原保险单的作用，也是保险单不可分割的部分。

二、海上保险合同的解除

海上保险合同的解除是指合同未履行或未全部履行的情况下，终止合同的效力。从时间上看，海上保险合同的解除包括保险责任开始前的解除和保险责任开始后的解除；从权利上看，包括约定解除和违约解除；从当事人上看，包括保险人的解除和被保险人的解除。

（一）保险责任开始前的解除

海上保险合同成立后，保险人的保险责任开始前，依据我国《海商法》的规定，被保险人可以要求解除合同，保险人应当退还保险费，被保险人应向保险人支付手续费。法律赋予被保险人在保险责任开始前可以任意解除合同，但不允许保险人单方面任意解除合同。

（二）保险责任开始后的解除

对于保险责任开始后的解除，我国《海商法》第二百二十七条规定："除合同另有约定外，保险责任开始后，被保险人和保险人均不得解除合同。根据合同约定在保险责任开始后可以解除合同的，被保险人要求解除合同的，保险人有权收取自保险责任开始之日起至合同解除之日止的保险费，剩余部分予以退还；保险人要求解除合同，应当将自合同解除之日时起至保险期间届满之日止的保险费退还被保险人。"第二百二十八条规定："虽有本法第二百二十七条规定，货物运输和船舶的航次保险，保险责任开始后，被保险人不得要求解除合同。"

根据以上法律的规定，如果合同有约定，则双方均可以解除合同；如果合同无约定，则双方均不可以解除合同；但不管有无约定，就货物运输和船舶的航次保险而言，被保险人不得要求解除合同。要注意的是，被保险人不得要求解除合同仅适用货物运输和船舶的航次保险，对其他的保险种类不适用；仅适用特定的时间阶段，即保险责任开始后适用，不适用保险责任开始前；仅适用特定的合同主体，即被保险人，对保险人不适用。

三、海上保险合同的转让

海上保险合同的转让（Assignment of Marine Insurance）是指被保险人将其合同转让给第三者，而由受让人取代被保险人地位的法律行为。我国《海商法》对海上运输货物保险合同和船舶保险合同的转让做出了不同的具体规定。

（一）货物保险合同的转让

我国《海商法》第二百二十九规定，"海上运输货物保险合同可以由被保险人背书或者以其他方式转让,合同的权利、义务随之转移。合同转让时尚未支付保险费的,被保险人和合同受让人负连带支付责任。"法律主要明确了海上运输货物保险合同转让的主体、方式、权利义务归属,以及拖欠保险费等问题。

海上运输货物保险合同转让的主体为被保险人,由于国际贸易和海上运输货物的特殊性,法律并未规定保险合同必须经过保险人的同意方可转让。转让的方式是被保险人背书或其他方式,主要随提单的转让而转让,不论在货物灭失前或灭失后,均可转让。保险合同的权利、义务的归属随之转让,原合同关系即消灭,前提是被保险人已支付了保险费。保险费未付时,被保险人和合同受让人负连带支付责任。

(二)船舶保险合同的转让

船舶保险合同的转让不同于海上运输货物保险合同的转让。我国《海商法》第二百三十条规定:"因船舶转让而转让船舶保险合同的,应当取得保险人同意。未经保险人同意,船舶保险合同从船舶转让时起解除;船舶转让发生在航次之中的,船舶保险合同至航次终了时解除。"

由此可见,船舶保险合同的转让必须经过保险人的同意方可转让,保险人不同意而转让船舶保险合同,则合同从船舶转让时解除。如果船舶转让发生在航次之中,则船舶保险合同至航次终了时解除。船舶转让时起至航次终了时止的船舶保险合同的权利、义务由船舶出让人享有、承担,也可以由船舶受让人继受。船舶受让人向保险人请求赔偿时,应当提交有效的保险单证及船舶转让合同的证明。

四、海上保险合同的终止

海上保险合同的终止(Termination of Marine Insurance Contract)是指合同效力的解除,双方当事人不再受合同的约束。

(一)自然终止

自然终止又称届期终止,是指海上保险合同规定的保险期限届满时,保险合同即告终止。这是保险合同终止的最基本、最常见的终止原因。如船舶定期保险,一年到期后保险合同便终止。如果是续保,则是新的保险合同的成立及开始。

(二)协议终止

协议终止是指双方当事人在保险合同中达成的协议,在某些特定情况下任何一方可以随即注销并终止合同。实务中,一般都给予保险人在一定的情况下终止合同的权利。例如,我国船舶战争险保险条款规定,保险人有权在任何时候向被保险人发出注销战争险的通知,在发出通知后第7天期满时生效。

(三)义务履行终止

义务履行终止是指保险人按照合同规定履行赔偿全部保险金额的义务后,保险合同即行终止。要注意的是,在船舶定期保险中,若船舶发生数次事故所造成的数次部分损失金额累计达到或超过保险金额,保险人仍需要负责赔偿,且该保险合同并未终止。若船舶发生一次事故的赔偿额达到保险金额,保险人赔付保险金额后,保险合同即告终止。我国《海商法》第二百三十九条规定:"保险标的在保险期间发生几次保险事故所造成的损失,即使损失金额的总和超过保险金额,保险人也应当赔偿。但是,对发生部分损失后未经修复又发生全部损失的,保险人按照全部损失赔偿。"

(四)特殊终止

特殊终止通常是指被保险人在保险合同期限内发生违反保险合同规定时,保险人可以终止合同。特殊终止包括法定解除和违约解除。保险合同可以因被保险人的欺诈行为使订立的合同变为无效,从而终止保险合同的效力。保险合同也可以因被保险人违反保险合同的规定而使其终止,如被保险人故意未履行告知义务,被保险人违反保证义务等。

第四节　海上保险合同的表现形式和法律适用

一、海上保险合同的表现形式

海上保险合同通过海上保险单表现出来,海上保险单在实务中有以下几种不同的表现形式。

(一)投保单

投保单(Application Form)是指投保人向保险人提出订立保险合同的一种书面要约形式。投保单一般由保险人提供,由保险人事先按统一格式印刷而成。投保单由投保人按其所列的项目逐一填写,投保单在保险人正式接受前,尚不具备保险合同的效力,一旦保险人接受投保单并签字或盖章,则表明双方之间的保险合同生效,保险人即便未出具正式保险单,也必须承担保险责任。

(二)海上保险单

海上保险单(Marine Policy)是指保险人与投保人之间订立的正式的保险合同的书面凭证。它主要载明保险合同双方当事人的权利、义务和责任。海上保险单是双方当事人履行保险合同的依据,是被保险人向保险人索赔的主要凭证,也是保险人向被保险人赔偿的主要依据。

(三)保险凭证

保险凭证(Certificate of Insurance)是保险人发给被保险人以证明保险合同业已生效的单证,是简化的海上保险单,其背面通常没有条款。保险凭证的地位与保险单具有同等效力和作用。未列明的内容以正式保险单内容为准,有抵触时则以保险凭证为准。

(四)联合凭证

联合凭证(Combined Certificate)是指发票与保险单相结合的一种凭证,是更为简化的海上保险单证。保险人仅将承保险别、金额、编号加注在出口发票上,即作为已保险的证据。这种凭证在实务中较少应用,仅在我国香港、澳门地区使用。

(五)保险批单

保险批单(Endorsement)是指在保险单已经出立后,因保险内容有变化或不符合信用证或合同的要求,保险人应被保险人的要求而签发批改内容,对保险单等进行增删内容而出具的一种凭证。它具有变更、补充原保险单的作用。批单是保险单不可分割的部分,批单原则上必须粘贴在保险单上并加盖骑缝章。保险公司在签发批单时,先将批单上的项目一一列明,然后将批改的措辞打上。批单的内容视情况而定,出立批单通常有一定的措辞格式。

(六)暂保单

暂保单(Binder or Cover Note)是指保险经纪人或代理人在正式保单签发前出具给被保险人的一种临时保险凭证。暂保单具有和正式保单同等的法律效力,有效期为30天。正式保单交付时暂保单自动失效。暂保单在我国海上保险实务中很少使用,国外海上保险市场较常使用此单,为适用保险人接受保险至出具保险单这段时间而出具的被保险人已投保的保险凭证而设立。

(七)电子保险单

电子保险单是指保险公司借助遵循PKI(Public Key Infrastructure)体系的数字签名软件和企业数字证书为客户签发的具有保险公司电子签名的电子化保险单。保险单一般是纸质凭证,但是随着互联网保险电子商务的发展,电子保险单开始出现,电子保险单没有纸质凭证,只有一个保单号,通过保险单号可以在保险公司网站或者投保的保险电子商务网站上查询。

二、海上保险合同的法律适用

(一)保险合同法律适用

保险合同属于民事合同,应适用调整民事法律关系的法律。目前在我国调整民事法律关系的法律主要有《民法典》《保险法》。

《民法典》总则编对民事活动的基本原则、民事主体、民事法律行为和代理、民事权利、民事责任、诉讼时效等都有具体规定。同时,《民法典》合同编通则部分对合同订立应遵循的基本原则、合同订立的程序、合同的效力、合同的履行、合同的保全、合同的变更和转让、合同的权利义务终止和违约责任等做出了规定。

《保险法》是调整保险关系的专门法律,在《民法通则》《合同法》规定的基础上,根据保险业的特点,又做了进一步规定,主要内容包括:总则、保险合同、保险公司、保险经营规则、保险业监督管理、保险中介、法律责任等。

在法律适用上,《保险法》与《民法典》的关系是特别法与普通法的关系,《保险法》是专门调整保险关系的法律规范。按照特别法优先于普通法的法律适用原则,凡《保险法》有规定的应适用《保险法》的规定;凡《保险法》没有规定的,应适用《民法典》合同编的规定;《民法典》合同编没有规定的,应适用《民法典》总则编的规定。

(二)海上保险合同的法律适用

海上保险合同是一种专门性保险合同。为调整海上保险的法律关系,各国海商法或专门立法制定有关海上保险方面的规定。我国《海商法》在第十二章中专门对海上保险合同做出具体规定。这种法律的具体规定又是典型的调整保险某领域的保险特别法。

我国《保险法》第一百八十二条规定:"海上保险适用《中华人民共和国海商法》的有关规定;《中华人民共和国海商法》未规定的,适用本法的有关规定。"《最高人民法院关于审理海上保险纠纷案件若干问题的规定》第一条规定:"审理海上保险合同纠纷案件,适用海商法的规定;海商法没有规定的,适用保险法的有关规定;海商法、保险法均没有规定的,适用民法典等其他相关法律的规定。"第二条规定:"审理非因海上事故引起的港口设施或者码头作为保险标的的保险合同纠纷案件,适用保险法等法律的规定。"第三条规定:"审理保险人因发生船舶触碰港口设施或者码头等保险事故,行使代位请求赔偿权利向造成保险事故的第三人追偿的案件,适用海商法的规定。"因此,在海上保险法律适用上,首先应适用我国《海商法》的规定,《海商法》未做规定的,《保险法》有规定的依《保险法》的规定;凡《保险法》没有规定的,应适用《民法典》合同编的规定;《民法典》合同编没有规定的,应适用《民法典》总则编的规定。

（三）涉外海上保险合同的法律适用

如前所述,海上保险具有国际性,某一具体的含有涉外因素的海上保险合同应适用我国法还是外国法,则是首先要解决的问题,即要明确合同的准据法。准据法是指被海上保险冲突规范所援引,用来具体确定当事人之间权利与义务的法律。我国《海商法》在涉外关系的法律适用一章中也明文规定,首先是中华人民共和国缔结或参加的国际条约同本法有不同规定的,适用国际条约的规定;但是,中华人民共和国声明保留的条款除外。中华人民共和国法律和中华人民共和国缔结或参加的国际条约没有规定的,可以适用国际惯例。合同当事人可以选择合同适用的法律。合同当事人没有选择的,适用于与合同有最密切联系的国家的法律。

2011年4月1日起施行的《中华人民共和国涉外民事关系法律适用法》第四十一条规定:"当事人可以协议选择合同适用的法律。当事人没有选择的,适用履行义务最能体现该合同特征的一方当事人经常居所地法律或者其他与该合同有最密切联系的法律。"

目前,国际上尚没有调整海上保险的国际条约。因此,海上保险合同的准据法取决于保险当事人的意愿。如果海上保险合同中订明适用的法律,则应以合同订明的法律为准。我国海上保险业务实务中所采用的中人保制定的海洋运输货物保险条款和船舶保险条款均未有法律适用条款的内容,而英国货物保险条款和船舶保险条款均订有适用英国法律和惯例的规定。如果合同中未订明适用的法律,在我国则适用于与合同有最密切联系的国家的法律。

案例讨论

我国A公司就一批进口货物向B保险公司投保,投保单注明保险金额及货物保险险别为一切险。B保险公司在该投保单上注明"接受上述投保",并加盖了公司业务专用章。该投保单对保险费率没有约定。在A公司投保时,B保险公司声称:待运输船舶确定后,根据船龄最终确定费率。A公司投保后,B保险公司曾多次要求A公司领取保险单,但其迟迟没有领取。直至该批货物在运输途中发生货损,A公司才要求B保险公司尽快出具保险单。A公司要求B保险公司赔偿,但遭B保险公司拒绝。A公司诉至法院,称其与B保险公司之间的保险合同依法成立,出险后也及时通知了B保险公司,并提出了索赔要求,但被告无故拖延不付,请求判令被告赔偿货物损失。被告B保险公司辩称,被告与原告并未就本案保险费进行过约定,而且原告并未向投保人出具过保险单,故原告、被告之间的保险合同未成立。因此,被告对原告的损失不负赔偿责任。请分析被告的理由是否成立,并给出你的观点。

本章小结

第一节　海上保险合同的基本知识
一、海上保险合同的概念
二、海上保险合同的法律特征

目标检测

一、单项选择题

1. 保险利益是指投保人或被保险人对( )具有法律上承认的利益。

    A. 保险合同行为   B. 保险制度

    C. 保险风险   D. 保险标的

2. ( )情况下,保险人按保险金额与保险价值比例负赔偿责任。

    A. 足额保险   B. 不足额保险

    C. 超额保险   D. 责任保险

3. 保险标的发生保险事故后受到严重损坏完全失去原有形体、效用的是( )。

    A. 推定全损   B. 实际全损

    C. 共同海损   D. 单独海损

4. 告知是指被保险人在投保时将其所知道有关保险标的的( )告诉保险人。

    A. 重要情况   B. 所有情况

    C. 一般情况   D. 业务情况

5. 保险标的发生保险责任范围内的损失是由第三者造成的,被保险人向第三者要求赔偿的权利,自保险人支付赔偿之日起,相应转移给保险人的是( )。

A. 保险委付   B. 代位求偿

C. 推定全损   D. 责任保险

二、多项选择题

1. 海上保险合同的特征具体包括( )。

  A. 双务有偿合同   B. 赔偿性合同

  C. 格式合同   D. 实践性合同

2. 海上保险合同的订立要经过( )阶段。

  A. 制单   B. 要约

  C. 签发保单   D. 承诺

3. 海上保险合同的书面形式主要有( )。

  A. 保险单   B. 保险凭证

  C. 贸易合同   D. 暂保单

4. 保险责任开始后,( )合同,被保险人不得要求解除合同。

  A. 货物运输   B. 船舶的航次保险

  C. 船舶的定期保险   D. 运费保险

5. 近因是导致损害发生的( )原因。

  A. 最直接的   B. 时间上最近的

  C. 起决定作用的   D. 空间上最近的

三、判断题

1. 根据我国《海商法》的规定,货物预期利润可以作为保险标的。( )

2. 在海上保险合同法律适用上,首先应适用我国保险法的规定。( )

3. 保险委付是保险人的权利,保险代位求偿权是被保险人的权利。( )

4. 船舶保险合同的转让必须经过保险人的同意。( )

5. 保险人未签发保险单给被保险人,说明保险合同尚未成立。( )

四、思考题

1. 什么是海上保险合同?其主要特征是什么?

2. 海上保险单的表现形式有哪些?

3. 什么是保险利益?保险利益的构成要件有哪些?

4. 在双方当事人未约定保险价值时,应如何确定保险标的的保险价值?

5. 海上保险代位求偿权的构成应当具备什么条件?

五、案例分析

我国 A 海运公司就其所有的甲船向 B 保险公司投保船舶保险,在其向保险公司填写的投保单中,航行区域一栏填写为亚太区域。该投保单为格式投保单,在其投保单题头下以小的印刷体标有:本投保单由投保人如实填写并签章后作为向本公司投保船舶保险的依据,本投保单作为该船舶保险单的组成部分。B 保险公司按照公司有关只能承保近海船舶的规定,在出具的保险单上将航行区域规定为"东亚及东南亚",并规定保险费分三次交纳。为慎重起见,B 保险公司又派专人口头通知了 A 海运公司保险单上航行区域的改动,同时告知 A 海运公司,不可超越保单承保的航行区域,如有超越必须及时告知保险人以便在保单上做相应批改。A 海运公司未做异议表示,按保单约定分三次交清了保险费。

在保险合同期间,甲船远洋航行至大洋洲马绍尔群岛马朱罗港附近搁浅,后被拖船救起,共产生费用损失计135万元。A海运公司向保险人要求赔偿全部损失,B保险公司以A海运公司超出保单规定的航行区域,没有及时告知保险人,导致保险标的危险程度增加为由做出拒赔决定。

此案例是关于投保单与保险单不一致时保险合同的内容如何确定,保险合同何时成立与生效的问题,请给出你的观点。

第三章
海上运输货物保险

学习目标

1. 了解英国海上运输货物保险条款的主要内容;
2. 熟悉我国海上运输货物保险附加险的具体内容;
3. 熟悉我国国内水路运输货物保险的具体内容;
4. 掌握我国海上运输货物保险主险的具体内容。

技能要求

1. 具备计算保险金额和保险费的能力;
2. 能够正确填写海洋运输保险投保单和保险单;
3. 能够准确选择海上运输货物保险的险别;
4. 能够运用所学知识处理海上运输货物保险纠纷。

重点和难点

保险金额和保险费的计算;货物保险条款中的船舶互碰责任;海上运输货物风险转移与保险利益关系。

🧠 **学习导图**

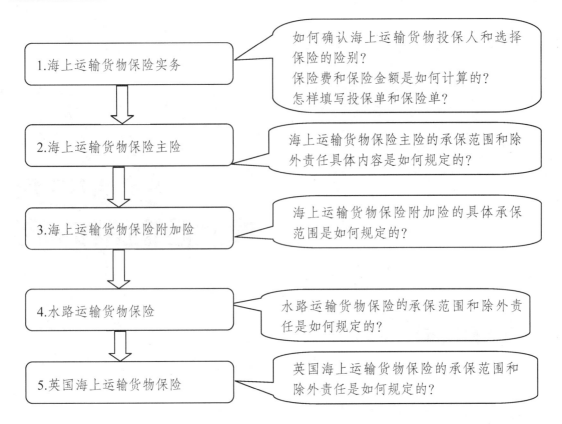

1.海上运输货物保险实务 → 如何确认海上运输货物投保人和选择保险的险别?
保险费和保险金额是如何计算的?
怎样填写投保单和保险单?

2.海上运输货物保险主险 → 海上运输货物保险主险的承保范围和除外责任具体内容是如何规定的?

3.海上运输货物保险附加险 → 海上运输货物保险附加险的具体承保范围是如何规定的?

4.水路运输货物保险 → 水路运输货物保险的承保范围和除外责任是如何规定的?

5.英国海上运输货物保险 → 英国海上运输货物保险的承保范围和除外责任是如何规定的?

🧠 **先导案例**

　　我国某公司与美国 P 公司以 CIF 贸易术语签订销售合同,并向保险公司投保海上运输货物保险。货物在中国上海洋山港装上船后起航驶往韩国釜山港途中,与另一艘船发生了碰撞并造成损失。碰撞事故发生后,涉案货物被卸至洋山港码头堆存。我国某公司要求保险公司给予赔偿,而保险公司认为原告在保险事故发生时对保险标的物不具有保险利益。上海海事法院经审理认为:法律上所承认的保险利益并不仅仅是风险,而是指被保险人对保险标的应当具有的法律上承认的利益,该利益可被理解为是受法律保护的对保险标的具有法律上或经济上的联系,因保险标的受损而遭受经济损失后,权利人可以依法寻求相应的司法救济。涉案保险单、提单等单证现由原告持有,其系因发生涉案保险事故而遭受经济损失的人,不能仅凭货物是否越过船舷确定有无保险利益。据此,原告仍拥有涉案货物的全部利益,应认定原告在本案中具有保险利益。

第一节 海上运输货物保险实务

一、海上运输货物保险的投保人

海上运输货物保险已成为国际贸易不可缺少的一部分,国际商会制定的《国际贸易术语解释通则》对货物保险及风险转移都做出了相应的规定。因此,海上运输货物保险实务中首先需要明确的是办理保险的义务是在买方还是在卖方,也就是说谁应该为海上运输货物进行投保,货物风险由卖方转移给买方的地点如何规定,货物的保险费由谁来支付等相关问题。

根据《国际贸易术语解释通则 2020》的规定,适用于海运及内河运输的术语包括 FAS、FOB、CFR、CIF 共四种术语,国际贸易实务涉及海上运输货物最常用的术语为 FOB、CFR 和 CIF 三种术语。

(一)船上交货术语下的投保人

FOB 即"船上交货(插入指定装运港)",是指卖方在指定的装运港将货物装上买方指定的船上,或者设法获取已装船货物,卖方即完成交货。卖方承担货物装上船为止的一切风险,买方承担货物自装运港装上船后的一切风险。买卖双方对对方都不承担订立保险合同的义务。但是,应买方要求,并承担风险和费用(如有)的情况下,卖方必须向买方提供投保所需的信息。虽然买卖双方对对方都不承担订立保险合同的义务,但由于买方承担货物自装运港装上船后的一切风险,所以船上交货术语下的投保人应是国际贸易合同中的买方。

FOB 术语下,在装货港船上转移风险,买方办理保险业务,买方支付保险费。值得注意的是,卖方也需要对风险转移前的货物进行投保。如未投保,货物从卖方仓库运往码头的途中因意外而致受损,买卖双方均不能向保险人索赔。因为,卖方对装船前的货物有保险利益,对装船后的货物无保险利益;而买方对装船前的货物无保险利益,对装船后的货物有保险利益。

【知识拓展】

中国 A 公司与美国 B 商人签订一份 FOB 进口货物合同,由 A 公司负责运输货物和保险事宜。为此,A 公司向 PICC 投保海上运输货物保险一切险。货物从卖方仓库运往装运码头途中,发生承保范围内的风险并造成货物部分损失。事后卖方美国 B 商人以保险单含有"仓至仓条款",要求保险公司赔偿,但遭到保险公司的拒绝。后来卖方美国 B 商人又请买方以买方的名义凭保险单向保险公司索赔,但同样遭到保险公司的拒绝。

究其原因,是在 FOB 合同下,保险由买方办理并支付相关费用。因为 FOB 合同属象征性交货,只要卖方在装运港按规定的时间、地点将规定的货物装在买方指派的船上,并提交符合规定的货运单据,就算完成交货,与货物有关的风险,也在装运港从货物越过船舷时(INCOTERMS[①] 2000)或者装上船时(INCOTERMS 2010)起,由卖方转移给买方。因此,风险转移前(如从卖方仓库运往装运码头期间)发生的风险损失,买方概不负责。买方购买货物保险,保险人只承保其应该负责的风险(即转移后的风险),所以买方所投保的保险公司也当然不承担

---

① International Chamber of Commerce Terms(《国际贸易术语解释通则》)

责任。也就是说,在FOB合同下,虽然保险单上列有"仓至仓条款",但保险公司承保责任起讫不是"仓至仓",而是"船至仓",保险公司只承保货物在装运港越过船舷或装上船起至货物运至买方在目的港最后仓库时止的风险损失。由于卖方没有向保险公司投保,他不是保险单的合法持有人,所以他无权向保险公司提出索赔。

【案例佐证】

我国某技术进出口公司与国外某有限公司签订了一份数字数据网络设备国际货物买卖合同,以FOB加拿大渥太华离岸价为价格条件。合同签订后,某技术进出口公司与某运输公司联系运输事宜,并与某保险公司签署了一份保险合同,投保一切险。被保险货物在渥太华某公司仓库被盗。某技术进出口公司将出险情况告知了某保险公司,向某保险公司提出索赔,某保险公司以某技术进出口公司不具有保险利益而主张合同无效并拒赔,某技术进出口公司遂向法院起诉。

法院经审理后认为,本案的焦点问题是保险利益的认定问题。本案中某技术进出口公司是否具有保险利益取决于其对买卖合同项下货物承担的风险,而对货物承担的风险及其起始时间又取决于买卖合同约定的价格条件。本案买卖合同约定的价格条件是FOB加拿大渥太华,意为货物在渥太华越过船舷后,货物的风险才发生转移。在此之前,货物的风险则仍由卖方承担。因此,某技术进出口公司购买的货物在渥太华某公司仓库被盗时,某技术进出口公司不具有保险利益。法院最终判定某保险公司与某技术进出口公司的保险合同因投保人对保险标的物不具有保险利益而无效。某技术进出口公司无权要求某保险公司承担赔偿责任,而某保险公司亦应退还保险费。

(二)成本加运费术语下的投保人

CFR即"成本加运费(插入指定目的港)",是指卖方在指定的装运港将货物装上船,或者设法获取已装船货物,即完成交货。卖方负责订立运输合同,支付将货物运至指定的目的港所需的运费和费用。买卖双方对对方都不承担订立保险合同的义务。但是,在对方要求,并承担风险和费用(如有)下,有义务必须向对方提供投保所需的信息。虽然买卖双方对对方都不承担订立保险合同的义务,但由于买方承担货物自装运港装上船后的一切风险,所以船上交货术语下的投保人应是国际贸易合同中的买方。

在成本加运费(CFR)术语下,买方办理保险业务,装货港船上转移风险,买方支付保险费。值得注意的是,卖方也需要对风险转移前的货物进行投保。如未投保,货物从卖方仓库运往码头的途中因意外而致受损,买卖双方均不能向保险人索赔。因为,卖方对装船前的货物有保险利益,对装船后的货物无保险利益;而买方对装船前的货物无保险利益,对装船后的货物有保险利益。CFR术语下有关保险事宜与FOB术语下是相同的。

(三)成本、保险费加运费术语下的投保人

CIF即"成本、保险费加运费(插入指定目的港)",是指卖方在指定的装运港将货物装上船,或者设法获取已装船货物,即完成交货。卖方负责订立运输合同,支付将货物运至指定的目的港所需的运费和费用。卖方还应就买方对货物在运输途中的灭失或损坏的风险安排投保。CIF对卖方保险义务做出规定,卖方必须自付费用取得货物保险。保险合同应与信誉良好的保险人或保险公司订立,以使买方或任何其他对货物具有保险利益的人有权直接向保险人索赔。应买方要求,并由买方负担费用,卖方应加投更高的保险险别或者战争险、罢工险等。

最低保险金额应包括合同规定价款另加 10%(即 110%),并应采用合同货币。保险合同标明承保的风险区间为货物交付点开始至少到指定的目的地为止。

在成本、保险费加运费(CIF)术语下,卖方办理保险业务,装货港船上转移风险,卖方支付保险费。值得注意的是,卖方办理保险业务是合同中规定的一项义务。除合同另有规定外,卖方只需按货物保险条款中最低责任的保险险别投保。最低保险金额须为 CIF+10%,并以合同规定货币投保。

CIF 风险转移点与 FOB 和 CFR 相同,都是在装货港船上转移风险(INCOTERMS 2020)。在通常情况下,判定买卖双方是否对货物具有保险利益以风险转移点为标准。卖方对装船前的货物有保险利益,对装船后的货物无保险利益;而买方对装船前的货物无保险利益,对装船后的货物有保险利益。但是 CIF 术语下值得关注的另一个问题是,货物在海上运输途中因承保原因导致货物损失,卖方可以持有尚未转让的保险单和提单向保险公司要求赔偿。

【案例佐证】

我国 A 公司与日本 B 公司签订 6 000 t 砂石买卖合同,货物于 2002 年 9 月 6 日装上甲船,承运人签发的提单载明 A 公司为托运人,运费在福州支付,收货人根据托运人的指示。为此 A 公司向保险人传真了发票,要求按发票金额加成 10% 投保。该发票载明砂石 6 110 t,CIF 鹿岛价为 15 美元/t。同日,保险人签发了运输货物保险单,载明的保险金额为 100 815 美元,险别为平安险,被保险人为 A 公司,赔付地点为 KASHIMA JAPAN(日本鹿岛)。9 月 7 日,该船离开福州港,驶往日本途中遭遇台风并沉没,船上货物全部灭失。事后,A 公司向保险人报了案,并提交了提单等相关单据要求理赔。保险人预赔了部分损失 14 920.62 美元,其余没有赔付。A 公司诉至法院请求判令保险人全额赔付。保险人辩称:CIF 价格条件下,货物灭失和损坏的风险自货物装上甲船后,涉案货物的所有权和风险已经全部转移给了买方。所以,A 公司不具有涉案货物和运费的保险利益,不应是原告。一审法院意见:双方保险合同合法、有效。原告是否对涉案货物具有保险利益,取决于发生保险事故时涉案货物的所有权及风险是否已转移给买方。本案中,发生保险事故时,原告并未背书转让提单,且至今仍持有全套的正本提单,因此原告在发生保险事故时,对涉案货物具有所有权,当然也就具有保险利益。即使原告在发生保险事故后,有权根据贸易合同的约定将风险转移给买方承担,而向买方要求支付货款,但这是原告(卖方)的一种权利,原告有权予以放弃,自己承担风险,而选择根据未背书转让的全套正本提单及其作为被保险人的保单直接向保险人索赔。据此,法院判决:被告赔偿原告因涉案货物全部沉没而导致的损失。二审法院意见:虽然货物越过船舷后的风险由买方负担,但买方并未支付货款,根据当事人互负债务应同时履行的原则,买方不付款时,卖方可以不背书转让提单和保险单,原告作为货物所有权人和被保险人当然具有保险利益,保险人应当赔偿。基于上述理由,法院判决,驳回上诉,维持原判。

二、海上运输货物保险险别的选择

海上运输货物保险的险别有多种形式,不同的险别所获得的保险保障是不同的,被保险人交付的保险费也是不同的,被保险人获得保险保障越大,支付的保险费越高。所以被保险人在投保时选择恰当的保险险别是非常重要的。我国海上运输货物保险的险别主要分为主险、附加险。各类又可分为若干种险别。

（一）主险

主险（Main Risks）又称基本险,为我国海上运输货物保险的主要险别。主险可以单独承保,无须附加在某种险别项下。主险主要包括以下几种。

1.平安险

平安险（Free from Particular Average,FPA）是海上运输货物保险的主要险别之一。平安险这一名称在我国保险行业中沿用甚久,其英文原意是指单独海损不负责赔偿,只负责赔偿保险标的物在海上运输途中遭受保险范围内的风险直接造成的货物的灭失或损害的全部损失。但在长期实践的过程中对平安险的责任范围进行了补充和修订,目前我国平安险的责任范围已经超出仅赔全损的限制。

2.水渍险

水渍险（With Average,WA）是海上运输货物保险的主要险别之一,其英文原意是指单独海损负责赔偿。水渍险的责任范围除了包括平安险的各项责任外,还负责被保险货物由于恶劣气候、雷电、海啸、地震、洪水等自然灾害所造成的部分损失。

3.一切险

一切险（All Risks）是海洋运输保险的主要险别之一,是保险人对保险标的货物遭受特殊附加险以外的其他原因造成的损失负赔偿责任的一种保险。一切险所负责的险别包括平安险、水渍险和一般附加险。

（二）附加险

附加险（Additional Risks）指被保险人在投保了主险的基础上附加承保的一种险别。附加险是相对于主险而言的,顾名思义是指附加在主险合同下的附加合同。它不可以单独投保,要购买附加险必须先购买主险。一般来说,附加险所交的保险费比较少,但它的存在是以主险存在为前提的,不能脱离主险。附加险又分为普通附加险、特别附加险和特殊附加险。

1.普通附加险

普通附加险（General Additional Risks）又称一般附加险,承保一般外来原因引起的货物损失。我国海上运输货物保险承保的普通附加险共十一种。投保了一切险,无须再加保普通附加险,因为一切险已将其责任范围包括在内。

2.特别附加险

特别附加险（Special Additional Risks）是以导致货损的某些特别风险作为承保对象的,它不包括在基本险责任范围。不论被保险人投哪一种主险,要想获取保险人对某些特别风险的保险保障,必须与保险人特别约定,经保险人特别同意;否则,保险人对此不承担保险责任。我国海上运输货物特别附加险主要有六种险别。

3.特殊附加险

特殊附加险（Specific Additional Risks）是专门针对特殊风险而设立的,包括战争险和罢工险。同特别附加险一样,特殊附加险不属于主险责任范畴,不能单独投保,必须附于主险下。

（三）主险与附加险的关系

主险与附加险的关系主要表现在以下几个方面:一是主险可以单独投保,附加险不能单独投保,必须在投保某一主险下才能投保附加险;二是主险条款与附加险条款存在抵触时,以附加险条款为准;三是附加险条款没有规定时,适用主险条款的有关规定。

（四）选择海上运输货物保险险别时应考虑的因素

就被保险人的利益来说，既要考虑能获得所需的保险保障，又要恰当节省保险费的支出。因此，被保险人要根据货物的种类、性质、特点、包装情况、运输工具的方式、运输的距离、运输路线以及港口等不同情况来选择保险险别。保障范围最广的不一定是最好的保险，投保符合实际需要的保险，才是最好的保险。

1. 货物的种类、性质与特点

货物的种类与性质是考虑投保险别的首要因素。例如，粮油、食品类货物一般都会有水分，经长途运输水分减少就会短量，水分增加就会发生霉烂。投保时可以选择在水渍险的基础上加保短量险和受潮受热险，也可以投保一切险。再如，轻工业品类货物的最大特点就是易破碎，因此，应在平安险或水渍险的基础上加保破碎险。

2. 包装情况

一般来说，货物的包装方式和包装材料会直接影响到货物的毁损程度。目前非大宗货物都是装在集装箱内运输的，在一定情况下减少因包装问题带来货物的损毁。即使这样，但仍无法避免运输途中的损害。因此，投保人应该根据货物包装的情况来选择险别。

3. 运输方式、运输距离和运输路线

运输方式有多种，包括海运、空运、陆运、多式联运等。在海上保险中，主要考虑的是运输的距离和路线等。运输距离越长，风险自然就越大。不同的运输路线，被保险货物承担的风险同样也不同。例如，出口货物到日本与出口货物到北美洲相比，两者在距离上和风险上是不能同日而语的。

4. 港口的情况

港口的情况对于选择保险险别也是有影响的。在某些港口，装卸效率低，野蛮装卸使得货物容易受损，需要投保一切险。有些港口偷窃现象十分严重，当货物卸离海船后堆放在码头，等待运送到其他地方仓库时，货物被偷窃机会增多，这就需要投保"偷窃提货不着险"。如货物出口到经常下雨的地区，就应加保"淡水雨淋险"。总之，根据货物起运港或卸货港的实际情况选择合适的险别投保是十分重要的。

5. 合同和信用证的规定

被保险人在选择保险险别时，不但要考虑以上因素，更重要的是依据贸易合同和信用证的规定来投保。例如，在 CIF 贸易合同下，如果合同和信用证规定投保一切险加保战争险，作为卖方的被保险人就不能考虑节省费用而选择较低保障的保险险别。同样，假如合同和信用证没有明确规定，根据 INCOTERMS 2010 的规定，被保险人可以选择最低的险别投保。

三、保险金额与保险费的计算

（一）保险金额

海上运输货物保险的保险金额是指保险人对被保险人承担货物损失赔偿责任的最高限额。在海上运输货物保险实际业务中，通常是以货物的价值、预付运费、保险费和预期利润的总和作为计算保险金额的标准，即货物的 CIF 价格加预期利润。预期利润一般是在货物 CIF 价格基础上加成 10%。保险金额计算公式如下：

$$保险金额 = CIF + (CIF \times 10\%) = CIF \times 110\%$$

如出口货物的 CIF 价为 12 000 美元,加成 10% 投保,其保险金额计算如下:

$$保险金额 = 12\ 000 \times 110\% = 13\ 200(美元)$$

(二)货物保险费率

货物保险费率是由保险公司在货物的损失率和赔付率的基础上,根据不同的运输工具、不同的目的地、不同的货物和不同的险别,按进出口货物分别制定出来的费率表来确定的。

我国出口海上运输货物保险费率一般由基本费率(包括一般货物基本险费率和指明货物加费费率)、附加险费率和老船加费费率构成。

保险费率 = 一般货物基本险费率 + 指明货物加费费率 + 附加险费率 + 老船加费费率

1. 一般货物基本险费率

一般货物基本险费率适用于所有货物,按险别分为平安险、水渍险和一切险三种。同一种险别因货物运抵目的地所在州、国家和港口的不同,费率有所不同。

2. 指明货物加费费率

指明货物加费费率是针对某些指明的易损货物加收的一种附加费率。这些货物在运输途中,由于外来风险的发生极易遭受短少、破碎和腐烂等损失,并且损失率较高,不宜同其他非易损货物采用相同的费率,因此把这些货物专门列出来。当投保人就这些货物投保一切险时,保险公司需在一般货物基本险费率的基础上按规定的加费费率加收保险费。指明货物包括八大类货物,即粮油食品及土畜产类、轻工品类、纺织品类、五金矿产类、工艺品类、机械设备类、化工品类和危险品类。凡属于指明货物,在计算费率时,应算出一般货物基本险费率,然后加上这项加费。

3. 附加险费率

被保险人如需要投保附加险,则需根据具体加保的险别加费。如投保战争险、特别附加险、罢工险等均需另行加费。罢工险如和战争险一起加保,则按战争险费率收取,不另加收。

4. 老船加费费率

老船加费费率是针对船龄在 15 年以上的老船所载运的进口货物而制定的。此项加费的费率因所运货物、船龄、船旗不同而有所不同。

(三)保险费的计算

货物保险费是以保险金额为基准,乘以该批货物的保险费率(R)计算出来的。保险费计算公式如下:

$$保险费 = CIF \times 110\% \times 保险费率 = 保险金额 \times 保险费率$$

如我国海运出口货物的 CIF 价为 12 000 美元,投保一切险,保险费率为 0.5%,该批货物的保险费计算如下:

$$保险费 = 12\ 000 \times 110\% \times 0.5\% = 66(美元)$$

(四)CIF 价的计算

1. 不加成投保的 CIF 价的计算公式

因为 $\qquad CFR = CIF - I = CIF - CIF \times R = CIF(1 - R)$

所以 $\qquad CIF = CFR/(1 - R)$

如出口货物,发票价为 11 000 美元,运费(I)为 934 美元,投保一切险,保险费率为 0.5%,该批货物的 CIF 价计算如下:

$$CIF = (11\ 000 + 934)/(1 - 0.5\%) = 11\ 934 \div 99.5\% \approx 11\ 994(美元)$$

2. 加成投保的 CIF 价的计算公式

$$CIF = CFR/(1 - R \times 加成)$$

如出口货物,发票价为 11 000 美元,运费为 934 美元,投保一切险,保险费率为 0.5%,该批货物的 CIF 价为:$CIF = 11\ 934/(1-0.5\%\times110\%) = 11\ 934 \div 99.45\% = 12\ 000(美元)$

再如出口货物 CFR 价为 11 934 美元,买方要求改在我国投保一切险,将 CFR 价变更为 CIF 价,加成 10%,保险费率为 0.5%,该批货物的保险费计算如下:

$$CIF = 11\ 934/(1 - 0.5\% \times 110\%) = 11\ 934 \div 99.45\% = 12\ 000(美元)$$

$$I = CIF \times 加成 \times 保险费率 = 12\ 000 \times 110\% \times 0.5\% = 66(美元)$$

四、填写海上运输货物保险投保单

当国际贸易卖方或者买方需要对海上运输的货物投保时,首先要跟保险公司或保险代理人联系,或者利用保险网络平台办理投保手续,通常按照规定格式填制投保单,经保险公司接受后保险合同生效。保险公司出立保险单以投保人的填报内容为准。

(一)海上运输货物保险投保单格式

投保单的格式较多,不同的保险公司可能有不同的格式,但基本内容差不多,主要包括以下几方面:

(1)被保险人名称;

(2)货物名称;

(3)包装数量;

(4)货物名称;

(5)投保人声明;

(6)船名或装运工具;

(7)航程或路线;

(8)承保险别;

(9)保险金额;

(10)投保日期。

货物运输险投保单样本见表 2-1。

(二)海上运输货物保险投保单填写时的注意事项

(1)被保险人栏目要按保险利益的实际有关人称谓的全称填写。因为保险是否有效,同被保险人保险利益直接有关。买方为被保险人则保险责任从货物装上船才开始;反之,卖方为被保险人则保险自保单载明起运地仓库运出时开始。

(2)货物名称应填写具体名称,一般不要笼统填写。标记应与提单上所载的标记一致,特别要同刷在货物外包装上的实际标记符号相同。包装数量要将包装的性质如箱、包、件、捆及数量都写清楚。

(3)保险金额,通常按照发票 CIF 价加成 10%~20% 计算,如发票价为 FOB 或 CFR,则应将运费、保险费相应加上去,再另行加成。

(4)运输工具,如是轮船运输,应写明船名,需转运的也要写明确。开航日期,有确切日期,要填写具体日期;无确切日期,则填上约于××月××日。

(5)承保险别,要将需要投保的险别明确填写清楚,如有附加险别或与保险人有其他特别约定的也要在此栏注明。

(6)货运险投保日期,应在船舶开航或运输工具开航之前。

表 2-1　货物运输险投保单
APPLICATION FOR CARGO TRANSPORTATION INSURANCE PLICY

被保险人
Insured:

本投保单由投保人如实填写并签章后作为向本公司投保货物运输保险的依据,本投保单为该货物运输保险单的组成部分。

兹拟向中国×××保险公司投保下列货物运输保险: Herein apply to the Company × × × for Transportation Insurance of following cargo:	请将投保的险别及条件注明如下: Please state risks insured against and conditions:
请将保险货物项目、标记、数量及包装注明此上。 Please state items, marks, quantity and packing of cargo insured here above.	

保险金额	
Amount Insured:	
装载运输工具	
Per Conveyance S. S.	
发票或提单号	开航日期
Invoice No. or B/L No.	Slg. on or abt.
自	至
From:	To:
保险费	费率
Premium:	Rate:
备注:	
Remarks:	

投保人兹声明所填上述内容属实,对贵公司就货物运输保险条款及附加条款(包括责任免除部分)的说明已经了解,同意按照该条款投保货物运输保险。

投保人签章:	送达地址:	
Name/Seal:	Address for Service:	
联系人地址:	电话:	日期:
Contact Address:	Tel:	Date:

五、签发海上运输货物保险单

保险公司接受投保单后,经过审查,如同意承保,便出立保险单或其他保险凭证,以作为其接受海上运输货物保险的正式凭证。保险单或其他保险凭证是出口方向银行议付货款所必备的单证之一,也是被保险人索赔和保险公司理赔的主要依据。

(一)海上运输货物保险单主要内容

海上运输货物保险单包括正面内容和背面内容。

1. 海上运输货物保险单的正面内容

海上运输货物保险单的正面内容通常由双方当事人来填写,主要包括以下内容:

(1)保险当事人,即保险人和被保险人的全称。

(2)保险标的说明,主要列明有关保险标的的情况,如货物保险的货物包装、单位和数量,保险货物项目,保险金额等。

(3)保险费,定明应交的保险费和费率的数额。一般情况下只写上"按照约定"。

(4)载运工具、开航日期、起运港、目的港等。

(5)承保的险别。

(6)事故发生后所需提供的证件和立即通知保险公司查勘的规定。

(7)赔偿地点。

(8)日期及保险人的签字。

2. 海上运输货物保险单的背面内容

海上运输货物保险单的背面内容通常都是事先印就的条款,主要包括以下内容:

(1)责任范围;

(2)除外责任;

(3)责任起讫;

(4)被保险人的义务;

(5)赔偿处理;

(6)索赔期限。

海上运输货物保险单样本见表2-2。

(二)海上运输货物保险单填写注意事宜

在填写海上运输货物保险单的实务操作中,应注意以下事项:

(1)发票号码(Invoice No.):此栏填写投保海洋运输保险货物商业发票的号码。

(2)保险单号次(Policy No.):此栏填写由保险公司编制的保险单号码。

(3)被保险人(Insured):如L/C和合同无特别规定,此栏一般填信用证的受益人,即出口公司名称。如L/C要求"Endorsed in Blank"时,一般也应填L/C受益人名称,若信用证指定以××公司为被保险人,则应在此栏填××公司。如信用证要求保单"made out to order and endorsed in blank",则应在此栏填写"受益人名称+ to order"。

(4)保险货物项目(Description of Goods):根据投保单填写,要与提单此栏目的填写一致。一般允许使用统称,但不同类别的多种货物应注明不同类别的各自总称。

表 2-2　海上运输货物保险单

中保财产保险有限公司
The People's Insurance (Property) Company of China, Ltd.

发票号码　　　　　　　　　　　　　　　　　　　　保险单号次

Invoice No.　　　　　　　　　　　　　　　　　　　Policy No.

海洋货物运输保险单
MARINE CARGO TRANSPORTATION INSURANCE POLICY

被保险人：

Insured： _____

中保财产保险公司(以下简称本公司)根据被保险人的要求,及其所缴付约定的保险费,按照本保险单承担险别和背面所载条款与下列特别条款承保下列货物运输保险,特签发本保险单。

This policy of insurance witnesses that The People's Insurance (Property) Company of China, Ltd. (hereinafter called "The Company"), at the request of the insured and in consideration of the agreed premium paid by the insured, undertakes to insure the undermentioned goods in transportation subject to the conditions of this policy as per the Clauses printed overleaf and other special clauses attached hereon.

保险货物项目 Description of Goods	包装 Packing	单位 Unit	数量 Quantity	保险金额 Amount Insured

承保险别　　　　　　　　　　　　　　　　　　　　货物标记

Conditions　　　　　　　　　　　　　　　　　　　Marks of Goods

总保险金额：

Total Amount Insured： _____

保险费　　　　　　　　　　载运工具　　　　　　　　开航日期

Premium _____ Per Conveyance S. S _____ Slg. on or abt. _____

起运港　　　　　　　　　　　　　　目的港

From _____ To _____

所保货物,如发生本保险单项下可能引起索赔的损失或损坏,应立即通知本公司下述代理人查勘。如有索赔,应向本公司提交保险单正本(本保险单共有　　份正本)及有关文件。如一份已用于索赔,其余正本则自动失效。

In the event of loss or damage which may result in a claim under this Policy, immediate notice must be given to the Company's agent as mentioned hereunder. Claims, if any, one of the Original Policy which has been issued in Original (s) together with the relevant documents shall be surrendered to the Company, if one of the Original Policy has been accomplished, the others to be void.

中保财产保险有限公司

THE PEOPLE'S INSURANCE (PROPERTY) COMPANY OF CHINA, LTD.

赔偿地点

Claim Payable at _____

日期　　　　　　　　　　　　　　在

Date _____ at _____

地址

Address：

　(5)货物标记(Marks of Goods)：按信用证规定,保险单上标记应与发票、提单上一致。可单独填写,若来证无特殊规定,一般可简单填成"As Per Invoice No. ×××"。

(6)包装及数量(Packing & Quantity):此栏填制大包装件数,并应与提单上同一栏目内容相同。有包装的需填写最大包装件数,有包装但以重量计价的,应把包装重量与计价重量都注上;裸装货物要注明本身件数;如以单位包装件数计价者,可只填总件数。

(7)保险金额(Amount Insured):保险金额应严格按照信用证和合同上的要求填制,保险金额应为发票金额加上投保加成后的金额,如信用证和合同无明确规定,一般都以发票金额加一成(即110%的发票金额)填写。信用证支付方式下,应严格按信用证规定。币种要用英文全称且币种一致。保险金额不要小数,出现小数时无论多少一律向上进位。金额用大写的英语字母填写,用 ONLY 结尾。

(8)保险费(Premium):此栏一般由保险公司填制或已印好 As Arranged,除非信用证另有规定。

(9)载运工具(Per Conveyance S. S):此栏的填写要与运输单据一致,并应按照实际情况填写。海运方式下填写船名和航次;如整个运输由两段或两段以上运程完成时,应分别填写一程船名及二程船名,中间用"/"隔开。例如:提单中一程船名为"TIANHE",二程船名为"MOON",则填写"TIANHE/MOON"。

(10)开航日期(Slg. on or abt.):此栏填制应按 B/L 中的签发日期或船舶开航日期,或可简单填上 As Per B/L。

(11)起运港、目的港(From. To):此栏填制货物实际装运的起运港口和目的港口名称,货物如转船,也应把转船地点填上。如:From Qingdao,China To New York,USA Via Hongkong,China。

(12)承保险别(Conditions):本栏系保险单的核心内容,填写时应注意保险险别及文句与信用证严格一致,应根据信用证或合同中的保险条款要求填制,如有附加险别或与保险人有其他特别约定的也要在此栏注明。

(13)赔偿地点(Claim Payable at):此栏应严格按照信用证或合同规定填制地点和币种两项内容,地点按信用证或投保单,币种应与保险金额一致。如信用证未具体规定,一般将目的地作为赔付地点,将目的地名称填入这一栏目,赔款货币与投保险金额相同。

(14)日期(Date):此栏填制保险单的日期。由于保险公司提供仓至仓服务,所以保险手续要求货物离开出口仓库前办理,保险单的签发日期应为货物离开仓库的日期或至少填写早于提单签发的日期、发运日。

(15)签字(Signature):此栏盖与第一栏相同的保险公司的印章及其负责人的签字。实际操作中其签章一般已经印刷在保险单上。保险单需经保险公司签章后方才生效。

(三)UCP600 对海上运输货物保险单证的有关规定

信用证(Letter of Credit,L/C)是随着国际贸易、航运、保险以及国际金融的迅速发展而逐渐发展起来的一种结算方式。它以银行信用为基础,由进口地银行向出口商提供付款保证,使出口商收回货款的风险降低;而出口商必须提交与信用证相符的单据,才可以获得货款。为了规范信用证业务的运作,国际商会在 1933 年制定了《商业跟单信用证统一惯例》。此后经1951 年、1962 年、1967 年、1974 年、1983 年和 1993 年多次修订,最新文本是 2007 年的《跟单信用证统一惯例》(国际商会第 600 号出版物,UCP600)。该惯例被世界各国银行处理信用证业务所适用。该惯例第一条明确指出,UCP600 适用于所有在正文中标明按该惯例办理的跟单信用证(包括该惯例适用范围内的备用信用证)。除非信用证中另有规定,该惯例对一切有关当事人均具有约束力。以信用证方式结算国际贸易到银行结汇所提交有关单据包括保险单据,要符合 UCP600 的规定。UCP600 对货物的保险单证做出以下规定。

1. 出具人

保险单据,例如保险单或预约保险项下的保险证明书或者声明书,必须由保险公司或承保人或其代理人或代表出具并签署。代理人或代表的签字必须标明其系代表保险公司或承保人签字。如果保险单据在保险经纪人的信笺上出具,只要该保险单据是由保险公司或其代理人,或由保险商或其代理人签署的,则该保险单据可以被接受。保险经纪人可以作为具名保险公司或具名保险商的代理人进行签署。

2. 份数

如果保险单据标明其以多份正本出具,所有正本均须提交。保单的份数取决于保险单据上标明的份数,如果保险单据上标明两份正本,则这两份保险单正本均须提交给银行。当 L/C 有具体份数要求时,应按规定提交。

3. 货币

保险单据必须标明投保金额并以与信用证相同的货币表示。保险单据必须按信用证使用的币种,并至少按信用证要求的金额出具。

4. 日期

保险单据日期不得晚于发运日期,除非保险单据标明保险责任不迟于发运日生效。保险单据的出具日期不得晚于货物在信用证规定的地点装船、发运或接管(如适用的话)日期,除非保险单据标明保险责任最晚于货物在信用证规定的地点装船、发运或接管(如适用的话)之日起生效。

保险单的签发日期不得晚于发运日期,以说明货物在装运前已被投保海运险,保险责任已经生效。如果保险单上的签发日期晚于装运日期,例如装运日为 4 月 15 日,保险单签发日期为 4 月 17 日,如果货物于 4 月 16 日发生损失,保险公司可以不负赔偿责任。如果所提交的保险单的签发日期晚于装运日期,按一般情况是不符合要求的,所以银行可能拒付,不同意接受单据。但是,如果保险单据载明"本保险责任于装船日起生效",则根据 UCP600 的规定,保险单上已经声明了保险责任于装船日起生效,即使保险单签发日期晚于提单上的装运日期,银行亦应接受该保险单据。

5. 金额

如果信用证对投保金额未做规定,则投保金额须至少为货物的 CIF 或 CIP 价格的 110%。如果信用证没有规定投保金额的最低比例,则最低投保金额必须是 CIF 价之金额的 110% 或 CIP 价之金额的 110%。诸如"就 110% 进行保险"或类似要求应被认为是对最低投保金额的要求。

6. 暂保单

除非信用证有特别授权,否则银行不接受由保险经纪人签发的暂保单。

7. 保险证明或声明书

银行可以接受保险单代替预约保险项下的保险证明书或声明书。

8. 保险范围

保险单据须标明承保的风险区间至少涵盖从信用证规定的货物监管地或发运地开始到卸

货地或最终目的地为止。

信用证应规定所需投保的险别及附加险(如有的话)。如果信用证使用诸如"通常风险"或"惯常风险"等含义不确切的用语,则无论是否有漏保之风险,保险单据将被照样接受。

当信用证规定投保"一切险"时,如保险单据载有任何"一切险"批注或条款,无论是否有"一切险"标题,均将被接受,即使其声明任何风险除外。

保险单据可以援引任何除外责任条款保险,单据可以注明受免赔率或免赔额(减除额)约束。

六、签发海上运输货物保险批单

保险人出立保险单后,投保人如果需要更改险别、运输工具、航程、保险期限和保险金额等,应向保险公司或其授权的代理人提出批改申请。保险公司或其授权的代理人如接受这项申请,应立即出立批单,作为保险单的组成部分。此后,保险公司即按批改的内容负责。

保险公司在签发批单时,先将批单上的项目一一列明,然后将批改的措辞打上。批单的内容视情况而定,出立批单通常有一定的措辞格式。如更改包装种类的措辞为:It is hereby noted that the goods covered under this policy are packed in cases and not in bales as originally stated. Other terms and conditions remain unchanged。更改船名的措辞为:It is hereby noted that the name of the ship carrying the goods insured under this policy should be s/s "......" and not as originally stated. Other terms and conditions remain unchanged. 下列是一份保险批单实例。

批　　单　　　　日期
Endorsement　　　Date: ....

批单号码　　　　　　　保险货物
Endorsement No. .... Insured Cargo: ....

保单号码　　　　保险金额　　　　　船名
Policy No. .... Sum Insured .... S.S ....

被保险人
Name of Insured ....

It is hereby noted and agreed that the amount insured under this Certificate should read instead of originally stated.

It is further noted and agreed that the name of Insured under this Certificate should be read instead of as originally stated.

In consideration of the above, an additional premium, as arranged, is hereby charged to the Insured.

Other Terms, Clauses and Conditions remain unchanged.

For and on behalf of

Authorized Signatory

七、海上运输货物保险单填写实训

根据下列所提供的信用证条款的主要内容及有关信息,填写海运货物保险单有关栏目。

Irrevocable Documentary Credit

Number: LC666-12345678

Date: March 5, 2008

Date and place of expiry: April 30, 2008, Shanghai, China

Advising bank: Bank of China

Beneficiary: China AAA Import and Export Corp.

Applicant: U. K. BBB Corp.

Shipment from Shanghai to London, on or about April 5, 2008

Partial shipments: Not allowed

Transshipment: Not allowed

Description of goods: 100% Cotton Towel as per S/C No. CH2008

Total amount: USD10,000(SAY US DOLLARS TEN THOUSANDS ONLY)

Total quantity: 200 Cartons

Total gross weight: 17 300 kg

Total measurement: 26 CBM

Price term: CIF London, U. K.

Following documents required:

+Signed commercial invoice in triplicate

+Packing list in triplicate

+Full set of three clean on board ocean bills of lading made out to order of shipper and endorsed in blank and marked "freight prepaid" and notify applicant.

+Insurance Policy in duplicate for full CIF value plus 10% covering All Risks as per Ocean Marine Cargo Clauses of the PICC dated 1/1/1981 and stating claims payable in London, U. K. in the currency of the credit.

Information:

Ocean Vessel: "CCC" Voy. No. 005E

Invoice No. AAA2008-0218

B/L No. 0688

Container No. CBHU0180286

中保财产保险有限公司
The People's Insurance (Property) Company of China, Ltd.

发票号码 （1）   保险单号次
Invoice No.   Policy No.

海洋货物运输保险单
MARINE CARGO TRANSPORTATION INSURANCE POLICY

被保险人：（2）
Insured：_____

中保财产保险公司(以下简称本公司)根据被保险人的要求,及其所缴付约定的保险费,按照本保险单承担险别和背面所载条款与下列特别条款承保下列货物运输保险,特签发本保险单。

This policy of Insurance witness that The People's Insurance (Property) Company of China, Ltd. (hereinafter called "The Company"), at the request of the Insured and in consideration of the agreed premium paid by the Insured, undertakes to insure the undermentioned goods in transportation subject to the conditions of this Policy as per the Clauses printed overleaf and other special clauses attached hereon.

保险货物项目 Description of Goods	包装　单位　数量 Packing　Unit　Quantity	保险金额 Amount Insured
（3）	（4）	（5）

承保险别   货物标记
Conditions   Marks of Goods

（6）

总保险金额：
Total Amount Insured：_____

保险费   载运工具   开航日期
Premium _____ Per Conveyance S. S _____ Slg. on or abt. _____

起运港   目的港
From _____（7）_____ To _____（8）_____

所保货物,如发生本保险单项下可能引起索赔的损失或损坏,应立即通知本公司下述代理人查勘。如有索赔,应向本公司提交保险单正本[本保险单共有（　）份正本]及有关文件。如一份已用于索赔,其余正本则自动失效。

In the event of loss or damage which may result in a claim under this Policy, immediate notice must be given to the Company's agent as mentioned hereunder. Claims, if any, one of the Original Policy which has been issued in _____ Original (s) together with the relevant documents shall be surrendered to the Company, if one of the Original Policy has been accomplished, the others to be void.

中保财产保险有限公司
THE PEOPLE'S INSURANCE (PROPERTY) COMPANY OF CHINA, LTD.

赔偿地点
Claim Payable at _____

日期   在
Date _____（10）_____ at _____

地址
Address：

第二节　海上运输货物保险主险条款

在我国,目前我国各大保险公司均采用中人保制定的海洋运输货物保险条款来承保海运货物保险。该条款于1963年1月1日制订,1972年进行修改,1976年再次修订,1980年又进行修改并于1981年1月1日实施。最新修改并报保监会备案的是2018年版本,与1981年版本在主要内容上几乎没有变化。

一、海上运输货物保险主险的承保范围

海上运输货物保险主险分为平安险、水渍险和一切险三种。我国海上运输货物保险单没有将每一种险别单列,而是一起列在保险单背面,被保险人投保时,必须注意要注明约定的是哪一种险别,以免引起争执。

(一)平安险

平安险采用列明风险的方式,保险人只对以下列明的风险造成的货物损失负赔偿责任。

1.自然灾害

被保险货物在运输途中由于恶劣气候、雷电、海啸、地震、洪水等自然灾害(Natural Calamities)造成整批货物全部损失或推定全损。

本项下特指自然灾害造成的货损,而且只负责赔偿全损,部分损失不赔。整批是指同一保险单证项下的全部货物。被保险货物用驳船运往或运离海船的每一驳船所装的货物可视为一个整批。推定全损是指被保险货物的实际全损已经不可避免,或者恢复、修复受损货物以及运送货物到原定目的地的费用超过该目的地的货物价值。

2.意外事故

由于运输工具遭受搁浅、触礁、沉没、互撞,与流冰或其他物体碰撞,以及失火、爆炸等意外事故(Fortuitous Accidents)造成货物的全部或部分损失。本项下意外事故造成的被保险货物的全部损失和部分损失保险人都应赔付。失火、爆炸不需要一定发生在运输工具上。

3.自然灾害和意外事故的混合

在运输工具已经发生搁浅、触礁、沉没、焚毁意外事故的情况下,货物在此前后又在海上遭受恶劣气候、雷电、海啸等自然灾害所造成的部分损失。

本项的规定解决货物部分损失究竟是自然灾害还是意外事故造成的争执问题。保险人在有限制条件的情况下,也承担海上自然灾害造成的货物部分损失。如船舶在海上航行遭遇大风浪,海水进入舱内导致货物受损,随后,船舶又发生碰撞,船舱进水。因不易区分货物损失的缘故,所以造成的部分损失也应赔付。

4.装卸货物

在装卸货物(Loading and Discharging Cargo)或转运时由于一件或数件整件货物落海造成的全部或者部分损失。

整件货物指的是进行包装的、完整的一件货物。如,每六辆一箱封装的自行车即为一整件,而箱内的某一辆自行车不能算为一整件。部分损失系指整件货物落海,经努力抢救,捞起

一部分,损失一部分。

5. 施救费用

施救费用(Suing and Laboring Charges)是指被保险人对遭受承保责任内危险的货物采取抢救、防止或减少货损的措施而支付的合理费用,但以不超过该批获救货物的保险金额为限。

保险人对于货物施救费用的赔偿最高不超过保险金额。如一个装载货物的集装箱落海,货物保险金额为 10 000 美元,而打捞整理费用共花费 15 000 美元,保险人只负担 10 000 美元的施救费用。

6. 避难港费用

避难港费用(Charges in Port of Refuge)是指运输工具遭遇海难后,在避难港由于卸货所引起的损失,以及在中途港或避难港由于卸货、存仓以及运送货物所发生的特别费用。本项下的特别费用主要是指货物的续运费用,它必须是合理且必要的。

7. 共同海损

保险人承保共同海损(General Average)的牺牲、分摊和救助费用。

共同海损的牺牲是指由共同海损措施所直接造成的货物在形态上的灭失或损坏;共同海损的分摊是指由共同海损措施而受益的货物应予分摊的共同海损数额;共同海损的救助费用是指被保险人应支付的救助报酬。

货物保险人对货物共同海损分摊的赔偿责任,在货物的保险金额低于货物的共同海损分摊价值时,保险人按照保险金额同分摊价值的比例赔偿共同海损分摊。

8. 船舶互碰责任

运输合同订有"船舶互碰责任(Both to Blame Collision)"条款,根据该条款规定应由货方偿还船方的损失。

船舶互撞责任条款通常出现在海上运输货物合同和租船合同中,其中心意思是要求货主补偿本船承运人原本根据运输合同对本船货损免责,但又被迫承担他船应对本船货损所负的赔偿责任的部分赔偿。本条款的目的是针对美国保护货主利益的规定,为了保护承运人的利益加在运输合同中的,通过此条款承运人可以从货主处要到他间接赔偿给货主损失的金额。在保险条款中加入此条款的意思,就是保险人给予被保险人充分保障。对于被保险人按照运输合同的规定退还给承运人的金额,保险人给予被保险人赔偿。

举例:甲、乙两船发生碰撞事故,给甲船上的货主造成 10 万元的损失。假定双方各负 50% 的责任,根据美国法律的规定,甲、乙双方对货主的损失负连带责任,甲根据运输合同对货主不负赔偿责任。乙尽管只有 50% 的责任,却要全额赔偿货主的损失 10 万元。乙可以向甲追偿 50% 的责任,即 5 万元。这样甲间接赔偿给货主 5 万元。根据运输合同的船舶互碰责任条款,货主要退还给甲 5 万元。如果货主投保的话,这 5 万元可以从保险人处得到补偿。货主从保险人处取得 100% 的货物损失赔偿,却要对本船承运人承担 50% 的补偿责任。货主由于保险人行使代位求偿权而损失一半的货损,所以保险人承担赔付责任,如图 3-1 所示。

以上是对平安险具体条款的概述。平安险对于自然灾害造成的货物的全损负责赔偿,对于自然灾害造成的货物的部分损失不负责赔偿;对于意外事故造成的货物的全损或部分损失都负责赔偿。平安险的保险责任范围要比水渍险和一切险小,保险费也要低,一般来说适用于投保低市值、散装的大宗货物。

(二)水渍险

水渍险同平安险一样,也是采用列明风险的形式,对列明风险造成的货损负责任。

1. 承保范围

水渍险除包括平安险的各项责任外,还承保被保险货物由于恶劣气候、雷电、海啸、地震、洪水等自然灾害所造成的部分损失。由此可见,水渍险的承保范围要大于平安险的承保范围,即在平安险的范围再加上因自然灾害造成的货物部分损失也负责给予赔偿。

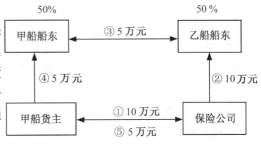

图 3-1　船舶互碰责任保险赔偿示意图

2. 水渍险与平安险的区别

水渍险与平安险两种险别的区别是显而易见的。平安险对完全由于自然灾害造成的货物部分损失不予赔偿,水渍险对因自然灾害造成的货物部分损失也负责给予赔偿。

举例:有批玻璃制品出口,由甲、乙两船分别承运,货主投保平安险。甲船在航行途中与他船发生碰撞事故,玻璃制品因而发生部分损失;而乙船在途中遇到恶劣气候,在暴风雨的袭击下,船舶激烈颠簸,玻璃制品相互碰撞也发生了部分损失。保险人对前者要赔,对后者不赔。如果货主投保水渍险,保险人对于暴风雨造成的乙船货损也负责给予赔偿。

(三)一切险

一切险对于水渍险与平安险两种险别而言,承保的范围最广,保障最大。"一切险"是保险上的专用名词,不是一般汉语的词组。一切险并不意味着保险人承保一切风险,对于保险条款除外责任中规定的原因导致的货物损失,保险人是不承担赔偿责任的。

1. 一切险的承保范围

一切险除包括上列平安险和水渍险的各项责任外,还负责被保险货物在运输途中由于外因所致的全部或部分损失。由此可见,一切险的承保范围要大于水渍险和平安险的承保范围。具体来说,一切险的承保范围是平安险的承保范围、水渍险的承保范围和被保险货物在运输途中由于外因所致的全部或部分损失。

2. 外因的理解

从条文的规定来看,对于货物保险实务中经常使用的一切险条款所指的外因包括的范围,保险条款并未做出明确规定。正是由于不确定的词语,双方当事人对此的理解产生了争执,导致纠纷的发生。

【案例佐证】

1995 年 11 月 28 日,丰海公司在海南人保投保了由印度尼西亚籍"哈卡"号所运载的自印度尼西亚杜迈港至中国洋浦港的 4 999.85 t 桶装棕榈油,投保险别为一切险,货价为 3 574 892.75 美元,保险金额为 3 951 258 美元,保险费为 18 966 美元。投保后,丰海公司依约向中国人民财产保险股份有限公司海南省分公司(以下简称海南人保)支付了保险费,海南人保向丰海公司签发了海洋货物运输保险单,并将海洋货物运输保险条款附于保单之后。根据保险条款的规定,一切险的承保范围除包括平安险和水渍险的各项责任外,海南人保还"负责被保险货物在运输途中由于外来原因所致的全部或部分损失"。上述投保货物,其中

3 848.07 t 因船东 BBS 公司的走私行为而被我国边防部门作为走私物品处理,剩余货物已被船东非法盗卖,均不能再归丰海公司所拥有。

海口海事法院审理认为,丰海公司与海南人保之间订立的保险合同有效,双方的权利、义务关系应受保险单及所附保险条款的约束与调整。本案保险标的的损失是由于"哈卡"号船东 BBS 公司的盗卖和走私行为造成的,根据附于本案所涉保单之后的保险条款的规定,应属于丰海公司所不能预测和控制的"外来原因",符合丰海公司投保的一切险的承保条件。依照《民法通则》第一百零六条、《海商法》第二百三十七条、《保险法》第二十三条的规定,判决:海南人保应赔偿丰海公司保险价值损失 3 593 858.75 美元。

海南省高级人民法院认为,海南人保与丰海公司之间订立的保险合同合法、有效,双方的权利、义务应受保险单及所附保险条款的约束。本案保险标的的损失是由于"哈卡"号船东 BBS 公司将"哈卡"号所载货物运走销售和走私行为造成的。根据保险单所附的保险条款和保险行业惯例,一切险的责任范围包括平安险、水渍险和普通附加险(即偷窃提货不着险、淡水雨淋险、短量险、沾污险、渗漏险、碰损破碎险、串味险、受潮受热险、钩损险、包装破损险和锈损险),中国人民银行《关于<海上运输货物保险"一切险"条款解释的请示>的复函》亦做了相同的明确规定。可见,丰海公司投保货物的损失不属于一切险的责任范围。此外,鉴于海南人保与丰海公司有长期的保险业务关系,在本案纠纷发生前,双方曾多次签订保险合同,并且海南人保还做过一切险范围内的赔付,所以丰海公司对本案保险合同的主要内容、免责条款及一切险的责任范围应该是清楚的,故一审判决以本案保险标的的损失属一切险的责任范围及海南人保未尽说明义务为由判令海南人保承担赔偿责任不当。一审判决对保险标的发生全损的事实认定不清,适用法律错误,应予纠正。海南人保提出的上诉理由成立,应予支持。

丰海公司不服上述判决,向最高人民法院提出再审。最高人民法院认为:丰海公司与海南人保之间订立的保险合同合法、有效,双方的权利、义务应受保险单及所附保险条款的约束。本案保险标的已经发生实际全损,对此发货人没有过错,亦无证据证明被保险人丰海公司存在故意或过失。保险标的的损失是由于"哈卡"号船东 BBS 公司与期租船人之间的租金纠纷,将船载货物运走销售和走私行为造成的。本案争议的焦点在于如何理解涉案保险条款中一切险的责任范围。

依本案"海洋运输货物保险条款"的规定,一切险"除包括上列平安险和水渍险的各项责任外,本保险还负责被保险货物在运输途中由于外来原因所致的全部或部分损失"。保险条款中还列明了五项保险人的除外责任条款:一是被保险人的故意行为或过失所造成的损失;二是属于发货人责任所引起的损失;三是在保险责任开始前,被保险货物已存在的品质不良或数量短差所造成的损失;四是被保险货物的自然损耗、本质缺陷、特性以及市价跌落、运输迟延所引起的损失;五是本公司海洋运输货物战争险条款和货物运输罢工险条款规定的责任范围和除外责任。从本案保险条款的规定看,除前述五项除外责任的规定外,保险人应当承担包括平安险、水渍险以及被保险货物在运输过程中由于各种外来原因所造成的损失。

何谓运输过程中的"外来原因",属于对保险条款的解释。保险合同作为格式合同的一种,提供格式条款的一方应当遵循公平原则确定当事人之间的权利、义务,并采取合理的方式提请对方注意免除或者限制其责任的条款,按照对方的要求,对该条款予以说明。本案中的保险条款除外责任中并不包括因承运人的非法行为将整船货物盗卖或者走私造成的保险标的的损失,海南人保亦不能证明其在签订保险合同时向丰海公司说明因承运人的非法行为将整船货物盗卖或者走私造成的损失不属于保险责任范围。因此,海南人保应当按照合同约定承担赔偿责任。原审以海南人保与丰海公司有长期的保险业务关系,在本案纠纷发生前,双方曾多次签订保险合同、海南人保还做过一切险范围内的赔付为由,认定丰海公司对本案保险合同的主要内容、免责条款及一切险的责任范围是清楚的,因此海南人保可以不承担本案的赔偿责任。这一认定在事实和法律上均无依据,应予纠正。

海南人保在原审中提供了中国人民银行给中人保的复函,对"一切险"条款做出解释,以证明本案事故不属于保险责任范围。本院认为,根据我国《保险法》的规定,保险人应当在订立保险合同时向投保人说明保险合同条款的内容。中国人民银行作为当时保险行业的主管机关,在涉案保险事故发生之后对保险合同条款做出的解释不应适用于本案,且从中国人民银行的复函看,亦不能得出本案事故不属一切险责任范围的结论。

综上,本院认为本案保险标的的损失不属于保险条款中规定的除外责任之列,应为收货人即被保险人丰海公司无法控制的外来原因所致,故应认定本案保险事故属一切险的责任范围。原审认为丰海公司投保货物的损失不属一切险的责任范围错误,应予纠正。丰海公司的再审申请理由依据充分,应予支持。本院根据《中华人民共和国民事诉讼法》第一百八十四条第一款的规定,判决如下:第一,撤销海南省高级人民法院(1997)琼经终字第 44 号民事判决;第二,维持海口海事法院(1996)海商初字第 096 号民事判决。

二、海上运输货物保险的除外责任

海上运输货物保险的除外责任(Exclusions of Marine Cargo Insurance)是指保险人按照海上运输货物保险合同的约定,对货物损害不负赔偿责任的范围。海上保险人的除外责任取决于法律的规定和合同的具体约定。依照我国《海商法》的规定,对于被保险人故意造成的损失,不负赔偿责任。另外,除非合同另有约定,保险人对于下列原因造成的损失,也不负赔偿责任:航行迟延、交货迟延或者市价变化;货物的自然损耗、本身的缺陷和自然特性;包装不当。海上保险人的除外责任在合同中都包括了法定的除外责任。下列是我国海上运输货物保险条款中除外责任的具体条款规定。

(1)被保险人的故意行为或过失所造成的损失。对于被保险人的故意行为造成的货损不赔,是一项法定的免责事宜,任何种类的保险合同也都做出同样的规定。只不过这里被保险人的过失造成的货损,保险人也不负责赔偿,这项规定对被保险人来说是比较苛刻的。

举例:一批货物投保一切险,从中国到马来西亚。收货人在目的港委托运输报关行代理提货。由于报关行将提货单丢失,被人冒领,收货人向保险公司以提货不着为由索赔。保险方认为提货不着是收货人代理人丢失提单所致。收货人代理人丢失提单的过失应视为被保险方的过失,属于保险条款除外责任。

(2)属于发货人责任所引起的损失。货物的损失是由发货人没有尽到职责造成的,如货物的包装不当或标志不清等。例如,保险人有确凿证据表明发货人在发货时包装已经破损,而且船方在大副收据做了批注,随后发货人凭保函向承运人换取清洁提单而发货的情况已证实,则保险人可援引本款规定,予以除外。

(3)在保险责任开始前,被保险货物已存在的品质不良或数量短差所造成的损失。对于保险人而言,在保险责任开始前货物已经存在的损失当然是不赔偿的。如货物在装船前已经受损或者短缺。

(4)被保险货物的自然损耗、本质缺陷、特性以及市价跌落、运输延迟所引起的损失和费用。

举例:货主为一批全棉衬衫的出口货物投保一切险,货到后发现变质,经检验认为衬衫残损的原因是货物在运输途中遭雨淋湿变质、变黄。保险公司经调查发现,凡是变黄的地方都是缝线部位接触的地方,表明衬衫变黄是缝合用的棉线引起的,是产品本身的缺陷所致的。

(5)战争险和罢工险条款规定的责任范围和除外责任。

三、海上运输货物的保险期限

货物保险期限(Duration of Marine Cargo Insurance)是指保险人承担货物损失风险责任的期间,保险人只对保险责任期间内因承保风险所致的货物损失承担赔偿责任。

(一)在正常情况下的责任起讫

我国海上运输货物保险条款规定,本保险负"仓至仓(Warehouse to Warehouse)"责任,自被保险货物运离保险单所载明的起运仓库或储存处所开始运输时生效,包括正常运输过程中的海上、陆上、内河和驳船运输在内,直至该项货物到达保险单所载明目的地收货人的最后仓库或储存处所或被保险人用作分配、分派或者非正常运输的其他储存处所为止。如未抵达上述地点,以货物在最后卸货港全部卸离海船后满六十天为止。如在上述六十天内被保险货物需转运到非保险单所载明的目的地时,则以该项货物开始转运时终止。

按照条款的规定,在正常运输情况下,保险人的责任起讫以"仓至仓"为依据。对于在此期间因承保原因造成的货物损失,保险人负责赔偿;对于非责任期间造成的货物损失,保险人不承担赔偿责任。因此,保险责任的起点与终点对于保险双方当事人是非常重要的。

1.保险责任开始

海上货物保险人的责任自被保险货物运离保险单所载明的起运仓库或储存处所开始运输时生效。货物必须运离出仓库,对于在仓库内的货损,如仓库装车过程中的货物损失风险,保险人不予负责。货物一经运离上述发货人的仓库,保险责任即告开始,保险公司按照货物所保的险别规定的责任范围予以负责。货物在装运前存放在港区码头仓库待运期间,如果发生损失,保险公司应予以负责。

【案例佐证】

某船从美国休斯敦装运501 t油脂到德国汉堡,这些油脂是从一个油罐通过泵打入船舱的,船到卸货港,却只卸下374 t货。经调查发现,货物短少的原因是储存油脂的罐与另外两个储存罐是相通的,装船时一部分油脂被打入了船舱,另一部分却被打入了另外两个储存罐。买方向保险公司索赔。美国纽约最高法院判这一部分货物并未离开储存处所开始运输,因此这部分货物保险期间也未开始,保险公司亦无须负赔偿责任。

【案例佐证】

货物在仓库中装上一辆卡车,卡车很长,一部分在货仓外,另一部分在货仓内,由于时间太晚了,卡车还未装满,因此决定不装了,卡车也就退回到仓库里,准备第二天再接着装和堆放,结果晚上卡车上的货物被偷了。法院判货物并未离开仓库开始运输,保险公司不赔。

2.保险责任终止

在海上货物运输实务中,不同的货物所抵达目的地的地点是不同的。正是由于被保险货物抵达地点不同,保险人对于保险责任的终止做出了不同的规定。

(1)货物到达保险单所载明目的地收货人的最后仓库或储存处所;

(2)被保险人用作分配、分派或非正常运输的其他储存处所为止;

(3)如未抵达上述地点,以货物在最后卸货港全部卸离海船后满六十天为止;

(4)如在上述六十天内,货物转运到非保险单所载明的目的地时,则以该项货物开始转运时终止。

举例:货物出口到比利时的布鲁塞尔,投保一切险。船于10月3日到达比利时的安特卫普港,货物在10月5日全部卸离船,堆放在码头仓库内。假定以后出现下面几种情况:一是货物未被运往保险单所载明目的地即布鲁塞尔收货人仓库;二是货物被收货人于11月20日运抵布鲁塞尔收货人仓库;三是被收货人于10月15日分散转运各地,其中1/3仍被运往布鲁塞尔收货人仓库。那么,第一种情况下,保险责任到12月4日便告终止;在第二种情况下,保险责任于11月20日终止;在最后一种情况下,保险责任则在10月15日开始分散转运时终止。

尽管保险单上对保险责任期间做出规定,海上货物保险实务中对于如何认定收货人的最后仓库或储存处所并不容易,尤其是收货人在保险单载明的目的港没有自己的仓库,而是将货物储存在港口、码头、海关等临时性运输仓库中,此类仓库是否可以看作收货人的最后仓库或储存处所,往往引发争议。

【案例佐证】

中国轻工业品进出口总公司诉中国平安保险(集团)股份有限公司(以下简称平安保险公司)海运货物保险合同纠纷案。在该案中,被保险货物从国外进口卸至天津港码头仓库内受到特大海潮袭击,货物被海水浸泡,受损严重。双方当事人就是否属于保险人的责任期间引发争执并诉至法院。天津海事法院经审理并认为:被告保险责任终止的条件是直至被保险货物到达保险单所载明目的地收货人的最后仓库或储存处所或被保险人用作分配、分派或非正常运输的其他储存处所为止。该批货物所处地点属港口作业区,而非被保险人的最后仓库,原告在提货前无法实施对货物的分派、分配或转运。因此,保险人对在港口仓库和库场的货物仍负有保险责任。法院判决被告赔偿原告保险货物损失等共计1 141 121.93美元。被告不服一审判决,上诉于天津高级人民法院。在二审法院的调解下,双方达成协议,以平安保险公司赔付货损的93%结案。

对这个问题的解释应是:如果收货人在目的港没有自己的仓库,而是租用港口、码头、海关等临时性运输仓库储存货物,此类仓库应视为被保险人的最后仓库,货物一经运入这些仓库,保险责任即告终止;如果收货人并没有租用这类仓库,则不能视为最后仓库,被保险人提货后运往内地时,则保险责任终止于保险人提货并开始转运时;如果被保险人在目的港有自己的仓库,则保险责任终止于货物运至被保险人的仓库,货物在港口、码头、海关等临时性运输仓库储存时,保险人的责任不能终止。

(二)在非正常情况下的责任起讫

被保险人无法控制的运输迟延、绕道、被迫卸货、重新装载、转载或承运人运用运输契约赋予的权限所做的任何航海上的变更或终止运输契约,致使被保险货物运到非保险单所载明目的地时,在被保险人及时将获知的情况通知保险人,并在必要时加交保险费的情况下,本保险仍然继续有效,保险责任按下列规定终止:

(1)被保险货物如在非保险单所载明的目的地出售,则保险责任到交货时为止,但不论任何情况,均以被保险货物在卸载港全部卸离海船后满六十天为止。

（2）被保险货物如在上述六十天期限内继续运往保险单所载原目的地或其他目的地时，保险责任仍按"仓至仓"条款的规定终止。

（三）保险责任期间与保险利益的关系

如前所述，被保险人对被保险货物必须具有保险利益；没有保险利益，即便是在保险人的责任期间内发生的货损，保险人也不予赔偿。因此，保险人的保险责任期间还取决于被保险人是否具有保险利益。被保险人在保险人责任期间必须对保险标的具有保险利益。

【案例佐证】

宁波五矿进口线材货物，投保一切险。船方签发提单记载为 9 950.44 t，根据大副收据记载，船舶水尺测定为 9 586.63 t。船舶抵港后商检测定为 9 520.40 t，相差 469.45 t，价值为 142 182.22 美元。如按船舶水尺测定为 9 586.63 t，相差 48.84 t，价值为 14 896.20 美元。宁波海事法院一审判决，短少属保险合同约定的一切险责任范围内，故保险人应对运输过程中造成的短少承担赔偿责任。保险人不服判决上诉，浙江高级人民法院判决，保险人只负担 48.84 t 线材的价款。提单不能作为已装船的货物实际重量的证据。其他短少属于原装短少，不在承保范围。

（四）海运进口货物国内转运期间保险责任扩展条款（2009 版）

保险人同意将海洋运输货物保险条款规定的保险责任期限扩展如下：

保险货物运至海运提单载明的我国卸货港后，如需转运至国内其他地区，保险人按"海洋运输货物保险条款"规定的保险险别（战争险除外），继续负责转运期间的保险责任，直至所保货物运至卸货港货物转运单据上载明的国内最后目的地：经收货单位提货后运抵其仓库时终止，或自货物进入承运人仓库或堆场当日零时起算满三十天终止，以首先发生的一项为准。

卸货港等待转运期间的保险责任，以货物全部卸离海船当日零时起算满六十天终止。如货物不能在六十天内转运，收货或接货单位可在六十天满期前开列不能转运的货物清单，申请展延保险期间。保险人可根据具体情况决定是否同意展延和确定展延的日期。如同意展延，展延期限最长不能超过六十天。在期限届满一百二十天之后，如仍要求继续展延，经保险人同意后，每三十天为一期按保险人规定加费。转运货物在卸货港存放满六十天或经展延保险期间届满而未继续办理保险责任展延申请的，收货或接货单位应即在港口进行检验。如发现货物有短缺或残损，应在保险责任终止之日起十天内通知本公司港口机构进行联合检验。保险人仅对在港口检验确定的货物损失负保险责任。

保险人对所有散装货物（如散装油类、粮、糖、矿石、矿砂、废钢铁、废轮胎等）以及化肥、古巴糖、活牲畜、新鲜果菜所负的保险责任，一律按"海洋运输货物保险条款"的规定在卸货港终止，不负国内转运期间的保险责任。

【案例佐证】

"仓至仓"条款不能自动扩展责任至国内收货人最后目的地

1991 年 12 月 27 日，中国烟草进出口公司与德国佛克公司订立了一份进口烟草包装机的合同，总价为 2 998 000 欧元。中方向平安保险公司投保，该公司于 1993 年 7 月 23 日签发了海上运输货物保险单，载明保险金额为 2 061 454.78 美元，自汉堡至黄埔。承保条件适用 1981 年 1 月 1 日的中人保条款。1993 年 9 月 12 日货物运至黄埔港，同年 10 月 21 日收货人在提货时向中人保南康保险公司投保国内货运险，从黄埔至南康，保险金额为 1 000 万元。11

月3日,烟厂雇某设备厂承运货物,在运输途中,发生车祸,车辆翻落至公路外50多米深的山谷,全部报废。

烟厂以南康保险公司为被告,设备厂为第三人提起诉讼。一审法院江西省赣州地区中级人民法院判令南康保险公司赔偿烟厂实际损失4 975 087.10元,鉴定费12 130元,施救费7 000元,合计4 994 217.10元。南康保险公司不服判决,向高级人民法院提起上诉,并提请追加平安保险公司为本案当事人。高级人民法院审理后,做出撤销一审判决,发回重审的裁定。

一审法院重新审理认为,两份保险合同均为有效合同,属善意的重复保险,两家保险公司按比例承担赔偿责任。两家公司均不服,提起上诉。二审法院高级人民法院审理后认为,属重复保险。平安保险公司上诉称其保险责任于黄埔终止不能成立。驳回上诉,维持原判。

平安保险公司不服终审判决,向最高人民法院提出再审申请。其理由是,海运进口货物国内转运期间保险责任扩展条款对其无约束力。最高人民法院审理后认为,两份保险合同均为有效合同,并不构成重复保险。平安保险公司对货物的保险责任应终止于收货人从港口提货并开始转运时,本案所发生的保险事故与平安保险公司无关。判决,南康保险公司赔偿烟厂实际损失4 975 087.10元,鉴定费12 130元,施救费7 000元,合计4 994 217.10元。

(五)进口集装箱货物运输保险特别条款(2009版)

为适应集装箱货物保险的需要,中人保制定了进口集装箱货物运输保险特别条款:

(1)进口集装箱货物运输保险责任按原运输保险单责任范围负责,但保险责任至原保险单载明的目的港收货人仓库终止。

(2)集装箱货物运抵目的港,原箱未经启封而转运内地的,其保险责任至转运目的地收货人仓库终止。

(3)如集装箱货物运抵目的港或目的港集装箱转运站,一经启封开箱,全部或部分箱内货物仍需继续转运内地时,被保险人或其代理人必须征得保险人同意,按原保险条件和保险金额办理加批加费手续后,保险责任可至转运单上标明的目的地收货人仓库终止。

(4)集装箱在目的港转运站,收货人仓库或经转运至目的地收货人仓库,被发现箱体有明显损坏或铅封被损坏或者灭失,或铅封号码与提单、发票所列的号码不符时,被保险人或其代理人或收货人应保留现场,保存原铅封,并立即通知保险人进行联合检验。

(5)凡集装箱箱体无明显损坏,铅封完整,经启封开箱后,发现内装货物数量、规格等与合同规定不符,或因积载或者配载不当所致的残损不属保险责任。

(6)进口集装箱货物残损或短缺涉及承运人或第三者责任的,被保险人有义务先向有关承运人或第三者取证,进行索偿和保留追索权。

(7)装运货物的集装箱必须具有合格的检验证书,如因集装箱不适货而造成的货物残损或短少不属保险责任。

四、海上运输货物保险中被保险人的义务

(一)支付保险费的义务

在海上保险业务中,交付保险费是被保险人最主要、最基本的义务。被保险人必须按照约定的时间、地点、方法交付保险费。我国《海商法》规定,除合同另有约定外,被保险人应当在合同订立后立即支付保险费;被保险人支付保险费前,保险人可以拒绝签发保险单证。对于货

物保险合同转让时尚未支付保险费的,被保险人和合同受让人负连带支付责任。

(二)通知义务

被保险人的通知义务包括两个方面:

1.危险增加时的通知义务

它主要指风险发生变更,如航程变更、中途绕航使保险人原来承担的风险责任增加,被保险人负有通知保险人的义务。根据我国《保险法》的规定,在合同有效期内,保险标的的危险程度显著增加的,被保险人应当按照合同约定及时通知保险人,保险人可以按照合同约定增加保险费或者解除合同。保险人解除合同的,应当将已收取的保险费,按照合同约定扣除自保险责任开始之日起至合同解除之日止应收的部分后,退还投保人。被保险人未履行通知义务的,因保险标的危险程度显著增加而发生的保险事故,保险人不承担赔偿责任。

2.出险时的通知义务

按照我国《海商法》的规定,一旦保险事故发生,被保险人应当立即通知保险人,未通知影响保险人利益时,保险人有权对有关损失拒绝赔偿。被保险人的通知义务对于保险人来说是非常重要的,因为它关系到保险人的切身利益。保险人在获悉保险标的发生事故后,可以及时采取必要措施,以防止损失的扩大及确定损失的范围和事故的性质,以及向有关责任方进行追偿的权利得到保护。

(三)施救义务

我国《海商法》《保险法》都规定保险事故发生后,被保险人应采取必要的措施防止或减少保险标的的损失。被保险人如果不履行这一义务时,保险人对扩大的损失有权拒绝赔偿。被保险人在履行这一义务时而支出的费用,保险人在保险标的的损失赔偿之外另行支付,但最多不超过保险金额。

被保险人的施救义务就是要求被保险人在合同期间要像没有投保时一样,谨慎地采取措施保护已经投保的财产,不能因为已经保险而采取消极的措施,放任保险标的的受损。

(四)告知义务

被保险人的告知义务是一项重要的法定义务,被保险人必须履行如实告知义务。我国《海商法》规定,合同订立前,被保险人应当将其知道的或者在通常业务中应当知道的有关影响保险人据以确定保险费率或确定是否同意承保的重要情况,如实告知保险人。

(五)遵守保证的义务

保证是被保险人对保险人的一项许诺,无论保证的事项对于承保风险是否重要,被保险人都必须严格遵守保证。我国《海商法》规定,被保险人违反合同约定的保证条款时,应当立即书面通知保险人。保险人收到通知后,既可以解除合同,也可以要求修改承保条件、增加保险费。

(六)协助追偿的义务

我国《海商法》规定,被保险人应当向保险人提供必要的文件和其所需要知道的情况,并尽力协助保险人向第三人追偿。货物及船舶保险单也都做出同样的规定,这是为了保护保险人代位求偿权的有效行使。

(七)防灾防损的义务

我国《保险法》明确规定了被保险人负有遵守有关规章、防灾防损、维护保险标的的安全的义务。维护保险标的的安全,可以减少或者避免保险事故的发生,减少保险人和被保险人的损失。防止灾害事故的发生,也符合保险人和被保险人的共同利益。如果投保人或被保险人未按照约定履行其对保险标的安全应尽的责任,保险人有权要求增加保险费或者解除合同。

(八)我国海上运输货物保险合同的规定

被保险人应当按照以下规定的应尽义务办理有关事项,如因未履行规定的义务而影响保险人利益时,保险公司对有关的损失有权拒绝赔偿。

1. 及时提货的义务

当被保险货物运抵保险单所载明目的地以后,被保险人应当及时提货,当发现被保险货物遭受任何损失时,应即向保险单上所载明的检验、理赔代理人申请检验,如发现被保险货物整件短少或有明显残损痕迹,应即向承运人、受托人或有关当局(海关、港务局)索取货损货差证明。如果货损货差是由承运人、受托人或其他关方面的责任造成的,应以书面方式向他们提出索赔,必要时还需取得延长时效的认证。

2. 合理施救的义务

对遭受承保责任内危险的货物,被保险人和保险人都可以迅速采取合理的抢救措施,防止或减少货物的损失。被保险人采取这项措施,不应视为放弃委付的表示;保险人采取这项措施,也不得视为接受委付的表示。

3. 通知义务

如遇航程变更或发现保险单所载明的货物、船名或航程有遗漏或者错误时,被保险人应在获悉后立即通知保险人并在必要时加交保险费,本保险才继续有效。

4. 提供必要单证的义务

在向保险人索赔时,被保险人必须提供下列单证:保险单正本、提单、发票、装箱单、磅码单、货损货差证明、检验报告及索赔清单;如涉及第三者责任,还必须提供向责任方追偿的有关函电及其他必要单证或文件。被保险人未履行前款约定的单证提供义务,导致保险人无法核实损失情况的,保险人对无法核实的部分不承担赔偿责任。

在获悉有关运输契约中"船舶互撞责任"条款的实际责任后,被保险人应及时通知保险人。

五、赔偿处理

保险人收到被保险人的赔偿请求后,应当及时就是否属于保险责任做出核定,并将核定结果通知被保险人。情形复杂的,保险人在收到被保险人的赔偿请求并提供理赔所需资料后三十日内未能核定保险责任的,保险人与被保险人根据实际情形商议合理期间,保险人在商定的期间内做出核定结果并通知被保险人,对属于保险责任的,在与被保险人达成有关赔偿金额的协议后十日内,履行赔偿义务。

六、索赔期限

我国海洋运输货物保险条款的最后一条是关于索赔期限的规定,即"本保险索赔时效,从保险事故发生之日起起算,最多不超过两年"。

索赔期限是指被保险人在保险标的发生损失后,向保险公司提出索赔的有效期限。被保险人一定要在索赔时效内向保险人提出,否则极易失去获得赔偿的机会。

我国《海商法》规定,根据海上保险合同向保险人要求保险赔偿的请求权,时效期间为两年,自保险事故发生之日起计算。要注意的是索赔时效不同于诉讼时效,被保险人不能认为只要在两年内向保险人提出索赔就万事大吉了,必须在两年内向法院提出诉讼,才能不丧失胜诉权。

【案例佐证】

被保险人的起诉是否超过诉讼时效。上诉人百事昌公司为与被上诉人中人保北京公司海上保险合同纠纷一案,不服天津海事法院(2004)津海法商初字第562号民事判决,提起上诉。1999年3月5日,百事昌公司与中国北方化学工业总公司签订销售合同,双方约定由中国北方化学工业总公司供给百事昌公司总价值为2 477 691美元的货物,目的港为美国路易斯安那州的BERWICK港。中国北方化学工业股份有限公司办理海上货物运输手续,1999年9月11日,该批货物装上船。同日,人保北京公司签发保险单,险别为"一切险",该保险单背书转让给百事昌公司。货物于1999年11月6日抵达目的港伯威克港,1999年11月7日美国海岸警备队登船检查。发现货损后,美国通用检验公司的调查员在港口对货物进行了检验,并于1999年11月10日出具检验报告。1999年12月10日,人保北京公司承认此次货损属于保险单的承保范围,并同意赔付合理费用。在以后的时间里,百事昌公司与人保北京公司对货物如何进行检验进行磋商。2001年1月10日,人保北京公司向百事昌公司表示保险索赔工作可以进行,并于2001年11月5日同意在人保北京公司最终解决索赔要求后,向百事昌公司支付法律费用。百事昌公司在向涉案货物承运人进行索赔时,曾于2002年8月13日和2002年9月9日就和解事项征询人保北京公司的意见,但人保北京公司没有明确答复。百事昌公司为追索货物遭受的损失及费用起诉保险人。

原审法院认为,本案属于海上货物运输保险合同货损赔偿纠纷,百事昌公司作为涉案货物的收货人,合法受让由人保北京公司签发的保险单,成为该保单项下的被保险人,百事昌公司与人保北京公司之间为海上保险合同关系。1999年11月7日涉案货物在目的港美国伯威克港被发现受损的事实,百事昌公司与人保北京公司没有异议。根据《海商法》第二百六十四条的规定,百事昌公司的诉讼时效期间应从知道货损发生之日即1999年11月7日起算。本案货损发生在海上运输期间,人保北京公司作为货物保险人,曾在1999年12月10日承认属于其承保范围,同意向百事昌公司赔付合理费用;2001年1月10日同意对受损货物进行索赔工作;2001年11月15日表示在有条件限制的情况下同意支付法律费用,但货损程度、损失数额及法律费用没有被最终确定。根据《海商法》第二百六十七条的规定,百事昌公司的诉讼时效在1999年12月10日、2001年1月10日、2001年11月15日均不构成中断。虽然百事昌公司与人保北京公司就保险索赔、货损检验曾多次进行沟通,并且人保北京公司在2002年8月13日和2002年9月9日两次给百事昌公司发传真,就百事昌公司在美国起诉涉案货物的承运人,征询其和解意见做出答复,但因传真内容没有关于人保北京公司履行义务的承诺,并且2002年8月13日和2002年9月9日距1999年11月7日货损发生之日已超过两年,所以,这两份传真无法构成百事昌公司诉讼时效中断的法定理由。百事昌公司的诉讼时效起算日期仍然为1999年11月7日,届满日为2001年11月7日。现百事昌公司起诉人保北京公司的日期为2004年7月1日,已经超过诉讼时效期间。原审法院综上认为,百事昌公司在起诉时已经超过诉讼时效。百事昌公司主张人保北京公司故意拖延索赔及人保北京公司未明确拒绝索赔构成时效中断的理由不能成立。百事昌公司的被保险货物在运输过程中发生了损失,但由于百事昌公司没有在《海商法》规定的时效期间内进行诉讼,其针对本案的请求,丧失了胜诉的权利。据此,依据《海商法》第二百六十四条的规定,判决驳回百事昌公司对人保北京公司的诉讼请求。

百事昌公司不服一审判决,向二审法院提起上诉,请求撤销一审判决,依法改判。二审法院经审理查明,原审法院查明的事实属实,二审法院予以确认。二审法院认为,争议的焦点问题是百事昌公司的起诉是否超过诉讼时效。《海商法》第二百六十四条规定:"根据海上保险合同向保险人要求保险赔偿的请求权,时效期间为两年,自保险事故发生之日起计算。"就本案而言,保险事故发生日期应认定为1999年11月7日。根据《民法通则》第一百五十四条第二款"规定按照日、月、年计算期间的,开始的当天不算入,从下一天开始计算"的规定,本案诉讼时效期间则应从1999年11月8日起算,2001年11月7日届满。百事昌公司应在上述期间内向人保北京公司请求保险赔偿。百事昌公司于2004年7月1日提起诉讼,百事昌公司认为,在其起诉之前双方一直就理赔问题进行磋商,并且人保北京公司有同意理赔的行为和意思表示,构成本案诉讼时效中断。《海商法》第二百六十七条规定:"时效因请求人提起诉讼、提交仲裁或者被请求人同意履行义务而中断……"而"被请求人同意履行义务"应为请求人与被请求人协商赔偿事宜,并就具体赔偿数额达成协议。百事昌公司在发现货物出险后,与人保北京公司及其在美国的代理人美国国内保险公司和AI海事保险理赔公司就保险赔偿问题进行过协商,但双方始终未能就具体赔偿数额达成协议,所以人保北京公司于1999年12月10日、2001年1月10日、2001年11月15日做出的"同意赔付合理费用""同意对受损货物进行索赔工作""在有条件限制情况下同意支付法律费用"等意思表示及2002年8月13日、2002年9月9日的传真,均不构成本案诉讼时效中断的理由,本案诉讼时效仍应从1999年11月8日起算,届满日期为2001年11月7日。百事昌公司提供的证据材料所反映的事实均不构成本案诉讼时效中断的法定事由,其提出的起诉未超过诉讼时效的主张,因缺乏事实依据和法律依据,本院不予支持。原审判决关于百事昌公司的起诉已经超过诉讼时效的认定是正确的,应予维持。

综上,原审判决认定事实清楚,适用法律正确,应予维持。依照《中华人民共和国民事诉讼法》第一百五十三条第1款第(一)项之规定,判决如下:驳回上诉,维持原判。二审案件受理费111 711.2元人民币(折合13 782美元),由上诉人百事昌公司负担。本判决为终审判决。

第三节　海上运输货物保险附加险条款

海上运输货物保险的附加险分为普通附加险、特别附加险和特殊附加险三种类型。附加险在我国是不能单独投保的,必须在投保主险以后才能加保。

一、普通附加险条款

我国海上运输货物保险普通附加险(General Additional Risks)共十一种。

（一）偷窃、提货不着险

偷窃、提货不着险（Theft，Pilferage and Non-Delivery Clause，TPND）主要承保被保险货物遭受下列损失：

（1）偷窃行为所致的损失；

（2）整件提货不着；

（3）根据运输契约规定船东和其他责任方免除赔偿的部分。

该险要求被保险人必须及时提货。对于第一项损失，必须在提货后十天之内申请检验；对于第二项损失，必须向责任方取得整件提货不着的证明，否则保险人不负赔偿责任。另外，要区分偷窃与抢劫行为，偷窃多指暗中进行的小偷小摸，而抢劫是公开的、使用暴力手段的劫夺。本附加险是不保后者的。提货不着是指货物的全部或整体未能在目的地交给收货人。

【案例佐证】

《中华人民共和国最高人民法院公报》2001年第三期公布了一桩海上货物运输保险合同纠纷案。争议的焦点为承运人无单放货而致被保险人提货不着是否属于保险人的承保范围。在该案中，由于承运人无单放货，致使被保险人中国抽纱公司上海进出口公司提货不着，而提货不着又是本案中海上货物运输保险合同约定的一种风险。被保险人据此向保险公司要求赔偿损失，保险公司拒赔，从而引起诉讼。一审上海海事法院判决，属保险人承保范围，保险公司应当向被保险人赔偿货损共计450 431美元及利息。保险公司不服一审判决，向上海市高级人民法院提起上诉。上海市高级人民法院认为：提货不着虽然是本案海上货物运输保险合同中约定的一种风险，但并非所有的提货不着都应当由保险人承担赔偿责任。海上货物运输保险合同中的风险，一般是指货物在运输过程中因外来原因造成的风险，既包括自然因素造成的风险，也包括人为因素造成的风险。但是，凡海上货物运输保险合同所指的风险，都应当具备不可预见性和责任人不确定性的特征。托运人、承运人、收货人等利用接触、控制保险货物的便利，故意毁损、丢弃或无单放货以至提货不着，是确定的责任人不正确履行职责而发生的可以预见的事故。本案是因承运人银风公司无单放货，造成持有正本提单的被上诉人中国抽纱公司上海进出口公司提货不着。无单放货虽然能导致提货不着，但这种提货不着不具有海上货物运输保险的风险特征，故不属于保险合同约定的风险。

《最高人民法院关于审理海上保险纠纷案件若干问题的规定》第十一条规定，"海上货物运输中因承运人无正本提单交付货物造成的损失不属于保险人的保险责任范围。保险合同当事人另有约定的，依约定"。

（二）淡水雨淋险

淡水雨淋险（Fresh Water and/or Rain Damage Clause）是指保险人负责赔偿被保险货物直接遭受雨淋或淡水造成的损失。雨淋、淡水包括雨水、冰雪、船上淡水舱水管漏水以及船汗等。保险人对此项损失的赔偿要求货物包装外部有雨水或淡水痕迹或者有其他证明，还要求被保险人必须及时提货，提货后十天之内申请检验。这里要区分淡水与海水，对于淡水，水渍险与平安险是不保的。

（三）短量险

短量险（Shortage Clause）是指保险人对被保险货物在运输过程中，因外包装破裂或散装货物发生数量散失和实际重量短缺的损失负责赔偿。保险人仅负责货物数量短少和重量短缺的损失,对货物的正常途耗是不赔偿的。在包装货物没有破损情况下的短量保险人是不赔的,因为属于原来的短少。对于散装货物要扣除正常途耗,不能把正常途耗当作重量短缺。

(四)混杂、沾污险

混杂、沾污险(Intermixture and Contamination Clause)是指保险人对被保险货物在运输过程中,因混杂、沾污所致的损失(如布匹、纸张等货物在运输途中被油类或其他物质沾污而造成的损失),负责赔偿。

(五)渗漏险

渗漏险(Leakage Clause)是指保险人对被保险货物在运输过程中,因容器损坏而引起的渗漏损失,或用液体储藏的货物因液体渗漏而引起的货物腐败等损失(如用盐渍盛装在木桶内的肠衣和坛装的酱菜、腐乳一类腌制食品因渗漏而发生腐烂或变质的损失),给予赔偿。

(六)碰损、破碎险

碰损、破碎险(Clash and Breakage Clause)是指保险人对被保险货物在运输过程中,因震动、碰撞、受压造成的破碎和碰撞损失,负责赔偿,主要是对外来因素所致碰损、破碎损失承担赔偿责任。

(七)串味险

串味险(Taint of Odour Clause)是指保险人对被保险食用物品、中药材、化妆品原料等货物在运输过程中,因受其他物品的影响而引起的串味损失,负责赔偿。

(八)受潮受热险

受潮受热险(Sweat and Heating Clause)是指保险人对被保险货物在运输过程中,因气温突然变化或由于船上通风设备失灵致使船舱内水汽凝结、发潮或发热所造成的损失,负责赔偿。

(九)钩损险

钩损险(Hook Damage Clause)是指保险人对被保险货物在装卸过程中因遭受钩损而引起的损失,以及对包装进行修补或调换所支付的费用,均负责赔偿。

(十)包装破碎险

包装破碎险(Breakage of Packing Clause)是指保险人对被保险货物在运输过程中,因搬运或装卸不慎、包装破裂所造成的损失,以及为继续运输安全所需要对包装进行修补或调换所支付的费用,均负责赔偿。

(十一)锈损险

锈损险(Rust Clause)是指保险人对被保险货物在运输过程中发生的锈损,负责赔偿。

二、特别附加险

特别附加险(Special Additional Risks)包括以下几种。

(一)交货不到险

交货不到险(Failure to Deliver Clause)自货物装上船舶时开始,不论由于任何原因,如货物不能在预定抵达目的地的日期起六个月以内交讫,保险人同意按全损予以赔付,但该货物之全部权益应转移给保险人。

被保险人保证已获得一切许可证。所有运输险及战争险项下应予负责的损失,概不包括在本条款责任范围之内。

（二）进口关税险

如到达目的港后,因遭受进口关税险(Import Duty Clause)责任范围以内的损失,而被保险人仍须按完好货物完税时,保险人对该项货物损失部分的进口关税负赔偿责任,但以不超过受损的保险价值的_____%为限。这个险别的设置,是因为有些国家规定,不论进口货物有无损失,都要照章缴纳进口关税。如果货物发生全损或者丢失,根据一切险条款,进口商的货物损失可从保险公司得到补偿,但所纳关税属于间接损失,是一切险的除外责任,得不到补偿。收货人为取得这种在一切险责任以外的保障,向保险公司另投保进口关税险。

（三）舱面货物险

舱面货物险(On Deck Clause)对被保险货物存放舱面时,除按本保险所载条款负责外,还包括被抛弃或风浪冲击落水在内。海上运输的货物在通常情况下应装在船舱内,而不是装在甲板上。船方只能根据航运惯例或者取得货主同意才能将货物装载于甲板上,如果货物装在甲板上,船方对货物不负任何责任。如货主同意装在甲板上,等于放弃了货物的安全保护,属于被保险人的过失或故意行为,属于保险人的除外责任。货主在办理投保时,未向保险人声明,属于申报不实,因此,保险人对甲板货不承担责任。

（四）拒收险

拒收险(Rejection Clause)是指保险人对被保险货物由于在进口港被进口国的政府或有关当局拒绝进口或没收予以负责,并按照被拒绝进口或没收货物的保险价值赔偿。在被保险货物起运后,进口国宣布实行任何禁运或禁止,保险人仅负责赔偿运回到出口国或转口到其他目的地因而增加的运费,但最多不得超过该批货物的保险价值。如果货物在起运前,进口国即宣布禁运或禁止,保险人则不负赔偿责任。

拒收险还可承保一切险不负责的原因造成的损失。例如,由于出口国和进口国的卫生标准的区别或出口国的检验手段、使用的试验材料与进口国不同,出口国认为货物符合卫生标准,而进口国当局认为货物不合格,不准进口;贸易成交时,进口商已取得进口国的许可证,而当货物到达时,进口国当局发布临时命令禁止进口等,货物往往被没收或销毁,有的转到其他地方出售或运回原地。这些原因属于政府行为,是一切险的除外责任,因此必须额外加保。

（五）黄曲霉毒素险

黄曲霉毒素是一种致癌毒素,发霉的花生、油籽、大米等可能含有这种毒素。黄曲霉毒素险(Aflatoxin Clause)是指对被保险货物,在保险责任有效期内,在进口港或进口地经当地卫生当局检验证明,因含有黄曲霉毒素,并且超过了进口国对该毒素的限制标准,必须拒绝进口、没收或强制改变用途时,保险人按照被拒绝进口或被没收部分货物的保险价值或者改变用途所造成的损失,负责赔偿。

本条款不负责由于其他原因所致的被有关当局拒绝进口或没收或强制改变用途的货物的损失。

（六）出口货物到香港或澳门存仓火险责任扩展险

出口货物到香港或澳门存仓火险责任扩展险(Fire Risk Extension Clause for Storage of Cargo at Destination Hong Kong, including Kowloon or Macao)专门适用于我国出口到港、澳的货物并在我驻港银行办理押汇的货物存放仓库期间因火灾而遭受的损失的一种特殊保险条款。它需符合两个条件:一是货物到达目的地是在港、澳地区;二是在我港、澳银行办理押汇。押汇是指卖方把运送给买方的货物装船后,将货运单证作为抵押品,开出以买方为付款人的汇票,即以此汇票向出口银行贴现,先期取得货款。

三、特殊附加险

(一)海上运输货物战争险

海上运输货物战争险(War Risk Clause)是海上运输货物保险的一种特殊附加险(Specific Additional Risk),被保险人不能单独投保,只有在投保了海上运输货物保险基本险之一的基础上,经过投保人与保险人协商并经保险人同意后方可加保。本条款系海洋运输货物保险条款的附加条款,本条款与海洋运输货物保险条款中的任何条文有抵触时,均以本条款为准。

1. 海上运输货物战争险的责任范围

海上运输货物战争险的责任范围(Scope of Cover)具体如下:

(1)直接由于战争、类似战争行为和敌对行为、武装冲突或海盗行为所致的损失。

(2)上款引起的捕获、拘留、扣留、禁止、扣押所造成的损失。

(3)各种常规武器,包括水雷、鱼雷、炸弹所致的损失。

(4)本条款责任范围引起的共同海损的牺牲、分摊和救助费用。

2. 海上运输货物战争险的除外责任

海上运输货物战争险的除外责任(Exclusion)具体如下:

(1)敌对行为使用原子或热核制造的武器所致的损失和费用。

(2)根据执政者、当权者,或其他武装集团的扣押、拘留引起的承保航程的丧失和挫折而提出的任何索赔。

3. 海上运输货物战争险的责任期限

海上运输货物战争险的责任期限(Duration)是指保险责任自被保险货物装上保险单所载起运港的海船或驳船时开始,到卸离保险单所载明的目的港的海船或驳船时为止。如果被保险货物不卸离海船或驳船,本保险责任最长期限以海船到达目的港的当日午夜起算满十五天为限,海船到达上述目的港是指海船在该港区内一个泊位或地点抛锚、停泊或系缆,如果没有这种泊位或地点,则指海船在原卸货港或地点或附近第一次抛锚、停泊或系缆。如在中途港转船,不论货物在当地卸载与否,保险责任以该海船到达该港或卸货地点的当日午夜起满十五天为止,在装上续运海船时恢复有效。

(1)保险期间为"船至船",即承保船舶在水面的风险,自货物装上船舶时开始至目的港卸离船舶时为止。

(2)货物未卸离船舶,延长至以船到港后的十五天为限。起算时间以海船在该港区内一个泊位或地点抛锚、停泊或者系缆,如果没有这种泊位或地点,则从海船在原卸货港或地点或附近第一次抛锚、停泊或者系缆开始计算。

(3)货物在中途港转船,货物不论卸载与否,也不得超过十五天。对卸于岸上等待转运的货物,只要不超过十五天,保险人则给予负责。

(4)船舶在非目的港终止航程时,保险人的责任同前。

（5）航线改变时，被保险人要及时通知保险人，加交保险费，合同有效。

（二）海上货物运输罢工险

海上货物运输罢工险（Strike Risk Clause）系各种货物运输保险条款的附加条款。本条款与各种货物运输保险条款中的任何条文有抵触时，以本条款为准。

1. 海上运输货物罢工险的责任范围

（1）被保险货物由于罢工者、被迫停工工人或参加工潮、暴动、民众斗争的人员的行动或任何人的恶意行为所造成的直接损失。

（2）由于上述行动或行为所引起的共同海损牺牲、分摊和救助费用。

2. 海上运输货物罢工险的除外责任

罢工险只负责被保险货物因罢工而造成的直接损失，间接损失除外。本保险对在罢工期间由于劳动力短缺或不能履行正常职责所致的保险货物的损失，包括因此而引起的动力或燃料缺乏使冷藏机停止工作所致的冷藏货物的损失不负赔偿责任。

3. 海上运输货物罢工险的责任期限

海上运输货物罢工险未就保险人的责任期限做出具体的规定，因此与海上运输货物保险基本险的责任期限是一致的，即在"仓至仓"责任期间，不同于战争险条款中对责任起讫仅限于水面上的规定。

如已加保了战争险，如再需加保海上运输货物罢工险，保险人一般不再加收保险费；如仅要求加保罢工险，则按战争险费率交付保险费。

第四节　水路运输货物保险条款

水路运输货物保险（Waterway Cargo Transportation Insurance）是指保险人与被保险人之间达成的，以在国内江、河、湖泊和沿海经水路运输的货物作为保险标的，由保险人对于承保的货物因运输过程中的自然灾害或意外事故造成的损失承担保险责任的保险行为。目前，国内水路运输货物保险所适用的保险条款是中人保《水路货物运输保险条款（2009版）》。该保险条款分为基本险和综合险，皆为承保列明风险。

一、保险标的范围

（1）凡在国内江、河、湖泊和沿海经水路运输的货物均可为本保险之标的。

（2）除外货物：蔬菜、水果、活牲畜、禽鱼类和其他活动物。

（3）特别约定货物。下列货物非经投保人与被保险人特别约定，并在保险单上载明，不在保险标的范围以内：金银、珠宝、钻石、玉器、首饰、古币、古玩、古书、古画、邮票、艺术品、稀有金属等珍贵财物。

二、保险责任

（一）基本险

对于以下保险货物的损失和费用，保险人依照本条款约定负责赔偿：

（1）因火灾、爆炸、雷电、冰雹、暴雨、洪水、海啸、崖崩、突发性滑坡、泥石流的损失；

（2）船舶发生碰撞、搁浅、触礁、桥梁或码头坍塌的损失；

（3）因以上两款所致船舶沉没失踪的损失；

（4）在装货、卸货或转载时因意外事故造成的损失；

（5）按国家规定或一般惯例应承担的共同海损的牺牲、分摊和救助费用；

（6）在发生上述灾害事故时，因纷乱造成货物的散失以及因施救或保护货物所支付的直接合理费用。

（二）综合险

本保险除包括基本险外，保险人还负责赔偿以下损失：

（1）因受碰撞、挤压而造成货物破碎、弯曲、凹瘪、折断、开裂的损失；

（2）因包装破裂致使货物散失的损失；

（3）液体货物因受碰撞或挤压致使所用容器（包括封口）损坏而渗漏的损失，或用液体保藏的货物渗漏而造成该货物腐烂变质的损失；

（4）遭受盗窃的损失；

（5）符合安全运输规定而遭受雨淋所致的损失。

三、责任免除

对于以下保险货物的损失，保险人不负赔偿责任：

（1）战争、军事行动、扣押、罢工、哄抢和暴动所引起的损失；

（2）船舶本身的损失；

（3）在保险责任开始前，被保险货物已存在的品质不良或数量短差所造成的损失；

（4）被保险货物的自然损耗、本质缺陷、特性所引起的污染、变质、损坏；

（5）市价跌落、运输延迟所引起的损失；

（6）属于发货人责任所引起的损失；

（7）投保人、被保险人的故意行为或违法犯罪行为所引起的损失；

（8）由于行政行为或执法行为所致的损失；

（9）其他不属于保险责任范围内的损失。

四、投保人、被保险人的义务

被保险人如果不履行下述任何一条规定的义务，则保险人有权终止保险责任或者拒绝赔偿部分或全部经济损失。

（一）如实告知义务

投保人应当履行如实告知义务，如实回答保险人就保险标的或者被保险人的有关情况提出的询问。投保人故意或者因重大过失未履行前款规定的如实告知义务，足以影响保险人决定是否同意承保或者提高保险费率的，保险人有权解除保险合同。保险合同自保险人的解约通知书到达投保人或被保险人时解除。

投保人故意不履行如实告知义务的，保险人对于保险合同解除前发生的保险事故，不承担赔偿责任，并不退还保险费。投保人因重大过失未履行如实告知义务，对保险事故的发生有严重影响的,保险人对于保险合同解除前发生的保险事故,不承担赔偿或者给付保险金的责任,但应当退还保险费。

(二)交付保险费义务

投保人在保险人或其代理人签发保险单(凭证)的同时,应一次交清应付的保险费。若投保人未按照约定交付保险费,保险费交付前发生的保险事故,保险人不承担赔偿责任。

(三)通知义务

在合同有效期内,保险标的危险程度显著增加的,被保险人按照合同约定应当及时通知保险人,保险人有权要求增加保险费或者解除合同。被保险人未履行通知义务的,因保险标的危险程度显著增加而发生的保险事故,保险人不承担赔偿责任。

被保险人获悉或应当获悉保险货物发生保险责任范围内的损失时,应立即通知保险人或保险人在当地的保险机构,并迅速采取合理的施救和保护措施,减少货物损失。故意或者因重大过失未及时通知,致使保险事故的性质、原因、损失程度等难以确定的,保险人对无法确定的部分不承担赔偿责任,但保险人通过其他途径已经及时知道或者应当及时知道保险事故发生的除外。

(四)谨慎选择承运人义务

投保人、被保险人应当谨慎选择承运人,并督促其严格遵守国家及交通运输部门关于安全运输的各项规定,还应当接受并协助保险人对保险货物进行的查验防损工作,货物运输包装必须符合国家和主管部门规定的标准。

对于因被保险人未遵守上述约定而导致保险事故的,保险人不负赔偿责任;对于因被保险人未遵守上述约定而导致损失扩大的,保险人对扩大的损失不负赔偿责任。

五、保险责任期间

保险责任的起讫期,是自签发保险单(凭证)后,保险货物运离起运地发货人的最后一个仓库或储运处所时起,至该保险凭证上注明的目的地的收货人在当地的第一个仓库或储存处所时终止。但保险货物运抵目的地后,如果收货人未及时提货,则保险责任的终止期最多延长至保险货物卸离运输工具后的十五天。

六、赔偿处理

(一)索赔单证

被保险人向保险人申请索赔时,应当提供下列有关单证:

(1)保险凭证、运单(货票)、提货单、发票(货价证明);

(2)承运部门签发的货运记录、普通记录、交接验收记录、鉴定书;

(3)收货单位的入库记录、检验报告、损失清单及救护货物所支付的直接费用的单据;

(4)被保险人所能提供的其他与确认保险事故的性质、原因、损失程度等有关的证明和资料。

保险人收到被保险人的赔偿请求后,应当及时就是否属于保险责任做出核定,并将核定结果通知被保险人。情形复杂的,保险人在收到被保险人的赔偿请求并提供理赔所需资料后30日内未能核定保险责任的,保险人与被保险人根据实际情形商议合理期间,保险人在商定的期间内做出核定结果并通知被保险人。对属于保险责任的,保险人在与被保险人达成有关赔偿金额的协议后 10 日内,履行赔偿义务。

(二)损失的赔偿

保险单规定:保险货物发生保险责任范围内的损失时,保险金额等于或高于保险价值时,保险人应根据实际损失计算赔偿,但最高赔偿金额以保险价值为限;保险金额低于保险价值的,保险人对其损失金额及支付的施救保护费用按保险金额与保险价值的比例计算赔偿。

保险人对货物损失的赔偿金额,以及因施救或保护货物所支付的直接合理的费用,应分别计算,并各以不超过保险金额为限。

保险货物发生保险责任范围内的损失时,如果根据法律规定或有关约定,应当由承运人或其他第三者负责赔偿部分或者全部的,被保险人应首先向承运人或其他第三者提出书面索赔,直至诉讼。若被保险人放弃对第三者的索赔,保险人不承担赔偿责任;若被保险人要求保险人先予赔偿,被保险人应签发权益转让书和应将向承运人或第三者提出索赔的诉讼书及有关材料移交给保险人,并协助保险人向责任方追偿。由于被保险人的故意或重大过失致使保险人不能行使代位请求赔偿权利的,保险人可以相应扣减保险赔偿金。

经双方协商同意,保险人可将其享有的保险财产残余部分的权益作价折归被保险人,并可在保险赔偿金中直接扣除。

被保险人与保险人发生争议时,应当实事求是,协商解决,双方不能达成协议时,可以提交仲裁机关或法院处理。本保险合同适用中华人民共和国法律(不包括港、澳、台地区法规)。

七、其他事项

凡经水路与其他运输方式联合运输的保险货物,按相应的运输方式分别适用本条款及《铁路货物运输保险条款(2009 版)》《公路货物运输保险条款(2009 版)》《航空货物运输保险条款(2009 版)》。凡涉及本保险的约定均采用书面形式。

第五节　英国海上运输货物保险条款

我国进出口企业按 CIF 价格术语出口货物时,都会向国内保险公司投保海上运输货物保险,而且选择中人保制定的海洋运输货物保险条款投保。但如果国外客户要求按英国协会货物条款投保,一般也可接受。因此,需要了解和把握英国协会货物条款的主要内容。

一、英国海上运输货物保险条款概述

(一)英国海上运输货物保险条款历史发展

英国最早使用的海上保险条款是英国劳合社 SG 保险单,S 表示船舶,G 表示货物。英国劳合社 SG 保险单系指劳合社标准海上保险单,该保险单是一种船舶保险和运输货物保险共同使用的保险单,既适用于承保货物,也适用于承保船舶。1779 年开始该保险单在英国保险市场上被采用,1795 年在英国 SG 保险单取代所有其他海上保险单,成为船舶货物运输保险合同的标准海上保险单。1906年英国海上保险法又把它列为附件,作为标准格式的保险单推行。长期以来许多国家都把SG保险单作为蓝本来制定自己的海上运输货物保险单,进而使SG保险单成为国际海上保险单的范本,在历史上发挥过重要作用。

尽管该保险单使用长达约200年,但由于历史原因,该保险单文字古老,格式陈旧,语言难懂,难以适应现代国际贸易和世界航运的需要。英国保险协会的技术与条款委员会于1912年起开始制定协会货物保险条款,将其作为SG保险单的附加条款。经过多次修订后,在1963年形成了一整套完整的海上运输货物保险标准条款,即1963年协会货物保险条款,它包括平安险、水渍险和一切险三套条款,也就是通常所说的ICC旧条款。由于该条款仍然依附于格式陈旧、文字古老、词义难懂的SG保险单,加之自身的不完备,遭到不少批评。英国保险协会再一次对ICC旧条款进行修订,1982年1月1日推出协会货物保险ABC条款,即ICC新条款。ICC新条款取代了旧的平安险、水渍险和一切险,取而代之的是ICC的(A)(B)(C)三个基本险。这一变革在英国海上保险乃至世界海上保险史上都具有巨大意义,被称为英国海上保险史上一次伟大的革命。

随着航运业和国际贸易的快速发展,协会货物保险ABC条款(1982年版)经历了几十年的变迁,部分内容已渐渐不合时宜。从2007年开始,英国联合货物保险委员会(Joint Cargo Committee)展开条款修订工作,并于2009年1月1日推出了新版本的ICC的(A)(B)(C)条款。新条款扩展了保险责任起讫期,对保险公司引用免责条款做出了一些条件限制,对条款中容易产生争议的用词做出更为明确的规定,条款中的文字结构也更为简洁、严密。2009年协会货物保险ABC条款对于1982年协会货物保险ABC条款改动的最大特点是顺应了保护被保险人或无辜的保险单持有人利益的趋势。在整个条款编排上2009年协会货物保险ABC条款与1982年协会货物保险ABC条款各条编号相同,皆分为八大类,十九个条款和一项附注。

(二)协会货物保险ABC条款的特点

(1)无部分损失不赔或需受免赔额的限制问题

协会货物保险ABC条款没有部分损失不赔的规定,只要是在承保范围内的损失,不论是全损还是部分损失,保险人都给予赔偿。

(2)列明承保风险和除外责任,一目了然

协会货物保险ABC条款的承保责任范围和除外责任一目了然,使被保险人清楚地了解到哪些是保险人的责任范围,哪些是保险人不予承保的。它具体表现在(B)险和(C)险中将承保的范围一一列明,英国《1906年海上保险法》中规定的不保危险事故或损失都写进条款,避免了因保险责任不清而产生的争议。例如,被保险人的不法行为造成的损失、保险标的物的自然损耗、固有瑕疵等在新条款中都被列为一般除外责任。在(A)险中采用一切险减除外责任的方式,只要不是其除外责任造成的货损,保险人都将给予赔偿。

(3)整个条款结构严谨、清晰

协会货物保险ABC条款结构统一、体系完整。

(4)各种主险都形成独立的保险单

协会货物保险ABC条款为了便于被保险人明确(A)(B)(C)三个险别的内容,三套条款均都按其条文的性质进行分类,共分为承保范围、除外责任、保险期限、索赔事项、保险权益、防止延误、法律和惯例等八个部分,各个主险都形成独立的保险单。

(5)战争险和罢工险可作为独立险别投保

协会货物保险 ABC 条款允许战争险、罢工险作为独立险别来投保。协会货物保险条款中,不仅条款(A)(B)(C)条款可以单独投保,战争险和罢工险条款也可以单独投保。战争险和罢工险条款像(A)(B)(C)一样具有独立、完整的结构,对承保风险和除外责任均有明确的规定,因而在需要时也可征得保险人的同意,作为独立的险别投保。

二、2009 年协会货物保险条款（A）险

2009 年协会货物保险条款(A)险是承保范围最广的一种条款,在海上保险中的使用较为普遍,其承保风险采用"一切险减除外责任"方式,而且不保项目很明确,只要不是在其除外责任外造成的货损,保险人都将给予赔偿。

(一)承保风险

在承保风险(Risks Covered)项下共有三个条款,即风险条款、共同海损条款、双方有责碰撞条款。

1. 风险条款

第一条风险条款(Risks Clause)规定:"本保险承保除四、五、六、七条规定的除外责任外的一切风险所造成保险标的的灭失或损坏。"

"一切风险"包含意外发生的任何损失或损害,但不包括那些必然发生的损失或损害。"灭失或损坏"是指货物的实际损失或损害,不包括经济损失。在条款(A)险中,由于承保责任范围较广,不便把全部承保风险逐项列举,于是采用了一切险减除外责任的方式,即除了"除外责任"项下所列风险所致损失保险人不负责外,其他风险所致损失均予负责。为了避免误解为承保所有的风险及损害的条款,因而规定为风险条款。

2. 共同海损条款

第二条共同海损条款(General Average Clause)规定:"本保险承保根据货运合同及/或管辖的法律和惯例理算或确定的,除四、五、六、七条或其他条文规定的除外责任外,为避免或与避免任何原因造成的有关引起共同海损和救助费用的损失。"

该条款对共同海损牺牲和救助费用负责赔偿,但对共同海损及救助费用的产生,应是为避免承保风险的损害而造成的;如果共同海损是由除外风险责任引起的,保险人则不予负责赔偿。共同海损牺牲和救助费用的理算或确定应当按照运输合同中规定的理算规则或者管辖的法律。在通常情况下,如果运输合同规定共同海损理算根据《约克-安特卫普规则》,则按照该规则进行理算。

3. 双方有责碰撞条款

第三条双方有责碰撞条款(Both to Blame Collision Clause)规定:"本保险对于被保险人在运输合同之任何双方过失碰撞条款下所肇致之责任,按照本保险单所承保的危险予以理赔。倘船舶承运人依据该条款要求赔偿时,被保险人同意通知保险人,保险人得自备费用为被保险人对该赔偿要求提出抗辩。"

该条款同我国海上运输货物保险的基本险规定一样,由货方偿还给船东的部分数额,保险人给予补偿。被保险人应通知保险人,保险人有权自负费用为被保险人对此索赔提出抗辩。

(二)除外责任

除外责任(Exclusions)项下共有四个条款,为了避免歧义产生误解,2009 版除外条款则不

再注明副标题。因为副标题并不能完全、准确地表述出副标题下所有具体列明的事项。如第七条除外条款若名为"罢工除外条款",但实际条款内容中列明"任何恐怖主义者或者任何人出于政治目的采取的行动"也为除外,显然与所谓"罢工除外"不相一致。

1. 第四条规定的除外责任

本保险不承保下列各项之损失:

(1)由于被保险人的故意行为所致之损害或费用。

(2)被保险标的物之正常的渗漏、正常的失重或失量,或正常的耗损。

(3)保险标的的包装或准备不足或者不当而不能经受所保运送通常的事故所引起的损失、损害或费用,如果此种包装或准备是由被保险人或其雇员实施的,或是在保险责任开始前实施的(在本条款意义上,"包装"应视为包括集装箱在内积载,而被保险人的雇员不包括独立承包商)。

该款明示说明包装本身必须足以承受承保运输期间所发生的通常事故,包装不足或者不当造成的损失会被排除在保险人的赔偿责任范围之外。同时均明确规定了适用此种除外责任的两个限制条件:一是由被保险人自己或者是他的雇员去负责实施积载行为,从而可能由他自己的疏忽或者不小心造成损失;二是在风险生效前(开始货物运输前,例如离开卖方的仓库装上卡车或火车),包装本身有缺陷这一问题就已经存在。

(4)被保险标的物之固有瑕疵或本质所引起的损害或费用。

(5)由于延迟所致的损害或费用,即使该延迟系由承保之危险所致者亦同。

(6)当被保险标的物装载于船舶上时,或依正常业务程序,被保险人知道或应知道破产或者经济困境将会妨碍正常航行者,由于船舶所有人、经理人、承租人或船舶营运人之破产或经济困境所致之损害或费用。如果合同已经转让给根据一个有约束力的合同已经善意购买或同意购买保险标的之根据本保险合同索赔的人,本除外条款对他不适用。

此项除外责任仅适用于装货时,同时要求被保险人知道或参与该业务时应该知道,在该航次中会发生船东或者承运人的破产或经济困境的情况。另外,该除外事项不适用于善意第三者,保护无辜买方的利益。

(7)任何使用原子反应装置物或核子分裂及融合或者其他类似反应或放射性之武器等直接或者间接所致或引起的损害或者费用。

2. 第五条规定的除外责任

本保险不承保因下列事故所引起的损失或费用:

(1)载运船舶或驳船的不适航,或载运船舶驳船不适宜安全运载被保险标的物,而此种不适航或不适宜安全运载的原因于被保险标的物装载之时为被保险人已知情者。

(2)货柜或运输工具的不适宜安全装载被保险标的物,而此装载系发生于保险生效前由被保险人或其职员所完成,且于装货时已知不适载。

(3)除外规定(1)不适用于该保险契约已经转让给已买入或已同意买入这批被保险标的物善意受让之索赔者。

(4)保险人放弃任何违反载运船舶应具备适航能力及适运条件运送保险标的物至目的地的默示保证规定。

该条款将主体限定在作为被保险人的货方,而不包括他的雇员,并且将时间限定在装货的时候。另外将善意地受让了保险合同的第三者排除在外,体现了保险条款对无辜的提单持有人,同时也是保单持有人利益的合理保护。当卖方对船舶不适航或集装箱不适宜安全运载货物有私谋从而导致货物的损失或损坏时,受让单证的无辜买方索赔权不会受到影响。

3.第六条规定的除外责任

本保险不承保下列危险事故所致的损害或费用:

(1)因战争、内战、革命、叛乱、颠覆,或其引起之内争或任何由于交战国或者对抗交战国武力之敌对行为。

(2)因捕获、扣押、拘留、禁制或扣留(海上劫掠除外),及因上述危险或任何上述危险威胁企图之结果。

(3)遗弃的水雷、鱼雷、炸弹或其他遗弃战争武器。

4.第七条规定的除外责任

本保险不承保下列危险事故引起的损害或费用:

(1)因参与罢工、停工、工潮、暴动或民众骚扰等人员所致者。

(2)因罢工、停工、工潮、暴动或民众骚扰结果引起者。

(3)任何代表人或有关组织因采取以武力或暴力方式,借以直接推翻或影响不论其是否合法成立之任何政府组织的任何恐怖主义行为所致者。

(4)任何人因政治、意识形态或宗教动机行为所致者。

(三)保险期间

保险期间(Duration)项下共有三个条款,即运输条款、运输合同终止条款和航程变更条款。

1.运输条款

保险人的保险期间自所保货物从本保险契约所载起运地点的仓库或储存处所,为了立即从货物装进或装入运送车辆或其他运输工具,以便开始起运,保险效力即自前述货物启动时开始生效,并于通常的运输过程中继续有效,以运输至下述情形之一时为止:

(1)自运送车辆或其他运输工具完全卸载至本保险契约所载明目的地之最终仓库或储存处所。

(2)自运送车辆或其他运输工具完全卸载至本保险契约所载明目的地或中途之任何仓库或者储存处所,而为被保险人或其员工用作通常运输过程以外之储存或分配或分送。

(3)当被保险人或其员工使用任何运输车辆或其他运输工具或任何货柜作为通常运输过程以外的储存时。

(4)至被保险标的物自海船在最终卸货港完全卸载后起算届满六十天。

上述四种终止情形,以其先发生者为准。如被保险标的物自海船在最终卸货港卸载完毕后,但在本保险失效以前,将被保险标的物运往本保险单所载明以外之目的地时,则本保险单之效力,并于该被保险标的物自始拟被运往其他目的地之时起失效。值得注意的是第(3)款的终止情形,如果货物仍载于运输工具(例如船舶或卡车)上,但被保险人或者其雇员决定不继续运输而是把货物储存在运输工具内时,保险合同自动终止。

2009年条款则进一步将保险责任期间向两端扩展至包括启运出库的装车、发运过程和抵达入库的卸车过程。这一改变把承保的时间延伸到在货方仓库或堆场装货与卸货,对被保险人更有利,也避免了一些争议的出现,体现了对作为被保险人的货方利益进行倾斜的趋势。

2. 运输合同终止条款

倘在被保险人无法控制情形下,运输合同因故在其所载明目的地以外之港口或地点终止时,或运送因故在货物未能如前述规定被保险标的物卸载前终止时,本保险单之效力亦同时终止,除非经被保险人于获悉后立即通知保险人及要求继续承保并同意缴付应加收之保险费,本保险单方得继续有效至下述情形之一时为止:

迄至被保险标的物在该港或该地出售交付后为止,或如无特别之协定,迄至被保险标的物自海船抵达该港或该地后起算,以不超过六十天为限,不论何种情形以先发生者为准。

如被保险标的物在六十天期限以内(或同意延长承保期限内)仍须运至保险契约原载之目的地,或其他目的地,则本保险单之效力,在依照前述所规定情形发生时终止。

3. 航程变更条款

本保险开始生效以后,被保险人事后变更其目的地者,必须立即通知保险人洽妥新费率与条件;倘在协议达成前发生损失,本保险所能获得保障,仅限于在合理商业市场上所允许的保险条件及费率。

(四)索赔

1. 保险利益

为期能获得本保险之补偿,被保险人于被保险标的物发生损失之时,必须持有保险利益。

虽然损失发生于保险契约签订之前,除非被保险人已知该损失发生而保险人不知情者,被保险人仍有权要求保险期间发生之承保的损失。

2. 转运费用

由于本保险承保的危险事故之作用结果,致使所保的运输航程在非属本保险所保的港口或地点终止时,保险人将予补偿被保险人因被保险标的物之卸载、堆存及转运至目的地而正当且合理发生的额外费用。

3. 推定全损

除非被保险标的物之被合理委付系因其实际全损显已不可避免,或因其之恢复、整理及运往保险载明之目的地的费用,必将超过其到达目的地之价值者,不得以推定全损请求赔偿。

4. 增值条款

若被保险人在本保险项下之被保险标的物安排了增值保险,则该被保险标的物之约定价值将被视为增至本保险与其他全部增值保险之保险金额之总和,而本保险项下之责任将按其保险金额占全部保险金额之比例而定。索赔时,被保险人必须提出所有其他保险之保险金额之证明给保险人。

被保险标的物之约定价值将被视为等于原来保险与全部由被保险人安排投保同样损失增值保险之保险金额之总和,而本保险项下之责任将按其保险金额占全部保险金额之比例而定。索赔时,被保险人必须提出所有其他保险之保险金额之证明给保险人。

(五)保险权益

被保险人,包括代表签订保险契约或其授意下之有权索偿之人或受让人,不扩大承保或不扩及运送人或其他受托人之利益。

(六)尽量减少损失

被保险人义务遇有损失发生时或发生后,应采取适当之措施以合理防止或减少其损失,应确保对于一切对抗运送人、受托人或其他第三人权利之适当保留行使。被保险人因为履行上述之义务而适当及合理发生之费用,保险人得予补偿之。

被保险人或保险人对于保险标的物采取之施救、防护或回复之各项措施,不得视为委付之放弃或承诺或有损任何一方之权利。

(七)避免延迟

被保险人在其所能控制的一切情况下,应做合理、迅速之处置,为本保险之必要条件。

(八)法律和惯例

本保险悉依据英国法律及惯例办理。

附注事项:

倘依据上述运输合同终止条款规定,要求继续承保,或依据航程变更条款而更改运送目的地,被保险人有义务于获知上情时,应迅即通知保险人。本项要求承保权利,取决于被保险人业已遵守本通知义务之履行。

三、2009 年协会货物保险条款(B)险

2009 年协会货物保险条款(B)险与条款(A)险一样,有 19 个排列顺序和名称完全相同的条款。有变化的条款有 1 和 4 条,即承保风险和除外责任不同外,其他各条与条款(A)险基本一样。

(一)承保风险

(1)保险标的灭失或损害可合理归因于下列危险:

①火灾或爆炸。火灾与爆炸有时很难区分,所以一起合并予以规定,省去区分的必要。

②船舶或驳船的搁浅、触礁、沉没或倾覆。

③陆上运输工具的倾覆或出轨。

④船舶或驳船或运输工具与除水以外任何外部物体的碰撞或接触。

运输工具一词较广,包括车辆、飞机、火车等。本条款承保的是运输工具与外部的碰撞,而不是内部之间的碰撞。如船上吊杆吊货碰码头上的设施造成货损,保险人给予赔偿;船上吊杆吊货时与本船其他设备或建筑物相碰造成货损,则不予赔偿。

⑤在避难港卸货。若是非共同海损情况下造成的,可按此条索赔。

⑥地震、火山爆发或雷电。不限于海上发生,陆上运送阶段也承保。

(2)因下列原因引起的保险标的灭失或损害:

①共同海损牺牲;

②抛弃或浪击落海;

③海水、湖水或河水进入船舶、驳船、运输工具、集装箱、大型海运箱或储存处所。

(3)货物在装载过程中落海或跌落造成任何整件货物的全损。

(二)除外责任

除了增加一条外,其他与条款(A)险的相应规定完全一致,即"由任何个人或数人非法行为故意损坏或故意破坏保险标的或者其任何部分"。

该条款排除了一些人为事故造成的货物损失。如船长、船员的不法行为,纵火、使船舶沉没的蓄意破坏。船东为欺骗保险人故意将船凿沉、船方盗卖船上货物等。

四、2009 年协会货物保险条款（C）险

2009 年协会货物保险条款(C)险承保范围比条款(B)险更窄,承保风险和除外责任如下。

（一）承保风险

(1)保险标的灭失或损害可合理归因于下列危险：

①火灾或爆炸；

②船舶或驳船的搁浅、触礁、沉没或倾覆；

③陆上运输工具的倾覆或出轨；

④船舶或驳船或运输工具与除水以外任何外部物体的碰撞或接触；

⑤在避难港卸货。

(2)因下列原因引起的保险标的灭失或损害：

①共同海损牺牲；

②抛弃。

（二）除外责任

条款(C)险规定的除外责任与条款(B)险的规定完全一致。

从上述条款的规定来看,条款(B)险承保的地震、火山爆发或雷电,浪击落海,海水、湖水或河水进入船舶、驳船、运输工具、集装箱、大型海运箱或储存处所,货物在装载过程中落海或跌落造成任何整件货物的全损不在条款(C)险的承保范围。

五、2009 年协会货物战争险条款

（一）承保的风险

(1)战争、内战、革命、叛乱、颠覆或由此引起的内乱或任何交战方之间的敌对行为；

(2)上述承保的风险引起的捕获、扣押、拘留、禁止或羁押以及这种行为的后果或上述危险的任何企图；

(3)被遗弃的水雷、鱼雷、炸弹或其他被遗弃的战争武器；

(4)由本条款承保的风险引起的共同海损及救助费用。

（二）除外责任

(1)一般除外责任条款

一般除外责任条款中的前六项内容与 ICC 条款(A)险的一般除外责任前六项的规定完全相同。再加上第七款规定基于航程或冒险的损失或受阻的任何索赔和第八款规定将核战争武器的敌对性使用除外。

(2)不适航和不适货除外责任条款。本条款与协会货物保险条款内容完全相同。

（三）保险期限

该条款的具体规定保险人按"水面危险"负责。即在一般情况下,保险责任从货物装上起运港的海船开始,到卸离目的港海船至岸上为止,或者自海船到达目的港当日午夜起算满十五天为止。如果在中途港转船,不论货物是否在当地卸载,保险责任以海船抵达该港或卸货地点的当日午夜起算满 15 天为止,以后再装上续运海船时恢复有效。

对于在遭遇由于浮在水面或沉在水下的遗弃水雷、鱼雷所造成的危险情况时,保险责任可延长到货物装上驳船运往海船或从海船卸到驳船上为止,但最长不超过从海船卸下后满六十天。

保险责任开始后,被保险人如果改变了目的地,只要及时通知保险人并另行商定保险条件和保险费率,保险人可以继续负责。

六、2009年协会货物罢工险条款

2009年协会货物罢工险条款一共为十四个条款和一个附注。

(一)承保风险

承保由于下列原因造成的保险标的的损失或损害:

(1)罢工者、被迫停工工人或参与工潮、暴动或民变的人员造成的损失;

(2)恐怖分子或出于政治目的采取行动的人造成的损失;

(3)共同海损和救助费用。

(二)除外责任

罢工险的除外责任与战争险基本一样,除包括一般除外责任、不适航和不适宜安全运载条款外,另外在一般除外责任中增加了以下两条规定:

(1)由于罢工、停工、工潮、暴动或民众骚乱造成劳动力缺乏、短少和扣押所引起的损失或费用;

(2)由于战争、内战、革命、叛乱或由此造成的内乱,或由交战力量引起的敌对行为所造成的损失。

(三)保险期间

罢工险的保险期限的规定与ICC新条款(A)(B)(C)完全一致,而与战争险的规定不同。货物的战争险与罢工险是分开承保的,因此,罢工险不承保战争险的风险。

七、恶意损害险条款

协会恶意损害险条款(Institute Malicious Damage Clause)的内容为"以支付的保险费为代价,同意除外事项'由于任何个人或数人非法行为故意损坏或故意破坏保险标的或其任何部分'视为已被删除,且本保险进一步承保由恶意行为、任意行为造成的保险标的的灭失或损害,但仍须受本保险所包含的其他除外责任的制约"。

该条款可以作为(B)险和(C)险的附加条款。因为这两种险的除外责任规定不保由于任何个人或数人非法行动故意损坏或故意破坏保险标的或其任何部分的损失或费用。为此被保险人可在加付保险费的前提下,附加投保此保险。由于(A)险的保险责任已包括对被保险人以外的其他人的故意不法行为所造成的损失或费用,所以没有必要再加保恶意损害险。

案例讨论

我国A公司向日本B公司订购一批机械设备,合同为CFR宁波,2000年6月30日在长崎港装货,A公司向中国PICC投保海上运输货物保险一切险。货物在2000年6月30日装船时外包装有严重破损,日本B公司向船舶公司出具了货物品质的保函。船舶公司应日本B公司的请求,出具了清洁提单,日本 B 公司据此从银行取得了货款。货物到达宁波后,A 公司发现机械设备严重破损,船舶公司出示了日本 B 公司提供的保函,认为该事应向日本 B 公司索赔。请分析并回答下列问题:

(1)船舶公司是否应对 A 公司承担责任?为什么?

(2)日本 B 公司是否应对船舶公司承担责任?为什么?

(3)A 公司是否可从 PICC 处取得赔偿?为什么?

本章小结

四、2009 年协会货物保险条款(C)险

五、2009 年协会货物战争险条款

六、2009 年协会货物罢工险条款

七、恶意损害险条款

目标检测

一、单项选择题

1. ( )是指运输工具遭遇海难后,在避难港由于卸货所引起的损失,以及在中途港或避难港由于卸货、存仓以及运送货物所发生的。

    A. 施救费用   B. 救助费用

    C. 特别费用   D. 间接费用

2. 受潮受热险属于( )承保范围。

    A. 平安险   B. 水渍险

    C. 一切险   D. 战争险

3. ( )不是一切险承保范围。

    A. 淡水雨淋险   B. 碰损险

    C. 渗漏险   D. 进口关税险

4. 在国际贸易中,以 CIF 条件成交的,投保人通常应是( )。

    A. 承运人   B. 买方

    C. 卖方   D. 银行

5. 海上运输货物因自然灾害造成的部分损失,( )险别下可以获得赔偿。

    A. 平安险   B. 罢工险

    C. 战争险   D. 水渍险

二、多项选择题

1. 海上运输货物保险承担的费用损失主要有( )。

    A. 施救费用   B. 救助费用

    C. 特别费用   D. 额外费用

2. 下列不在中人保海洋运输货物一切险承保范围内的险别有( )。

    A. 短量险   B. 串味险

    C. 舱面险   D. 进口关税险

3. 在海上运输货物保险一切险下,被保险人在向保险人索赔时,必须提供的单证有( )。

    A. 保险单正本   B. 提单

    C. 发票   D. 装箱单

4. 普通附加险条款包括( )。

    A. 锈损险   B. 串味险

    C. 舱面险   D. 钩损险

5. 海上运输货物保险中被保险人的义务主要有( )。

    A. 施救义务   B. 通知义务

    C. 及时提货义务   D. 损失赔偿

三、判断题

1. 海上运输货物保险一切险条款承保所有原因造成的货物损失。（　）
2. 海上运输货物保险中,保险人对承运人的过失造成的货损不负赔偿责任。（　）
3. 银行不接受出单日期迟于运输单据上注明的货物装船日期的保险单据。（　）
4. 海上运输货物战争险下,保险人的责任期间与海上运输货物一切险相同。（　）
5. 英国协会货物保险条款(A)险不承保船长、船员的不法行为造成的货损。（　）

四、思考题

1. 海上运输货物平安险的承保范围有哪些?
2. 海上运输货物保险的除外责任是什么?
3. 海上货物运输保险中被保险人的义务有哪些?
4. 普通附加险包括哪些险?
5. 特别附加险包括哪些险?

五、计算题

我国甲公司按 CIF 价格条件通过海运出口一批货物,贸易合同总金额为 100 000 美元,加一成投保我国海上运输货物保险一切险,保险费率为 0.5%。请计算该批货物的保险金额是多少? 被保险人应交纳的保险费为多少?

六、案例分析

A 公司为一批从日本神户到中国青岛的进口 CFR 价袋装化肥,向中人保投保了一切险,采用中人保海洋货物运输保险条款。货物总共为 1 万袋化肥,保险金额为 50 万人民币。保险单上的装货港是神户,目的港是青岛。

货物由乙公司甲船承运,在装船后乙公司经查对发现实际装船 9 800 袋化肥,承运人应托运人的请求签发 1 万袋化肥的提单。另外,因舱内容积有限,承运人经托运人的同意将 300 袋化肥装在甲板上运输。甲船在海上运输途中遭遇特大风暴,装在甲板上的化肥被海水卷入海中遭到全损。船舶在进入中国领海后,由于船员在驾驶船舶时疏忽瞭望,与另一船发生碰撞,船舶的二舱进水,造成 100 袋化肥水湿,其受损程度为 50%。甲船抵达目的港青岛卸货时,由于吊钩脱落,20 袋化肥掉入海中全损。货物全部卸入码头仓库后,因下雨仓库漏水,造成 50 袋化肥被雨水浸透全损。收货人提货并将货物运到收货人在青岛的仓库内后,因仓库管理不善发生火灾,60 袋化肥被烧毁。收货人依据货物保险单就上述货损向保险人索赔。请根据中人保海洋货物运输保险一切险条款,回答保险人的赔偿责任。

第四章
海上船舶保险

学习目标

1. 了解英国协会船舶保险条款的主要内容;
2. 熟悉我国沿海内河船舶保险条款的主要内容;
3. 掌握我国远洋船舶保险条款的具体内容;
4. 掌握我国船舶保险实务。

技能要求

1. 具备计算船舶保险金额和保险费的能力;
2. 能够正确填写船舶保险投保单和保险单;
3. 能够准确选择船舶保险的险别;
4. 能够运用所学知识处理海上船舶保险纠纷。

重点和难点

船舶保险一切险下保险人对于船舶碰撞责任的承担;间接碰撞保险人是否承担责任。

学习导图

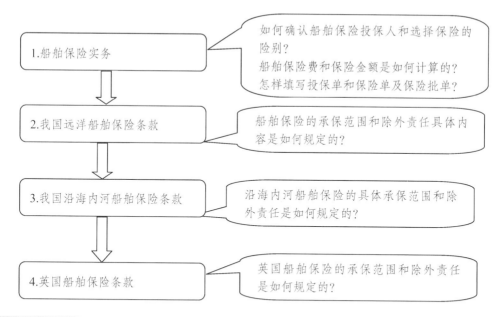

1.船舶保险实务 —— 如何确认船舶保险投保人和选择保险的险别? 船舶保险费和保险金额是如何计算的? 怎样填写投保单和保险单及保险批单?

2.我国远洋船舶保险条款 —— 船舶保险的承保范围和除外责任具体内容是如何规定的?

3.我国沿海内河船舶保险条款 —— 沿海内河船舶保险的具体承保范围和除外责任是如何规定的?

4.英国船舶保险条款 —— 英国船舶保险的承保范围和除外责任是如何规定的?

先导案例

船东投保了 A 船的船舶险,保险合同为中人保 1986 年 1 月 1 日船舶保险,保险期限为 1 年。在保险期内,A 船在通过苏伊士运河时发生搁浅事故,造成海底珊瑚损害,船东经与埃及环保局协商,双方同意由船东赔偿埃及环保局 19 万美元一揽子解决争议。船东于 1997 年 8 月 12 日依据相关保险条款就该起搁浅事故向保险人提起索赔,保险人赔付了其他有关费用及损失,但对上述 19 万美元拒不赔付。双方多次协商不成,提交仲裁解决此案。仲裁庭认为,保险合同的碰撞责任条款明确规定承保被保险船舶"触碰任何固定的、浮动的物体或其他物体"所产生的法律责任。"任何……其他物体"没有明确排除像珊瑚这样的自然物体,珊瑚明显地属于其他物体。保险人提出的本案保险单碰撞责任条款中的碰撞"任何物体"中的"物体"仅指人工物体而不包括自然形成的物体是没有根据的。被保险人船舶触碰海底珊瑚所引起的被保险人的赔偿责任应该属保险人的承保范围。

第一节　船舶保险实务

一、船舶保险的被保险人

(一)船舶保险的含义

船舶保险(Hull Insurance)是以各种类型的船舶为保险标的的保险。船舶种类繁多,分为客船、货船、油船、拖船、集装箱船等。根据我国《海商法》第三条的规定,"本法所称船舶,是指海船和其他海上移动式装置,但是用于军事的、政府公务的船舶和20总吨以下的小型船艇除外"。船舶包括船舶属具。海上保险实践中,船舶包括哪些项目取决于保险合同的具体规定,不同类型的船舶保险合同对此规定不一致。如船上燃料和物料在涉外船舶保险条款中列入船舶的范畴,而在沿海内河船舶保险条款中不属于船舶的范畴。我国船舶保险条款规定,本保险的保险标的是船舶,包括其船壳、救生艇、机器、设备、仪器、索具、燃料和物料。

(二)船舶保险的被保险人

船舶保险的被保险人必须是对船舶具有保险利益的人。如果被保险人对船舶没有保险利益,则船舶保险合同无效,导致的损失也无法依据船舶保险合同从保险人处获得赔偿。在通常情况下,下列人员对船舶具有保险利益。

1. 船舶所有人

船舶所有人是指对船舶本身享有占有、使用、收益和处分权利的人。船舶所有人包括船舶共同共有人和船舶按份共有人两类,船舶所有权登记证书是船舶所有权的凭证。船舶所有人无疑对船舶有直接的、明确的利害关系,因而也具有保险利益。即使船舶是用银行贷款购买的,船舶所有人还是对船舶具有保险利益,可以作为被保险人投保整艘船舶。

2. 光船承租人

光船承租人是指依照光船租船合同对船舶行使占有、使用和获得船舶经营收益的人。在光船租赁期间,光船承租人是实际占有、控制和经营船舶的人。光船承租人对承租的船舶具有保险利益,可以作为被保险人投保整艘船舶。

3. 船舶经营人

我国《海商法》《中华人民共和国船舶登记条例》都未对船舶经营人概念、船舶经营人责任做明确规定。在通常情况下,船舶经营人理解为依法对船舶享有使用、收益和管理的权利人。实务中,船舶经营人以自己的名义经营管理船舶,对船舶进行占有、使用、收益,同时也要承担经营管理船舶过程中产生的法律义务、责任和风险。船舶是其实现经营目的,获得预期利润的物质基础。船舶之损毁将阻碍其权益的实现,影响其法律上的地位,亦有可能使其对船舶所有人产生法律责任。所以,船舶经营人对船舶有密切的、法律上的利害关系,即保险利益。

二、船舶保险种类的选择

同海上运输货物保险一样,船舶保险的险别也有多种形式,不同的险别所获得的保险保障是不同的,被保险人交付的保险费也是不同的。船舶保险为航运提供了极大的保障,但对于被保险人来说,在投保时选择恰当的保险险别是非常重要的。

(一)按船舶航行的区域不同分类

按船舶航行的区域不同分类,船舶保险分为远洋船舶保险、国内沿海内河船舶保险。

1. 远洋船舶保险

远洋船舶保险是指以从事国际远洋运输的各种船舶作为保险标的的保险。

2. 国内沿海内河船舶保险

国内沿海内河船舶保险是指以从事沿海、江河、湖泊运输的各种船舶作为保险标的的保险。

(二)按船舶保险险别的不同分类

按船舶保险险别的不同分类,船舶保险分为船舶一切险,船舶全损险和船舶战争、罢工险。

1. 船舶一切险

船舶一切险又称船舶综合险,是指保险船舶在发生保险事故造成损失后,不论发生全部损失,还是部分损失以及保险船舶碰撞、触碰他船、码头、栈桥等,造成直接损失,依法应由被保险人承担的赔偿责任,保险人均按照保险合同约定予以负责赔偿的一种船舶保险。

2. 船舶全损险

船舶全损险是指保险船舶在发生保险事故造成损失后,保险人仅对船舶的全部损失负责赔偿的一种船舶保险。它对船舶的部分损失不予负责。

3. 船舶战争、罢工险

船舶战争、罢工险是一种附加险,是指由于战争、罢工原因造成船舶损失,依法应由被保险人承担的赔偿责任,保险人均按照保险合同约定予以负责赔偿的一种船舶保险。

(三)按船舶保险的期限不同分类

按船舶保险的期限不同分类,船舶保险分为船舶定期保险、船舶航次保险。

1. 船舶定期保险

船舶定期保险是指船舶保险的期限确定为一个固定时期,通常为一年,大多数船舶保险为定期保险。

2. 船舶航次保险

船舶航次保险是指船舶保险的期限以一个航次计算。船舶航次保险的期限因船舶是否载有货物而略不同:不载货船舶,自起运港解缆或起锚时开始至目的港抛锚或系缆完毕时终止;载货船舶,自起运港装货时开始至目的港卸货完毕时终止,但自船舶抵达目的港当日午夜零点起最多不超过 30 天。

(四)按保险对象的不同分类

(1)"船舶保险条款(2009 版)",用于从事涉外运输的船舶投保。
(2)"沿海内河船舶保险条款(2009 版)",用于从事沿海内河运输的船舶投保。
(3)"船舶建造保险条款(2009 版)",用于从事造船建造过程中的船舶投保。
(4)"沿海内河渔船保险条款(2009 版)",用于从事捕鱼的船舶投保。

三、船舶的保险价值和保险金额

(一)船舶的保险价值

船舶的保险价值(Insurable Value of Ship)是指船舶保险合同双方当事人即船舶所有人和保险人约定的船舶的价值。船舶的保险价值是确定船舶保险金额的依据,同时又是保险人确定保险赔偿的基础,发生保险事故后,保险人对保险标的本身赔偿的最高限额为船舶的保险价值。

船舶的保险价值应是船舶所应有的实际价值,船舶的实际价值受国际航运市场影响而变化不定。船舶的价值有建造价、合同价、账面价、市场价等,很难精确。所以,船舶的保险价值一般是由保险人与被保险人双方议定并在保险单中注明。我国《海商法》也规定,保险标的的保险价值由保险人与被保险人约定。约定的船舶价值订立在船舶保险合同中,构成船舶的保险价值。

如果保险双方当事人对船舶的保险价值未做约定时,根据我国《海商法》的规定,船舶的保险价值应是保险责任开始时船舶的价值,包括船壳、机器、设备的价值,以及船上燃料、物料、索具、给养、淡水的价值和保险费的总和。

(二)船舶的保险金额

船舶的保险金额是指保险人对保险标的承担赔偿责任的最高限额。船舶的保险金额根据船舶的保险价值确定,不能高过船舶的保险价值,但可以低于船舶的保险价值。对于船舶的保险金额超出船舶的保险价值的部分,保险人不予赔偿。船舶的保险价值与船舶的保险金额一致,为足额保险或全额保险;船舶的保险金额低于船舶的保险价值为不足额保险,被保险人要自负一部分风险。在保险标的发生部分损失时,保险人按照船舶的保险金额与船舶的保险价值的比例负赔偿责任。

四、船舶保险承保业务手续

作为被保险人的船舶所有人在办理船舶投保时,应当仔细阅读船舶保险条款中规定的责任范围、索赔和赔偿手续,同时要特别关注被保险人义务以及保险人除外责任部分的内容,在确定投保并与保险公司商定好有关的保险条件后,填写"船舶保险投保单"。

根据船舶保险实务的有关规定,船舶所有人还应向保险公司提供所投保船舶的相关证书供保险人参考。对于国际航行船舶,相关证书包括:国际吨位证书、国际载重线证书、客船安全证书、货船构造安全证书、货船设备安全证书、国际防止油污染证书、国际散装运输危险化学品适装证书、国际散装运输液化气体适装证书、苏伊士运河专用吨位证书、巴拿马运河吨位证书、船舶国籍证书、船体入级证书、轮机入级证书、冷藏装置入级证书等。对于国内航行船舶,相关证书包括:船舶吨位证书、船舶载重线证书、乘客定额证书、防止油污证书、船舶适航证书、船舶起重设备检验和试验证书、活动零部件检验和试验证书等。

根据最大诚信原则,保险双方均须履行如实告知的义务,所以船舶所有人应主动向保险公司披露有关重要信息,如船舶管理和经营情况、船舶和船员的实际情况、船舶是否出租抵押等。

投保手续办理完毕后,保险公司为被保险人出具保险单。按保险条款的规定,全部保险费应在承保时付清。如保险人同意,保险费也可分期交付。收到船舶保单后,被保险人应妥善保管,以便作为续保或索赔时的凭证。

国内使用的船舶保险投保单如表4-1所示。

表4-1　国内使用的船舶保险投保单

投保单编号(No.　　)

被保险人 The Insured		组织机构代码 Organization and Agencie Code		
投保人 Applicant		管理公司 Manager		
地址 Address		电话/传真 Telephone/Fax		
拥有船舶数量 Quantity of Vessels	船舶种类 Type of Vessels	平均船龄 Average Age		船舶总价值 Total Sum

续表

经营航线和从事航运业的时间 Operating Limits & Period of Operating this Business			
船名 Name		原船名 Former Name	
船舶种类 Type	船级 Class	登记港/船旗国 Registry Port/Flag	
建造时间、地点 When & Where Built		改造时间、地点 When & Where Reconstructed	
总吨 GT		载重吨 DWT	
保险金额 Sum Insured		船舶价值 Hull Value	
航行区域 Trading Limits		购置时间 When Purchased	
船长资格及船员数量、来源 Qualification of Master/Crew			
是否有受押人（如有,请填写抵押金额） Mortgagee/Amount of Mortgage			

上年度 承保情况 Present Coverage	保险人 Insurers	保险条件 Conditions	净费率 Net Premium	免赔额 Deductible

前三年出险记录及平均赔付率（Loss Records & Average Loss Ratio in Last Three Years）	
投保条件 Coverage & Clauses	
保险期间 Insured Period	
备注 Remark	

保险人（保险公司）提示

　　请您仔细阅读保险条款,尤其是黑体字标注部分的条款内容,并听取保险公司业务人员的说明,如对保险公司业务人员的说明不明白或有异议的,请在填写本投保单之前向保险公司业务人员进行询问,如未询问,视同已经对条款内容完全理解并无异议。

投保人声明

　　投保人及被保险人兹声明所填上述内容（包括投保单及投保附件）属实。

　　本人已经收悉并仔细阅读保险条款,尤其是黑体字部分的条款内容,并对保险公司就保险条款内容的说明和提示完全理解,没有异议,申请投保。

投保人签章：　　　　　　　　　　　　　投保日期：　　年　　月　　日

第二节 我国远洋船舶保险条款

我国远洋船舶保险合同使用的是中人保制定的船舶保险条款(2009版),该条款将船舶全损险和一切险、船舶定期保险和航程保险都并在一起罗列,使用中要加以明确承保何种险别,以及保险期间等。"船舶保险条款(2009版)"的保险标的船舶概念包括其船壳、救生艇、机器、设备、仪器、索具、燃料和物料。

一、船舶保险全损险的承保范围

我国船舶全损险采用列明风险的形式,保险人承保由下列原因造成的被保险船舶的全损。对于部分损失,保险人是不予赔偿的。但对于施救费用,尽管保险单上未列明承保,依照我国《海商法》的规定,保险人应当给予赔偿。

(一)地震、火山爆发、闪电或其他自然灾害

自然灾害,一般是指不以人类的意志为转移的自然界破坏力量所造成的灾害。除了所列出的地震、火山爆发、闪电以外,像海上航行中可能遇到的恶劣天气、海啸和洪水等皆可归于自然灾害。另外,这些危险并不局限于海上。

(二)搁浅、碰撞、触碰任何固定或浮动物体或者其他物体或其他海上灾害

它主要是指因意外事故,如船舶搁浅、碰撞、触礁、沉没、失踪、火灾、爆炸造成的船舶全损事故。搁浅是指船舶与水底发生意外的接触,而且停留在水底一段时间。搁浅不包括擦浅、坐浅和抢滩。碰撞这里显然是指船舶之间发生接触,不包括间接碰撞。触碰是指与非船舶的物体之间发生的接触,如被保险船舶与码头、浮吊、浮冰、灯标、礁石等的接触。对于物体的理解范围应是所有与船舶发生接触的物质。

国内有案例表明,某船投保船舶保险,在航途中吸入漂浮物(芦苇、竹竿、绳索),造成主机损坏,属承保范围,保险人应予赔偿。

海上灾害又称海难,是指海上的偶然或意外事故,不包括一般风浪所致。海难包括前面所述的搁浅、碰撞、触碰以及其他类似的意外事故。

(三)火灾或爆炸

火灾是指在时间上和空间上物体异常性燃烧所造成的损失。爆炸是指物体在瞬间发生大量能量的现象造成的损失。火灾和爆炸有时很难区分,所以并列在一起,无须区分损失到底是火灾引起的还是爆炸引起的。

(四)来自船外的暴力盗窃或海盗行为

盗窃必须是来自外界的行为,不包括内部的盗窃。盗窃还必须要有暴力行为,它的构成不要求对人实际实施暴力,对物实施或对人相威胁就足够。因此,此处盗窃的含义比较狭窄,不包括船员的秘密行窃、小偷小摸。在英国,暴力盗窃覆盖强行闯入船舶或仓库并偷窃财产的情形以及持刀的盗贼在实际偷盗船上设备和备料时未使用暴力的情形。

【知识拓展】

海盗行为的典型特点是为了私人的利益,采取暴力行动对船舶进行掠夺、抢劫和破坏。1998年8月中旬,中国香港船务公司"长胜"号在上海驶往马来西亚途中,经过广东汕尾海域遭到海盗袭击,23名中国船员遭杀害。船被海盗以35万美元卖掉。2008年11月18日,沙特阿拉伯巨型油船"天狼星"号被劫持,船上共有25名船员,分别来自克罗地亚、英国、沙特、菲律宾和波兰等国。船上共载有200万桶石油,是迄今为止索马里海盗劫持的最大船只。2009年10月19日16时35分,载有25名中国船员的中国籍散货船"德新海"号在印度洋被索马里海盗武装劫持。有关研究表明,海盗袭击每年给全球航运业造成70亿~120亿美元损失,其中包括赎金和安保险费用等,海盗问题已经成为航运业界及世界各国所面对的最头痛问题之一。

(五)抛弃货物

抛弃货物常常是指为了船舶和货物的安全而不得不抛弃一部分货物。例如,因抛货使船舶失去稳定性而倾覆沉没,并构成实际全损或推定全损。注意我国船舶保险中文版仅指抛弃货物造成的被保险船舶的损失,而我国船舶保险英文版使用的英文词为"Jettison",该词的含义,不仅指抛弃货物,而且包括抛弃船上的财产、物料、索具等。

(六)核装置或核反应堆发生的故障或意外事故

核装置或核反应堆是指船舶航行所使用的非军用的核动力发生的故障或意外事故。它主要是为了适应航海科学技术的发展,满足船舶对这一方面风险保险保障的需要而设计的。

(七)下列原因所造成的被保险船舶的全损①

(1)装卸或移动货物或者燃料时发生的意外事故。

(2)船舶机件或船壳的潜在缺陷。

潜在缺陷是指经合理、谨慎的专业人员检查仍不能发现的缺陷。保险人承保的是潜在缺陷造成的其他部件的损失,不包括有潜在缺陷的部件本身的修理或更换费用。

(3)船长或船员有意损害被保险人的利益的行为。

(4)船长或船员和引航员、修船人员及租船人的疏忽行为。

(5)任何政府当局为防止或减轻因承保风险造成被保险船舶损坏引起的污染,所采取的行动。该条款的规定起源于1967年,"托利-坎埔"号油船在英格兰附近搁浅,造成严重污染,10万多吨油流入海中。本来可以救助,但英、法两国政府不容许再打捞,派飞机炸沉。为此,如果遇到沿岸国为了防止或减少污染,将船炸掉,根据本条款被保险人可以向保险人索取赔偿,而非依据船舶战争险赔偿。

二、船舶保险一切险的承保范围

船舶保险一切险(All Risks Cover)从其冠名上看似乎是采用非列明风险的方式,但实际上和全损险一样,采用列明风险的形式。一切险条款规定,本保险承保全损险所承保原因造成被保险船舶的全损和部分损失,以及碰撞责任,共同海损分摊、救助费用和施救费用。由此看来,一切险在承保全损险责任范围内的基础上,扩展到承保船舶部分损失、碰撞责任、共同海损分

---

① 损失原因必须不是由于被保险人、船东或管理人员未恪尽职责所致的。

摊、救助费用和施救费用。

（一）碰撞责任

1. 碰撞责任的概念

碰撞责任（Collision Liabilities）是指被保险船舶与其他船舶碰撞或触碰任何固定的、浮动的物体或其他物体而引起被保险人应负的法律赔偿责任。保险人承保的是被保险船舶与他船或物体之间发生接触，依法对由此造成对方的损失所应负的赔偿责任。简而言之，保险人替被保险人承担碰撞责任。

2. 保险人的除外责任

在碰撞责任项下，保险人不是所有的责任都承担，也规定下列不予负责的项目：

（1）人身伤亡或疾病；

（2）被保险船舶所载的货物或财物或者其所承诺的责任；

（3）清除障碍物、残骸、货物或任何其他物品；

（4）任何财产或物体的污染或者沾污，但与被保险船舶发生碰撞的他船或其所载财产的污染或者沾污不在此限；

（5）任何固定的、浮动的物体以及其他物体的延迟或丧失使用的间接费用。

【案例佐证】

被保险人所承保的船舶在航行中因船舶失控触碰船台，造成船台滑道损坏。为此，被保险人对船厂的船台滑道修复工程所发生的各种费用以及船台滑道不能正常使用所产生的合理的收益损失承担赔偿责任。仲裁庭认为：根据保险人签发的船舶保险单所依据的 PICC（1/1/1986）船舶保险条款一切险条款的规定，在"碰撞责任"条款下，该保险对任何固定的、浮动的物体以及其他物体的迟延或丧失使用的间接费用不负责赔偿。由于船台滑道不能正常使用所产生的合理的收益损失正属于迟延或丧失使用的间接费用的范畴，因此，对于船台滑道的迟延或丧失使用的间接费用不在保险公司的承保范围之内。保险人的保险赔付责任仅为船台滑道修复工程所发生的各种费用。

3. 保险人赔偿限额

该条款规定，本条项下保险人的责任（包括法律费用）是本保险其他条款项下责任的增加部分，但对每次碰撞所负的责任不得超过船舶的保险金额。保险人承担的碰撞责任赔偿金额以船舶保险金额的数额为限，不能超过船舶的保险金额，对于超过的部分，保险人是不赔的。另外保险人对碰撞责任的赔偿与对被保险船舶本身损失的赔偿是分别计算的，单独按一个保额计算。

4. 与英国船舶保险碰撞责任的区别

英国船舶保险碰撞责任仅限于船与船之间，我国船舶保险碰撞责任范围较广，并不局限于船舶之间的碰撞；英国船舶保险碰撞责任为 3/4 责任，我国船舶保险碰撞责任为 4/4 责任；英国船舶保险碰撞责任最高额为船舶保险金额的 3/4，我国船舶保险碰撞责任最高额为被保险船舶保险金额的 4/4。

5. 碰撞责任赔偿原则

条款规定，当被保险船舶与其他船舶碰撞双方均有过失时，除一方或双方船东责任受法律限制外，本条项下的赔偿应按交叉责任的原则计算。

保险人对船舶碰撞责任的赔偿有单一责任原则和交叉责任原则。单一责任原则是指碰撞双方按各自的过失比例计算出应向对方支付的赔款后进行冲抵,由多付的一方向另一方支付余额。保险人仅承担被保险人向对方支付的实际金额。交叉责任原则是指碰撞双方按各自的过失比例相互赔偿对方的损失。前者有利于保险人,后者有利于被保险人。

6.间接碰撞是否属于碰撞责任范围

船舶碰撞责任条款对船舶碰撞的具体含义并未做明确说明,海上保险实务中往往对被保险船舶与他船之间发生的"间接碰撞"引起的被保险船舶对他船所负的法律赔偿责任是否属于保险人的承保范围发生争议。保险人认为船舶保险中的船舶碰撞责任不包括船舶间接碰撞,保险人只承保由于船舶实际接触引起的碰撞责任;被保险人船方则认为船舶碰撞责任应当包括船舶间接碰撞,保险人应给予赔偿。

【案例佐证】

巴拿马浮山航运有限公司与青岛人保船舶保险纠纷案。原告为 F 船投保船舶保险条款的一切险。船舶保险价值与保险金额均为 100 万美元,免赔额为 2 500 美元。该船在青岛港与由主航道进入的 S 船相遇。两船在避让过程中,S 船为避免与 F 船直接碰撞而搁浅。S 船船东在新加坡告 F 船船东,最后 F 船船东赔偿 S 船船东 35 万美元,并为此花费律师费和咨询费共 177 739.81 新加坡元。这些费用和 35 万美元是否应该属于碰撞责任,双方发生争执,就此诉至法院。

海事法院认为:我国《海商法》已把间接碰撞纳入了船舶碰撞的范围之内,且保险人并未给船舶碰撞下一个明确定义,也没有在免责条款中列明间接碰撞属免责范围,以至发生争执,根据我国《保险法》的规定,应做出有利于被保险人的解释,故本案的间接碰撞应属保险人的保险责任范围之内。原告要求被告赔偿其已支付给 S 船船东的间接碰撞损失的诉讼请求,理由正当,证据充分,应予支持,但应扣除免赔额 2 500 美元;对于律师费和咨询费不予支持。双方均不服判决,上诉至山东省高级人民法院。该法院经审理认为一审法院关于认定船舶碰撞应当包括间接碰撞,符合我国法律和司法解释的规定,也与国际公约吻合,因而是正确的。律师费 144 322.77 新加坡元应认定为法律费用,属于保险人的承保范围;咨询费不是必要的法律费用,不应由保险人承担。

【案例佐证】

广州救捞局与广东人保的"德跃"号保险纠纷案。该船保险价值与保险金额均为 550 万美元,承保船舶保险条款的一切险。期限为一年,绝对免赔额为每次意外事故 5 000 美元。"德跃"号在一次拖带一艘驳船过程中,由于风浪较大,被拖船与一艘停泊在锚地的船舶碰撞,造成他船受损。他船向广州救捞局提出书面索赔。广州救捞局认为保险人应承担保险责任,保险人认为不属于保险责任范围。双方就此诉至法院。

海事法院认为:这种责任不属于船舶保险条款列明的保险责任,不应由保险公司承担。

二审法院认为:保险公司在一切险中承担的船舶碰撞责任之一是因被保险船舶与其他船舶碰撞而引起的被保险人应负的法律责任。被保险的船舶是"德跃"号,而不是驳船,将其与他船发生碰撞视为被保险船舶本身与他船碰撞不符合保险合同的约定,也缺乏法律上的依据。驳回上诉,维持原判。

(二)共同海损和救助

(1)本保险负责赔偿被保险船舶的共同海损和救助(General Average and Salvage)、救助费用的分摊部分。被保险船舶发生共同海损牺牲,被保险人可获得对这种损失的全部赔偿,而无须先行使向其他各方索取分摊的权利。费用则待等到理算后,保险人才予赔偿被保险人的分摊部分。

（2）共同海损的理算应按有关合同规定或适用的法律或惯例理算。如运输合同无此规定,应按北京理算规则或其他类似规则办理。

（3）当所有分摊方均为被保险人或当被保险船舶空载航行并无其他分摊利益方时,共损理算应按北京理算规则或明文同意的类似规则办理,如同各分摊方不属同一人一样。

根据本条的规定,船舶在空载航行时可以向保险人主张空船共损。

【案例佐证】

太安船务有限公司与中人保大连分公司船舶空载共损保险索赔纠纷案。

巴拿马籍"金路"船投保船舶一切险。该船从仁川空载起航,去青岛受载途中发生机损事故,主机自动停车,失去了航行能力,被拖救至大连港修船。船舶将修竣时,被保险人与货主联系去青岛履行原定航次,被拒绝后,与他人签订了新的运输合同。

本次机损事故共造成救助费 14 万元人民币,修理费用 303 446 元人民币,备件款 10 517德国马克,合计 58 615.58 美元,保险人给予赔偿。但对于船员工资、给养、奖金、船舶燃料费、淡水费、港口费及试航拖船费,以及被保险人支付的修船工人的就餐费等,保险人拒绝赔偿。

大连海事法院审理认为,保险合同有效,船舶在大连港修理产生的有关费用应列入共同海损的请求应予支持。被告赔偿原告 50 942.03 美元,合计 127 524.67 元人民币。

被告上诉,二审法院判决,驳回上诉,维持原判。被告又提出申诉,最高人民法院要二审法院复查,裁定,原判决应予维持。

（三）施救

施救(Sue and Labor)是指保险公司为了鼓励船舶在遭受危险时,被保险人对其进行自救或采取措施,以避免造成更大的损失,对由此发生的费用给予赔偿。

1. 承保范围

由于承保风险造成船舶损失或船舶处于危险之中,被保险人为防止或减少根据本保险可以得到的赔偿的损失而付出的合理费用,保险人应予以赔偿。

2. 赔偿限额

保险人对于施救费用的赔偿责任以被保险船舶保险金额为限,不得超过船舶的保险金额。保险人对施救费用的赔偿不受碰撞责任的赔偿、共同海损与船舶损失的赔偿限制,应分别计算,单独按一个保额计算。

三、船舶保险的除外责任

船舶保险人对于以下原因造成的被保险船舶的损坏不负责任:

（1）被保险船舶不适航,包括人员配备不当、装备或装载不妥,但以被保险人在船舶开航时,知道或应该知道此种不适航为限。

我国《海商法》对于船舶适航做出了具体的规定,船东必须提供适航船舶,如果船舶不适航,对造成的货损要负赔偿责任。海上保险对船舶适航的要求比我国《海商法》的规定要松一些,以被保险人船东是否知道或应该知道这一事实为条件。被保险人知道船舶不适航,保险人不赔偿由此造成的损失;被保险人不知道船舶不适航,保险人要赔偿由此造成的损失。

所谓知道,是指被保险人对于船舶在开航时的不适航已经知道,却处于视而不管、听而不动,或者明知故犯的行为,如录用不合格船员。所谓应该知道,是指被保险人不知道船舶不适航,但推定他应当知道,如船舶适航证书到期未换。

举例:某船在航行途中因船壳板锈蚀被风浪打洞进水,船上所装化工品受潮爆炸造成失火,船舶全损。船壳板锈蚀的事实,在开航前被保险人并不知情。船舶保险人也无有利证据肯定被保险人故意不知,于是按全损赔偿。

再例如,船舶主机有问题,船长向船技处汇报。为了抓船期,船技处决定半个月返航后再与期修并在一起修理。船舶出海后发生故障,主机烧坏,船舶被拖至安全港口,花费 50 000 美元,保险公司不赔偿由此引起的损失,因为这是船东知道船舶不适航造成的。

(2)被保险人及其代表的疏忽或故意行为。被保险人一般是指船东,在航运经营活动中具有法人身份的船公司。公司中的业务主管,如航运、商务、调度、海监和船技部门的行为都可被视为被保险人的行为。代表包括船东的管理公司或者船东派出的人员。对于他们的疏忽或故意行为造成的被保险船舶的损坏,保险人不负赔偿责任。疏忽应从严解释为重大过失,而不是一般过失。

注意被保险人及其代表的疏忽或故意行为不能与船长、船员的疏忽或故意行为混为一谈。例如,船舶主机有问题,船长未向船公司汇报,船长为了赶时间命令船舶开航,船舶出海后发生故障,主机烧坏,船舶被拖至安全港口,花费 50 000 美元,保险公司要赔偿由此引起的损失,因为船东不知道船舶不适航,这是船长的过失造成的。

被保险人为了骗取保险赔偿而沉船的行为是保险诈骗,保险人不予赔偿。例如,1996 年 4 月《中国保险报》报道"永顺祥一"号船沉船保险骗赔案,该船在保险期间在海上沉没,船员被救起,并称船体因触碰水下不明漂浮物而沉没。二审法院经过审理发现是被保险人指使船员将船舶凿沉,向保险公司骗赔。法院判决驳回原告的诉讼请求。

(3)被保险人恪尽职责应予发现的正常磨损、锈蚀、腐烂或保养不周,或者材料缺陷,包括不良状态部件的更换或修理。

正常的耗损和维修费用不属于承保范围。英国有一案例,一艘有五十年船龄的船舶,停泊在港区时突然沉没。船员都不在船上,沉船原因不清。保险人拒绝赔偿,法院判定该船沉没应属于正常磨损,犹如人的老死一样,所以保险人无须赔偿。

对潜在缺陷造成的其他部件的损失,保险人负责赔偿,但不包括有潜在缺陷部件本身的更换或修理费用。

(4)战争、内战、革命、叛乱或由此引起的内乱或敌对行为。

(5)捕获、扣押、扣留、羁押、没收或封锁。

(6)各种战争武器,包括水雷、鱼雷、炸弹、原子弹、氢弹。

(7)罢工、被迫停工或其他类似事件。

(8)民变、暴动或其他类似事件。

(9)任何人怀有政治动机的恶意行为。

(10)保险船舶被征用或被征购。

第(4)项~第(10)项原属于战争和罢工险条款承保和除外的责任范围,为了加以明确,避免混淆,在此一一列出,表明船舶保险条款不予承保上述原因导致的船舶损坏。

四、船舶保险的免赔额

为了消除小额损失索赔的麻烦,节省理赔费用,降低保险费率,促使被保险人注意对船舶的保护和防损,船舶保险合同中一般都规定一定数额的免赔额(Deductible)。保险人对于免赔额以下的损失,尽管在保险人的承保范围,保险人根据规定也不予赔偿。

（一）免赔额的分类

免赔额分为两种形式:一种是绝对免赔额;另一种是相对免赔额。

绝对免赔额是指船舶保险合同规定的船舶损失金额在一定限度内均由被保险人自己负责,保险人不承担赔偿责任的额度。绝对免赔额是保险人承担赔偿责任的最低限额,保险人只负责超过免赔额之上且在赔偿限额之内的赔偿金额。

相对免赔额是指船舶保险合同规定的船舶损失金额在一定限度内保险人有条件地承担赔偿责任的额度。在被保险船舶发生损失时,如果损失金额达到规定的额度,则保险人对全部损失承担赔偿责任,不做扣除;如果损失金额未达到规定的额度,则保险人对损失不予赔偿。

（二）免赔额的适用范围

保险人对承保风险所致的部分损失赔偿,每次事故要扣除保险单规定的免赔额。保险人对碰撞责任、救助、共同海损和施救费用的索赔以及船舶全损的索赔,不能扣除免赔额,除非合同另有规定。船舶因搁浅而专为检查船底的费用,也不受免赔额的限制,即使检查后证实不存在搁浅损害。恶劣气候造成两个连续港口之间单独航程的损失索赔应视为一次意外事故,仅扣一次免赔额。

五、船舶保险海运条款

船舶保险海运条款(Shipping Clause)主要是对被保险船舶的航海经营活动范围做出一定限制,避免加大保险人的承保风险责任。本条规定,除非事先征得保险人的同意并接受修改后的承保条件所需加付的保险费,否则,保险人对下列情况所造成的损失和责任均不负责。

（一）被保险船舶从事拖带或救助服务

对于本项的理解,不能简单地认为在任何情况下,被保险船舶都不得从事拖带或救助服务,应仅适用事先安排好的拖带或救助服务。在海上航行中,对遭受危险的船舶和人员都应当进行救助,这是一项国际航运界公认的行为准则。保险人无理由不允许被保险船舶从事这方面的救助。

（二）被保险船舶与他船(非港口或沿海使用的小船)在海上直接装卸货物,包括驶近、靠泊和离开

船舶在通常情况下装卸货物是在码头或港内浮筒上进行的,如果在海上装卸货物,则发生事故的可能性要大于在港内装卸,给保险人加大承保风险,所以保险人做出不允许被保险船舶与其他船在海上直接装卸货物的规定,除非事先征得保险人的同意。

（三）保险船舶为拆船或为拆船出售目的的航行

如果被保险船舶下一个航行的目的是拆船,其船东和船员都会放松对船舶技术状况的监管,船舶抵御海上风险的能力大大降低,发生的危险可能性大,保险人为此规定被保险船舶作为拆船或为拆船出售目的的航行造成的损失不负责任。

【案例佐证】

美国陈氏公司与中国太平洋保险公司上海分公司船舶保险合同纠纷案。原告就"加拿大丰收"号投保船舶航次保险,从加拿大蒙特利尔到中国。保险价值和保险金额为 1 249 600 美

元,保险费率为 2.1%,保险费为 26 241.60 美元。该船由拖船拖带,在加拿大外海遭遇大浪,造成全损。

上海海事法院认为:被保险船舶用于拆解,被保险人没有告知保险人,不但违反合同约定,而且违反法律的规定。由于用于拆解的船舶对保险事故的发生有重要影响,因而不管原告是否故意不告知,被告均有权解除合同并不承担保险赔偿责任。原告称其已在被告公司投保用于拆解的废旧船舶多次,本案船舶投保时被告实际也了解该船是用来拆解的废旧船,并由此收取了高额保险费,缺乏证据支持。

六、船舶保险期限

船舶保险期限(Period of Insurance)分为定期保险和航次保险,我国船舶保险条款对比分别做出规定。

(一)定期保险

船舶保险通常都是以定期保险(Time Insurance)形式来投保的,因此定期保险是船舶保险期限的主要形式。定期保险的期限通常为一年,起止日期在保单上载明,一般精确到分钟。

如果被保险船舶在保险期限到期时,船舶仍在海上或在海上正遭遇危险,被保险人只要事先通知保险人并加付保险费后,保险继续有效,负责到船舶抵达目的港。如果船舶在加保期间发生全损,保险人负责给予赔偿,但被保险人要加付 6 个月的保险费。

(二)航次保险

航次保险(Voyage Insurance)以被保险船舶是否载货为标准,又分为两种期限:
(1)不载货船舶,自起运港解缆或起锚时开始至目的港抛锚或系缆完毕时终止。
(2)载货船舶,自起运港装货时开始至目的港卸货完毕时终止,但自船舶抵达目的港当日午夜零点起最多不超过 30 天。

七、保险终止

对于船舶保险合同的终止(Termination),船舶保险条款做出以下规定:
(1)一旦被保险船舶按全损赔付后,本保险自动终止。
(2)当船舶的船级社变更或船舶等级变动、注销或撤回,或船舶所有权或者船旗改变,或转让给新的管理部门,或光租出租,或被征用,除非事先征得保险人的同意,本保险应自动终止。但船舶有货载或正在海上时,经要求,可延迟到船舶抵达下一个港口或最后卸货港或目的港。
(3)当货物、航程、航行区域、拖带、救助工作或开航日期方面有违背保险单条款规定时,被保险人在接到消息后,应立即通知保险人并同意接受修改后的承保条件所需加付的保险费,本保险继续有效,否则,本保险应自动终止。

八、保险费与退费

船舶保险条款分别就保险费的交费和退费(Premium and Returns)做出规定。

(一)定期保险

1. 交费

船舶保险条款规定,全部保险费应在承保时付清,如果保险人同意,保险费也可分期付清。但被保险船舶在承保期限内发生全损时,未交付的保险费要立即付清。

2. 退费

本保险在下列情况下可以办理退费:

(1)被保险船舶退保或保险终止时,保险费应自保险终止日起,可按净保险费的日比例计算退还给被保险人。

(2)被保险船舶无论是否在船厂修理或装卸货物,在保险人同意的港口或区域内停泊超过30天时,停泊期间的保险费按净保险费的日比例的50%计算,但本款不适用船舶发生全损。如果本款超过30天的停泊期分属两张同一保险人的连续保单,停泊退费应按两张保单所承保的天数分别计算。

(二)航次保险

航次保险自保险责任开始一律不办理退保和退费。

九、被保险人的义务

根据保险条款,被保险人的义务(Duty of Insured)如下。

(1)通知和施救的义务如下:

①被保险人一经获悉被保险船舶发生事故或遭受损失,应在48小时内通知保险人,如船在国外,应立即通知最近的保险代理人。

②采取一切合理措施避免或减少承保的损失。

(2)被保险人向保险人请求赔偿时,应及时提交保险单正本、港监签证、航海(行)日志、轮机日志、海事报告、船舶法定检验证书、船舶入籍证书、船舶营运证书、船员证书(副本)、运输合同载货记录、事故责任调解书、裁决书、损失清单以及其他被保险人所能提供的与确认保险事故的性质、原因、损失程度等有关的证明和资料。

被保险人向保险人请求赔偿并提供理赔所需资料后,保险人在60天内进行核定。对属于保险责任的,保险人在与被保险人达成赔偿或给付保险金的协议后10天内履行赔偿义务。

被保险人未履行前款约定的单证提供义务,导致保险人无法核实损失情况的,保险人对无法核实的部分不承担赔偿责任。

(3)被保险人或保险人为避免或者减少本保险承保的损失而采取措施,不应视为对委付的放弃或接受,或者对双方任何其他权利的损害。

(4)被保险人与有关方面确定保险船舶应负的责任和费用时,应事先征得保险人的同意。

(5)保险船舶发生保险责任范围内的损失应由第三者负责赔偿的,被保险人应向第三者索赔。如果第三者不予支付,被保险人应采取必要措施保护诉讼时效;保险人根据被保险人提出的书面赔偿请求,按照保险合同予以赔偿,同时被保险人必须依法将向第三者追偿的权利转让给保险人,并协助保险人向第三者追偿。未经保险人同意放弃向第三人要求赔偿的权利,或者由于被保险人的过失造成保险人代位求偿权益受到损害,保险人可相应扣减赔款。

十、招标

招标(Tender)是指船舶在发生事故后需要修理时,被保险人就船舶修理事宜向几家修船厂发出投标邀请书,邀请其在规定的时间、地点按照一定的程序进行投标的行为。由于保险人和被保险人站的角度不同,所关心的问题是不一样的,所以保险条款需要对招标事宜做出规定。

(一)被保险人在船舶修理时,要像一个精打细算未投保的船东一样进行招标

由于船舶已经保了险,修理费用由保险人承担,被保险人在选择修理厂时不会考虑修理费用,只关心能否尽快完成修理,以减少营运损失,因为对于船期损失保险人是不承担的。因此,保险人要求被保险人船舶修理时,要像一个精打细算未投保的船东一样进行招标。

(二)保险人也可对船舶的修理进行招标或要求再次招标

根据船舶保险条款的规定,保险人也可对船舶的修理进行招标或要求再次招标。保险人对被保险人按保险人的要求而发出招标通知书日起至接受投标日止所支付的燃料、物料及船长、船员的工资和给养给予补偿。但此种赔偿不得超过船舶当年保险价值的30%。

(三)保险人的否决权

被保险人可以决定受损船舶的修理地点,如被保险人未像一个精打细算未投保的船东那样行事,保险人有权对船东决定的修理地点或修理厂商行使否决权或者从赔额中扣除由此增加的任何费用。

十一、索赔与赔偿

(一)索赔

保险事故发生时,被保险人对保险标的不具有保险利益的,不得向保险人请求赔偿保险金。

(二)全损

(1)保险船舶发生完全毁损或者严重损坏不能恢复原状,或被保险人不可避免地丧失该船舶,作为实际全损,按保险金额赔偿。

(2)保险船舶在预计到达目的港日期,超过两个月尚未得到它的行踪消息视为实际全损,按保险金额赔偿。

(3)当保险船舶实际全损似已不能避免,或者恢复、修理、救助的费用或这些费用的总和超过保险价值时,在向保险人发出委付通知后,可视为推定全损,不论保险人是否接受委付,按保险金额赔偿。如保险人接受了委付,则本保险标的归保险人所有。

(三)部分损失

(1)以新换旧不做扣减。

(2)船底的除锈或喷漆的索赔不予负责,除非与海损修理直接有关。

(3)船东为使船舶适航做必要的修理或通常进入干船坞时,被保险船舶也需就所承保的损坏进坞修理、进出船坞和船坞的使用时间费用应平均分配。

如船舶仅为所承保的损坏必须进坞修理时,被保险人于船舶在坞期间进行检验或其他修理工作,只要被保险人的修理工作不曾延长被保险船舶在坞时间或增加任何其他船坞的使用

费用,保险人就不得扣减其应支付的船坞使用费用。

(4)被保险人为获取和提供资料与文件所花费的时间和劳务,以及被保险人委派或以其名义行事的任何经理、代理人、管理或代理公司等的佣金或费用,保险人均不给予补偿,除非经保险人同意。

(5)凡保险金额低于约定价值或低于共同海损或救助费用的分摊金额时,保险人对承保损失和费用的赔偿,按保险金额在约定价值或分摊金额所占的比例计算。

(6)被保险船舶由同一船东所有,或由同一管理机构经营的船舶之间发生碰撞或者接受救助,应视为第三方船舶,保险人给予负责。

十二、争议的处理

因履行保险合同发生的争议,由当事人协商解决。协商不成的,提交保险合同载明的仲裁机构仲裁;保险合同未载明仲裁机构且争议发生后未达成仲裁协议的,依法向有管辖权的法院起诉。

保险合同适用于中华人民共和国法律(不包括港、澳、台地区法规)。

十三、我国船舶战争与罢工险条款

我国船舶战争和罢工险条款(Hull War & Strikes Clauses)是船舶保险的附加险,不能单独投保。只有在投保了船舶保险基本险之一的基础上,经过投保人与保险人协商并经保险人同意后方可加保。船舶保险条款也适用于船舶战争和罢工险条款,但与船舶保险条款中的任何条文有抵触时,均以船舶战争和罢工险条款为准。

(一)责任范围

船舶战争和罢工险的责任范围(Scope of Cover):承保由于下列原因造成被保险船舶的损失、碰撞责任、共同海损和救助或施救费用。

(1)战争、内战、革命、叛乱或由此引起的内乱或敌对行为;

(2)捕获、扣押、扣留、羁押、没收或封锁,从发生之日起满六个月受理;

(3)各种战争武器,包括水雷、鱼雷、炸弹;

(4)罢工、被迫停工或其他类似事件;

(5)民变、暴动或其他类似事件;

(6)任何人怀有政治动机的恶意行为。

(二)除外责任

除外责任(Exclusions)的具体内容如下:

(1)原子弹、氢弹或其他核武器的爆炸;

(2)由被保险的船舶的船籍或登记国的政府或地方当局所采取的或者命令的捕获、扣押、羁押或没收;

(3)被征用或被征购;

(4)联合国安理会常任理事国之间爆发战争(不论宣战与否)。

(三)保险终止

保险终止(Termination)的具体内容如下。

1. 注销终止

保险人有权在任何时候发出注销通知,发出注销通知后七天期满时生效。

2. 自动终止

不论是否已发出注销通知,在下列情况下保险合同自动终止:

(1)任何原子弹、氢弹或核武器的敌对性爆炸发生;

(2)联合国安理会常任理事国之间爆发战争(不论宣战与否);

(3)船舶被征用或出售。

(四)承保原则

承保原则(General Conditions)的具体内容如下:

(1)本保险系附加险,船舶保险条款也适用本保险,不一致时,以本保险为准。

(2)被保险船舶如同时有其他保险,任何索赔应由其他保险负责时,本保险不负赔偿责任。

(3)如本保险由于船舶被征用或出售的原因终止时,净保险费可以按日比例退还给被保险人。本保险不办理停泊退费。

第三节　我国沿海内河船舶保险条款

我国沿海内河船舶保险不同于远洋运输的船舶保险,适用于中人保制定的沿海内河船舶保险条款(2009 版)。

一、沿海内河船舶保险的保险标的

保险条款首先对保险标的做出具体规定:本保险的保险标的是指在中华人民共和国境内合法登记注册,从事沿海、内河航行的船舶,包括船体、机器、设备、仪器和索具。船上燃料、物料、给养、淡水等财产和渔船不属于本保险标的范围。

(1)本保险的保险标的指在中华人民共和国境内水域,依照中国的法律、法规和主管部门的规章进行合法登记注册,从事合法营运或作业航行的船舶,包括海船、河船和其他可视为船舶的水上移动或浮动的装置。船舶包括船壳和按照国家及行政管理部门的有关规定应该配备的机器、设备、仪器和索具。但船上配备的燃料、物料、给养、淡水等不属于本保险标的范围。用于军事目的的船舶和渔业船舶不适用本保险条款。

(2)船体:指船舶骨架的总体。它包括船壳、龙骨、甲板、上层建筑等。

(3)机器:指用于船舶航行的动力机械。它包括主机、辅机、锅炉、轴承、泵和管系等。

(4)设备:指船舶按照船舶建造规范或规定安装的各类装置的总称。它包括用于船舶航行、通信、测量等的设备,用于装卸、消防、救生、导航等的装备,用于改善生产条件的装置(如空调、电视、冰箱等需特约承保),还包括舵、锚、子船。

(5)仪器:指用于船舶航行、通信、测量等各类仪器、仪表。

(6)索具:指用于船舶系泊、抛锚用的缆绳、铁索、锚链。

(7)船舶所有人:指依法对船舶享有占有、使用、收益和处分权利的人。

(8)船舶经营人:指依法对船舶享有使用、收益和管理的权利人。定期租船人和光船租赁人均视为船舶经营人。

(9)船舶管理人:指船公司法人授权委托对船舶的航运、船技、安监、调度等享有处分权利的人。

二、保险人的保险责任

本保险的险别分为全损险和一切险。根据保险双方约定的险别,保险人按保险单载明的内容及承保条件分别承担相应的保险责任。

(一)全损险

全损险是指被保险船舶发生保险责任范围内所列明的灾害或事故致使船舶全损时,保险人负责赔偿的一种保险。全损包括实际全损和推定全损。实际全损是指被保险船舶发生保险事故后完全灭失,或者受到严重损坏,完全失去原有形体、效用,或不能再归被保险人所拥有的,包括船舶失踪。推定全损是指被保险船舶发生保险事故后,认为实际全损已经不可避免,或者为避免发生实际全损所需支付的费用将要超过船舶的保险价值。由于下列原因造成保险船舶发生的全损,本保险负责赔偿。

1. 八级以上(含八级)大风、洪水、地震、海啸、雷击、崖崩、滑坡、泥石流、冰凌

八级以上(含八级)大风:指风力达到八级及八级以上(即风速在 17.2 米/秒及以上)的大风造成船舶的损失,但对于内河船舶的抗风能力定为六级(含六级,即风速在 10.8 米/秒及以上)。风力的确定,应以当地有关气象部门测定提供的资料为依据。

【案例佐证】

海南省 A 公司就其属下的 B 船向保险公司投保,按国内沿海内河船舶险条款投保一切险,保险价值及保险金额均是 300 万元。某年 10 月 24 日,B 船自湛江装载 866 t 水泥开往海口港过程中,在琼州海峡北进口处遭受大风袭击沉没。A 公司随即向保险公司报案,拟委托打捞公司打捞沉船和委托修理厂修理该船,费用高达人民币 370 万元,要求保险公司以推定全损赔付人民币 300 万元和相关利息。保险公司根据出事当天天气预报,确认事故当天没有八级大风,该船沉没事故应不属保险责任范围,因此决定拒赔此案。A 公司为此将保险公司起诉至当地海事法院,要求赔偿船舶保险赔偿款人民币 300 万元和相关利息。本案焦点是出事当时的天气,风力是否达到八级。原告 A 公司向法院提供了证明风力达八级的一系列证明,包括:海军某分队的气象观测记录及说明、风力证明及补充证明,南海舰队雷达气象观测原始数据记录。保险公司则向法院提供了证明风力未达八级证明,包括:海南省气象台天气预报、观测数据及天气实况数据,湛江气象台气象资料,国家海洋局南海预报中心海洋环境实况分析资料,广州中心气象台资料。

经审理、质询相关证据,并对气象证据进行多方调查后,一审法院认为气象预报是较大范围内的整体气象预报,不能代表具体海域的气象实况,预报气象状况不等于实际发生的气象状况。气象分析资料不是直接的实测记录,属于间接证据,其证明力小于直接实测的记录证明力。据此,一审法院采集了距离出事地点最近的海军某分队及南海舰队雷达站的气象观测数据,认定出险时琼州海峡东部及外罗门水道附近有局部风力达到阵风八级,风速为 17.3 米/秒。

洪水:指山洪暴发、江河泛滥、潮水上岸或暴雨积水造成船舶的损失。地震:指因地壳发生急剧的自然变化,而使海底或地面发生的震动造成船舶的损失。海啸:指由于地震、火山爆发

而引起海水长周期波动产生的巨浪和风暴造成船舶的损失。但核爆炸引起的海啸不属保险责任。雷击:指雷电在瞬间释放强大电流直接击中保险船舶引起的损失。崖崩:指石崖、土崖因自然风化、雨蚀而使崖石或土方突然崩裂、坍塌、移位、冲压直接造成保险船舶的损失。滑坡:指石崖、土崖因长期受自然或外界作用,致使覆盖上方的岩体或土体在重力的作用下突然整体向下移位并冲压船舶造成的损失。泥石流:指山地大量泥沙、松散堆积物、石块等随特大暴雨或大量冰雪融水流出突然形成的洪流造成船舶的损失。冰凌:指春季江河解冻期间产生的大量浮冰,阻塞水流,水位急剧上升造成船舶的损失。

2. 火灾、爆炸

火灾:指因意外原因导致物体表面温度持续达到或超过其燃点温度形成氧化反应,并发生在时间或空间上失去控制的燃烧所造成船舶的损失。爆炸:指物体在瞬间分解或燃烧时放出大量的热和气体,并以很大的压力向四周扩散的现象造成船舶的损失。爆炸分为物理性爆炸和化学反应性爆炸。物理性爆炸:指由于容器内部压力急剧增大并在瞬间超过容器所能承受的极限强度而产生的爆炸造成船舶的损失。但船舶主机、辅机内缸、轴等爆裂不属于保险责任。化学反应性爆炸:指物质在瞬间引起高速化学分解反应,形成大量高温气体并以巨大的压力向四周扩散的现象造成船舶的损失。

3. 碰撞、触碰

碰撞:指船舶在可航水域与其他船舶或与沉没中的船骸发生直接接触或者撞击而致使船舶造成的损害事实。浪损和间接碰撞不属于保险责任范围。保险船舶本船上的属具、设备、子船、货物、锚链、锚等与本船某一部位发生的撞击以及保险船舶的锚、锚链与他船、他物发生的接触,不属于本碰撞风险责任范围。触碰:指船舶在可航水域内与船舶以外的任何固定的、浮动的物体直接接触或撞击而致损害的事实。但本保险的触碰仅限于船舶与码头、港口设备、航标及钻井平台的直接接触或撞击。

4. 搁浅、触礁

搁浅:指船舶在航行或锚泊中遭受意外造成船舶底部与海底、河床或浅滩紧密接触,使之无法航行,处于静止或摇摆状态,并造成船舶损坏或停航12小时以上。但船舶为了避免碰撞或者由于其他原因,有意将船舶抢滩座浅受损不属于搁浅责任范围。触礁:指船舶在航行中发生撞击礁石或搁置在礁石上致使船舶受损的意外事故。

5. 由于上述承保的灾害或事故引起的船舶倾覆、沉没

保险船舶因本条款第(一)条第1~4款所列灾害或事故引起的船舶倾覆、沉没属于保险责任。凡未列入的原因引起的船舶倾覆、沉没,则不属于保险责任。倾覆:指船舶本身侧倾翻倒,不能恢复正常状态。沉没:指船舶由于舱内进水,失去浮力而致使最高一层连续甲板1/2以上浸没于水面之下或沉入水底,丧失其原设计用途。

6. 船舶失踪

船舶失踪:指船舶在航行期间内,未从被获知最后消息的地点抵达目的地,满六个月后仍没有获知其消息。船舶失踪视为实际全损,但必须具备下列条件:第一,船舶在航行中失踪;第二,船员和船舶同时失踪;第三,失踪满六个月以上。

(二) 一切险

一切险是相对于本条款中全损险而言的,是在本条款第一条全损险的保险责任基础上,有条件地扩大保险责任范围。在保险的赔偿责任方面,将全损险只负责船舶发生全损时才赔偿扩大

为船舶发生全损或部分损失时均予赔偿;在承保的风险方面,增加了保险船舶碰撞他船或触碰他物产生对第三者依法承担责任和保险船舶发生的共同海损、救助施救等费用损失的风险。

本保险承保第一条列举的六项原因所造成保险船舶的全损或部分损失以及所引起的下列责任和费用。

1. 碰撞、触碰责任

本公司承保的保险船舶在可航水域碰撞其他船舶或触碰码头、港口设施、航标,致使上述物体发生的直接损失和费用,包括被碰撞船舶上所载货物的直接损失,依法应当由被保险人承担的赔偿责任。本保险对每次碰撞、触碰责任仅负责赔偿金额的3/4,但在保险期限内一次或累计最高赔偿额以不超过保险金额为限。属于本船舶上的货物损失,本保险不负赔偿责任。非机动船舶不负碰撞、触碰责任,但保险船舶由本公司承保的拖船拖带时,可视为机动船舶。

碰撞、触碰责任指保险船舶在可航水域与其他船舶、码头、港口设备、航标、钻井平台发生直接碰撞或触碰产生侵权行为而依法对它们的损失和费用应负的赔偿责任。本保险承担的碰撞、触碰责任包括下列内容:本保险对第三者应负的赔偿责任仅限于直接损失,任何间接损失和费用均不属于本保险的赔偿责任范围,因浪损产生的赔偿责任不属于本保险的赔偿责任范围;被碰撞船舶上所载货物的直接损失,属于保险责任;保险人对每次碰撞、触碰责任事故仅负责赔偿金额的3/4,即被保险人对每次碰撞、触碰责任赔偿额自负1/4,但在保险期限内一次或累计的最高赔偿额以船舶保险金额为限;对于本船舶上货的损失,本保险不负赔偿责任;碰撞、触碰责任的赔偿按照过失双方责任的比例交叉计算;非机动船舶不负碰撞、触碰责任,但保险拖船拖带本公司承保的驳船时,可视为一个整体,本保险兼负碰撞、触碰责任。

2. 共同海损、救助及施救

本保险负责赔偿依照国家有关法律或规定应当由保险船舶摊负的共同海损。除合同另有约定外,共同海损的理算办理法应按《中国国际贸易促进委员会共同海损理算暂行规则》(以下简称《北京理算规则》)办理。保险船舶在发生保险事故时,被保险人为防止或减少损失而采取施救及救助措施所支付的必要的、合理的施救或救助费用、救助报酬,由本保险负责赔偿。但共同海损、救助及施救三项费用之和的累计最高赔偿额以不超过保险金额为限。

共同海损:指在同一海(水)上航程中,船舶、货物和其他财产遭遇共同危险,为了共同安全,有意地、合理地采取措施所直接造成的特殊牺牲或支付的特殊费用。在航程中或者在航程结束后,发生的船舶或者货物因迟延而造成的损失等,均不得列入共同海损范围。共同海损的理算和分摊应按《北京理算规则》和《海商法》第十章的规定办理。救助:指保险船舶在可航水域,遭受本条款第(一)条所列自然灾害或意外事故,致使船舶处于危险的局面,借助外界力量进行脱险的一种行为。由此种行为引起的合理费用为救助费用,本保险负责赔偿。救助费用计算原则上按照《海商法》第九章有关规定办理。但本保险负责支付的费用,在任何时候,不论何种原因均不得超过获救船舶的价值或获救船舶在全部获救价值中的比例承担部分。获救船舶价值:指保险船舶获救脱离危险到达第一港或锚泊地时未经修理前的船舶实际价值。施救:指本条款所列原因致使保险船舶处于危险之中,本船尽一切可能采取的自救行为,由此而支付的合理费用。保险人对共同海损、救助和施救费用支付的前提是保险船舶必须在发生保险事故时,被保险人为了防止或减少损失而采取救助或施救措施所支付的必要的、合理的费用。保险人对每次保险事故所支付的共同海损、救助及施救三项费用之和的最高赔偿额以保险金额为限,三项费用之和也包括为了确定保险事故的性质、程度而支出的检验、估价的合理费用,以及为执行保险人的特别通知而支出的费用。当保险金额低于实际价值时,保险人应当按照保险金额与实际价值的比例,支付上述三项费用。

三、保险除外责任

除外责任:指本保险条款中列明的保险人不负赔偿的责任。保险人仅对条款中列明的风险所造成被保险船舶的损失负责赔偿。凡列明的风险以外的任何风险对船舶造成的任何损害或损失都属除外责任,保险人不负赔偿责任。被保险船舶由于下列情况所造成的损失、责任及费用,本保险不负责赔偿:

(1)船舶不适航、船舶不适拖(包括船舶技术状态、配员、装载等,拖船的拖带行为引起的被拖船舶的损失、责任和费用,非拖船的拖带行为所引起的一切损失、责任和费用)。

适航是船舶能经受所驶航区通常所遇到的各种危险,它与保障等方面的适宜程度有关。船舶适航在有关法律、国际贸易法和保险条款中都有明确要求。我国《中华人民共和国海上交通安全法》《海商法》对船舶本身的适航均有明确定义,同时也对船舶保险中的船舶适航做了范围扩大的定义,并作为被保险人及其代表的一项重要义务。因此在保险条款中,船舶必须适航均作为被保险人(包括租赁经营人)的默示保证条款。

保险合同中的船舶适航包括三个方面的内容:一是船舶在设计、构造和设备上应符合船舶建造和检验规范的要求,并经过检验获得相应的合格证书;二是船员资格、配备燃料和供给应符合有关法规的规定并满足航区的需要;三是配载货物应符合有关规定的要求。

凡有下列情况之一者,均构成了船舶不适航,本保险不负赔偿责任:

①船舶未持有法定的技术证书,或伪造、涂改证书,或船舶实际状况与证书所载不符。

②不遵守船舶性能限定的航行区域,擅自扩大航行区域,或未经过船检部门检验批准改变船舶原定的用途。

③法定的技术证书到期(在航行途中到期者除外)而未经船检部门检验换发新证书,签证或准予展期。

④船舶装载超过载重线标志或乘客定额,或装运各类散货的船舶装载不符合规定。

⑤船舶未配备安全值班的船员,或船员实际担任的职务与其所持职务适任证书不符,或船员资格不符合港监的有关规定。

⑥船舶发生海(水)上交通事故,造成船舶损坏且未修复或未采取临时有效的安全措施。

⑦超载:指船舶实际装载量(客)多于船舶证书核定的载重吨(载客人数)的行为。

⑧其他不能使船舶保证安全航行的情况。

凡在拖带作业中拖带双方或其中任何一方存在不适航、不适拖的情况或违反拖带作业规定的,均构成不适拖。不论是否由于本条款第一条和第二条中列明的原因引起被拖船舶的一切损失和费用,本保险不负赔偿责任。

拖航是指船舶、设施或平台因缺乏动力、发生海损、机损事故或海上平台等水上设施需要移位而由一艘或多艘拖船通过拖缆或其他拖带设备牵引,拖至安全作业区域。不是拖船的保险船舶,不论何种原因对他船施行拖带作业引起保险船舶的损失,保险人概不负责。例如:保险的杂货船或集装箱船等非拖船对遇难船施行救助拖带,在此过程中遭受意外事故引起本船的一切损失概不负责。适拖必须在适航的基础上,船舶能承受因拖航遇到的各种危险。

不适拖除不适航的情况之外还包括如下几点:拖带船舶不具备拖带能力或拖力不足;拖带

设备不足或技术状况不良;由各单位组织的拖带船队不能显示规定的信号;需经拖航检验的而未经船舶检验机关检验,或未取得"拖航批准书"或取得证书未经港监核准;其他不能保证拖带安全的情况。

(2)船舶正常的维修、油漆,船体自然磨损、锈蚀、腐烂及机器本身发生的故障和舵、螺旋桨、桅、锚、锚链、橹及子船的单独损失。

船舶正常航行所支付的必要的维修保养费用;船体、机器本身正常的磨损、锈蚀、腐烂及由此引起的其他损失或损坏;机器故障造成本身及引起的其他损失或损坏,本保险不负责赔偿。舵、桅、锚、锚链、螺旋桨、橹及子船的单独损失不负责赔偿,但发生保险责任范围内的事故,舵、桅、锚、锚链、螺旋桨、橹及子船同时与船体发生损失时,则负责赔偿。

(3)浪损、座浅。

浪损:指由于八级以下风力或水上任何物体(包括船舶)造成的波浪冲击致使船舶损坏或翻沉的情况。座浅:指船舶在浅水区停泊或作业时,因潮汐或装载而引起的船舶吸底现象使船坐落在水底造成的损失以及船底与水底摩擦而又未搁浅所造成的损失。

(4)被保险人及其代表(包括船长)的故意行为或违法犯罪行为。

故意行为:指明知自己的作为或不作为会对船舶造成灾害或损害的结果,并且希望或者放任这种结果发生的各种作为或不作为。例如被保险人为获得保险赔偿或达到船舶以旧换新等目的,有意采取作为或不作为。其中作为包括海运欺诈、纵火烧船以及有意碰撞、故意搁浅、遗弃船舶、放水进船等;不作为包括被保险人没有做到应有的"谨慎处理"或"恪守职责",如没有按规定配备船员及适任职务船员,没有及时采取施救、救助措施以致损失发生或扩大,没有正常履行管理船舶职责和航海惯例。

违法犯罪行为:指国家或政府通过法律或者法规强制规定公民、公司、法人和其他组织的行为准则,而违反这些行为准则的行为。

(5)清理航道、污染和防止或清除污染的责任和费用,水产养殖及设施、捕捞设施、水下设施、桥的损失和费用。

清理航道:指因保险事故造成保险船舶的沉没,经保险人核定确认无打捞价值、修复价值,按实际全损或推定全损赔付后,港航监督部门如果责成沉船单位强行清除航道障碍,由此发生的一切费用,保险人概不负责赔偿。

保险人对发生船舶事故引起的任何污染损失均不承担赔偿责任,如油污、有毒物质造成的水面和空气的污染。防止和清除污染发生所产生的一切费用,保险人也不负责赔偿。

因保险事故造成下列财产的损失,保险人也不负责赔偿:

①水产养殖:指人工养殖的水生物、养殖物。

②养殖、捕捞设施:指用于水养生物的设备、装备、属具,以及渔业生产用的一切捕捞设施,如渔具、网具。

③水下设施:指在可航水域中,安装在水下的设备、设施,如过江(海)通信电缆、海底光缆、管道等。

④桥:指在江、河、湖、海中连接陆地交通的设施,桥包括桥身、桥墩和一切与桥有关的设施。

(6)因保险事故引起本船及第三者的间接损失和费用以及人员伤亡或由此引起的责任和费用。

间接损失和费用:指因事故造成的停航、停业而引起的船员工资、运费、租金、资料、给养等的费用或利益损失,各种罚款、没收款项,不能履行的违约金和所有费用及收益产生的利息。

不论何种原因引起的对本船、他船或第三者的一切人员伤亡产生的抚恤金、医疗费、赔偿金等费用概不负责赔偿。例如,保险船舶因碰撞或火灾引起本船和他船船上人员的伤亡,由此产生的所有费用概不负责赔偿。

(7)战争、军事行动、扣押、骚乱、罢工、哄抢和政府征用、没收。

战争:指两个或两个以上的国家使用武力推行国家政策引起的武装冲突和由此产生的法律状态。军事行动:指有目的、有计划、有组织地由国家或政权组织对武装力量签署命令并实施行动。

扣押:指强制扣留被执行人的财产,限制其占有和处分的一种措施。

船舶扣押主要包括以下几种:

①债权人要求法院扣留责任方的船舶,以便事先得到充分的担保,一旦责任方提供了担保,被扣船舶应获释放。

②船员或船舶所有人违反有关法律、法令,政府依法扣留船舶,直到弄清责任或处理后才将其释放。

③因船员或船舶所有人与第三方发生债务或其他冲突时,被第三方扣押。

④不明原因的扣押。

骚乱:指三人以上使用暴力扰乱公共秩序的罪行。罢工:指人们为了达到某种目的,而在一定期间内集体拒绝工作的行为。哄抢:指多人在扰乱公共秩序的情况下,利用混乱,使用暴力或非暴力手段,公然侵占他人财物的行为。政府征用:指在非常时期或特殊情况下,政府宣布或指令征用船舶的行为。没收:指政府或有关当局依法将船舶无偿收归国有的行为。

(8)其他不属于保险责任范围内的损失。由于本保险条款的保险责任采取列明式确定责任范围,凡未在保险责任范围内列明的原因而引起的船舶损失和费用,保险人均不负责赔偿。

四、保险期限

保险期限是指保险双方在遵守保险合同中所规定的权利和义务的情况下,明确保险人对被保险人承担的经济补偿或给付责任开始至终止的有效期限。本条规定的保险期限最长为一年。不足一年的为短期保险,具体起止时间以保单上载明的时间为准。除法律另有规定或合同另有约定外,保险责任开始后,保险双方均不得解除合同。但当被保险人在投保时将有关影响保险人据以确定保险费率或者确定是否同意承保的重要情况,没有如实告知保险人时,保险人有权解除合同。

五、保险金额

关于保险金额的规定:船龄在三年(含)以内的船舶视为新船,新船的保险价值按重置价值确定;船龄在三年以上的船舶视为旧船,旧船的保险价值按实际价值确定。保险金额可以按保险价值确定,也可以由保险双方协商确定,但保险金额不得超过保险价值。重置价值是指市场新船购置价。实际价值是指船舶市场价或出险时的市场价。

六、索赔和赔偿

被保险人索赔时,应及时按保险人的要求提供有效单证,如保险单、港监签证、航海(行)日志、轮机日志、海事报告、船舶法定检验证书、船舶入籍证书、船舶营运证书、船员证书(副本)、运输合同载货记录、事故责任调解书、裁决书、损失清单及其他有关文件。

在保险有效期内,保险船舶发生保险事故的损失或费用支出,保险人均按以下规定赔偿。

1. 全损险

船舶全损按照保险金额赔偿。但保险金额高于保险价值时,以不超过出险当时的保险价值计算赔偿。本条规定了在船舶发生全损的情况下的赔偿方式为按照保险金额赔偿。保险金额高于保险价值属超额投保,计算赔偿时以不超过出险当时的实际价值为限。总的原则是被保险人在任何情况下都不能通过保险而获得可保利益以外的利益。

推定全损案件首先要被保险人提出委付,保险人拒绝接受委付时,不影响保险人对推定全损的赔偿义务;保险人接受委付时,船舶的所有权及附带的义务和责任将转移给保险人。

2. 一切险

船舶发生全损,按前款规定计算赔偿。

船舶发生部分损失:新船按实际发生的损失、费用赔偿,但保险金额低于保险价值时,按保险金额与该保险价值的比例计算赔偿;旧船按保险金额与投保时或出险时的新船重置价的比例计算赔偿,两者以价高的为准;部分损失的赔偿金额以不超过保险金额或实际价值为限,两者以低的为准。但无论一次或多次累计的赔款等于保险金额的全数时(含免赔额),保险责任即行终止。

3. 免赔额

保险人对每次赔款均按保险单中的约定扣除免赔额(全损、碰撞、触碰责任除外)。本条订明了免赔额的规定。具体金额或比例以及扣除条件,均由保险人在保险单上载明,本保险对全损和碰撞、触碰责任不扣免赔额。

4. 残值的处理

保险船舶遭受全损或部分损失后的残余部分应协商作价折归被保险人,并在赔款中扣除。本条规定对船舶发生海损事故后船体残值、机器设备残值及其他各类残值的处理办法。对于尚有价值的剩余部分(如旧钢板、机器等),保险人与被保险人应协商作价折归被保险人,并在计算赔款时扣除。如该船属未足额保险,船舶残值应按比例折归被保险人。

5. 第三方责任

保险船舶发生保险责任范围内的损失应由第三方负责赔偿的,被保险人应当向第三方索赔。如果第三方不予支付,则被保险人应提起诉讼。在被保险人提起诉讼后,保险人根据被保险人提出的书面赔偿请求,按照保险合同予以赔偿,同时被保险人必须将向第三方追偿的权利转让给保险人,并协助保险人向第三方追偿。

6. 索赔时效

被保险人从知道或应当知道保险船舶发生保险事故的当天起,两年内不向保险人提出书面索赔,不按保险人的要求提供各种有关索赔单证的,在达成结案协议时起一年内不领取应得的赔款的,即为自愿放弃权益。

本条明确规定了被保险人索赔的时效。从被保险人知道或应当知道保险船舶遭受损失或发生海损事故的当天起,索赔期限定为两年。在此期限内,被保险人不提出索赔的,不提供本条款第六条规定的有效单证或不根据案件的审理进度按保险人的合理要求提供进一步有关索赔单证的,或在达成结案协议时起,一年内不领取应得赔款的,即为自愿放弃权益,本保险终止赔偿责任。

七、被保险人的义务

被保险人不履行义务(即被保险人的保证条款),保险人有权拒绝赔偿或终止保险合同。对于已经赔偿的,保险人有权追回已付出的保险赔款。所以被保险人必须履行其义务。

1. 支付保险费

条款规定,被保险人应在签订保险合同时一次交清保险费。除合同另有书面约定外,保险合同在被保险人支付保险费后才能生效。

本条明确了被保险人一次性交纳保险费,并规定了被保险人在支付保险费后保险合同才能生效。经双方特别约定也可以分期缴费,但分期缴费的时间必须在保险合同中载明。对于不按保险合同约定交纳保险费的,自违约当天 24 时起,一旦发生保险事故损失,保险人概不赔偿。

2. 被保险人的告知和申办批改的义务

被保险人对保险船舶的情况应当如实申报。在保险期限内,保险船舶出售、转借、出租、变更航行区域或保险船舶的船名、船东、管理人、经营人的改变或船舶改变技术状况和用途时,应当事先书面通知保险人,经保险人同意并办理批改手续,保险合同方为有效。

3. 施救和通知的义务

保险船舶发生保险事故时,被保险人应及时采取合理的施救保护措施,并须在到达第一港后 48 小时内同时向港航监督部门、保险人报告,并对保险事故有举证的义务及对举证的真实性负责。

本条明确规定了被保险人及其代表有关报案的时效。当保险船舶发生保险责任范围内的海损事故时,被保险人应当竭尽全力采取抢救或救助措施,以防止损失扩大,否则对扩大损失的部分保险人将不负赔偿责任。根据交通部港航监督管理部门的规定,船舶发生海损事故,船东应当在到达第一港(或就近港)后的 48 小时内,向当地港航监督管理部门和保险人报告,否则保险人不予受理。

4. 严格遵守港航监督部门制定的各项安全航行规则和制度

被保险人及其代表应当严格遵守港航监督部门制定的各项安全航行规则和制度,按期做好保险船舶的管理、检验和修理,确保船舶的适航性。本条明确被保险人及其代表必须严格履行国家或港航监督部门制定的各项法规和制度,做到安全航行并对保险船舶应当按期进行检查、维修和管理,以确保船舶始终保持适航状态。

第四节 英国保险协会船舶定期保险条款

在船舶保险实务中,国际上最常用的是英国保险协会船舶定期保险条款(Institute Time

Clauses Hulls),该条款对国际船舶保险业务产生很大影响。我国现行的船舶保险条款是在参照和借鉴它的基础上修订的。关于船舶定期保险合同,英国目前可以说有四套条款,它们分别是1983年协会船舶定期保险条款、1995年协会船舶定期保险条款、2002年国际船舶保险条款和2003年国际船舶保险条款。

一、1983年协会船舶定期保险条款

在船舶保险实务中,国际上最常用的是1983年英国保险协会船舶定期保险条款(ITCH83),1983年10月1日正式启用。1983年协会船舶定期保险条款共有26个条款。

1.航行条款

航行条款(Navigation)与我国船舶保险中的海运条款大致相同,即被保险人须做以下保证:一是被保险船舶不应被他船拖带,除非是习惯性的,或在需要救助时被拖至第一个安全港口或地方。它不应用于根据预先安排的合同从事拖带或救助服务。二是被保险船舶不能用于与他船(非港口或沿海使用的小船)在海上直接装卸货物,包括驶近、靠泊和离开。三是被保险船舶不得做以拆船或出售以拆船为意图的航行。保险人对于被保险船舶做以拆船或出售以拆船为意图的航行造成的损失的保险赔偿以当时报废旧船的市价为限。

2.延续条款

延续条款(Continuation)的规定与我国船舶保险条款差不多,指的是如果在保险期限届满时,被保险船舶在海上或在遇难中,或在避难港或者中途港,那么只要提前通知保险人,并按原定保险费率加付延展期间的保险费,保险单继续有效直至被保险船舶抵达目的港为止。对于在延续期内被保险船舶的全损,英国船舶保险条款没有补交六个月保险费的规定。

3.违反保证条款

违反保证条款(Breach of Warranty)规定,在有关货物、航线、船位、拖带、救助服务、开航日期的保证被违反时,只要被保险人得悉消息后立即通知保险人,并同意修改承保条件并加付保险费,保险人就可以继续承担保险责任。我国船舶保险条款也有相同的规定。

4.终止条款

终止条款(Termination)是一个重要条款,或称首要条款。该条款明文规定,本保险的任何条款,不论是手写的、打印的还是印刷的,与本条款相抵触时,均以本条款为准。该条款规定的保险自动终止事由:船级社的变更;船级发生的变更;船舶所有权的变更;船旗的变更;船舶转给新的经理人管理;光船出租;船舶被征用或征购等情况。该条款与我国船舶保险中的保险终止条款大致相同。

5.转让条款

按照转让条款(Assignment)的规定,被保险船舶发生转让,被保险人应及时通知保险人。如果保险单未经保险人批注,即告失效,保险人不负责转让后船舶发生的损失赔偿。

6.风险条款

风险条款(Risk)规定了由哪些风险造成的灭失与损害,保险人应负责赔偿。该条款与我国船舶保险中的承保风险的内容大致相同。

该条款对船东的含义做了解释,即船长、高级船员、船员或引航员即使持有船舶股份,也不被视为船东。

7. 污染风险条款

污染风险条款(Pollution Hazard)规定对于政府当局采取行动防止或减少污染或者其威胁造成被保险船舶本身的损失予以负责。这条也包括在我国船舶保险承保风险之中。

8. 3/4 碰撞责任条款

3/4 碰撞责任条款(3/4ths Collision Liability Clause)规定保险人承保被保险船舶因过失与疏忽与他船发生碰撞,致使他船及他船所载货物受到损害而应负的赔偿责任。该条款与我国船舶保险条款一切险碰撞责任有区别的地方:保险人承担的碰撞责任为 3/4,且最高赔偿额不超过船舶保险金额的 3/4,保险人只负责船舶与船舶之间的碰撞责任,不包括船舶与码头、栈桥等固定物体的碰撞。因此,该条款的承保范围要比我国船舶保险承保范围窄得多。

9. 姐妹船条款

姐妹船条款(Sistership)规定,如果被保险船舶和与其相撞船舶或接受该船的救助属于同一船东或同一管理所有人管理时,可以视为分属两个不同船东所有的船舶,保险人仍应按照碰撞责任条款处理它们各自所负的碰撞责任,对它们之间产生的救助费用也按一般救助惯例支付。我国船舶保险条款也有同样的规定。

10. 索赔通知和招标条款

索赔通知和招标条款(Notice of Claim and Tender)的中心内容是被保险人在得知被保险船舶遭受事故损失后应立即向保险人发出事故通知,保险人有权指定受损船舶在任何港口修理,对被保险人选择的修理港口和修船厂也可行使否决权;同时保险人有权对被保险船舶进行修理招标,并在行使这一权利时有义务按保险价值年利率的 30% 补偿被保险人因此而遭受的延迟损失。如果被保险人未按要求及时通知保险人,或不在保险人指定的港口或修船厂修理受损船舶,保险人可从赔款中扣除 15%。

11. 共同海损和救助条款

共同海损和救助条款(General Average and Salvage)规定,保险人负责对救助、救助费用和共同海损的赔偿。当被保险船舶发生共同海损牺牲时,保险人可以先行给予全部赔偿,无须向其他利益方面要求分摊。共同海损理算应依据航程终止地的法律惯例,但如果货物运输合同规定按《约克-安特卫普规则》理算,即依从运输合同的规定。如果船舶空载航行又未出租的情况下,船舶保险人仍按共同海损赔付船东一部分损失。

12. 免赔额条款

免赔额条款(Deductible)中的免赔额为绝对免赔额,适用于所有部分损失的索赔,包括单独海损、救助费用、共同海损、施救费用和碰撞责任等。如果同一事故引起上述各项索赔,保险人也只扣除一个免赔额。全部损失以及与同一事故造成全部损失相关的施救费用和船舶搁浅后专为检查船底而发生的合理费用不适用免赔额的规定。

13. 被保险人的义务条款

被保险人的义务条款(Duty of Assured)主要规定施救费用。当被保险船舶因遭遇保险风险而受损或处于危险之中时,被保险人及其雇员或代理人为防止或者减少应由保险人负责赔偿的损失而采取合理措施,保险人对因此而产生的合理费用负责赔偿,但以保险金额为限。该项施救费用不适用于共同海损、救助费用和与碰撞有关的法律诉讼费用。如果船舶的保险金额低于实际价值,保险人对施救费用的赔偿要按比例扣减。不管是被保险人还是保险人,采取施救措施都不能被认为是对委付的放弃或接受。

14. 新换旧条款

新换旧条款(New for Old)明文规定,保险人对应付的赔偿不做新换旧的扣除。

15. 船底处理条款

船底处理条款(Bottom Treatment)规定,保险人对修理船底受损部位的新换钢板的表面处理和第一道底漆与第一道防腐漆负责赔偿,其他表面处理或油漆费用应由被保险人自负。

16. 工资和给养条款

工资和给养条款(Wages and Maintenance)规定,除非可以作为共同海损,保险人对船员在修理期间的工资和给养不负责赔偿。但是有两种情况例外:一是如果受损船舶从一港口转移到另一港口进行修理,在船舶转移过程期间发生的船员工资或给养,保险人予以赔偿;二是船舶修理后在试航期间发生的船员工资和给养,保险人也予以赔偿。

17. 代理佣金条款

代理佣金条款(Agency Commission)规定,在任何情况下,保险人不负责赔偿被保险人为索取和提供资料与文件所花费的时间和劳务,以及被保险人委派或以其名义行事的管理人、代理人、管理或者代理公司或诸如此类的公司进行此种服务而收取的佣金或者费用。

18. 未修理损害条款

未修理损害条款(Unrepaired Damage)规定,如果被保险船舶遭受部分损失未进行修理,其赔偿金额应按保险合同终止时船舶市场价值的合理贬值计算,但不得超过合理的修理费用。如果被保险船舶在保险合同有效期内发生全部损失,保险人对船舶未修理的损坏不再负责;保险人对船舶未修理损坏的赔偿,不得超过保险合同终止时的船舶保险价值。

19. 推定全损条款

推定全损条款(Constructive Total Loss)规定,在确定被保险船舶是否构成推定全损时,船舶的保险价值应作为船舶修理后的价值,不应考虑被保险船舶残骸或受损或解体价值。此外,船舶推定全损仅按一次事故引起的恢复或修理费用考虑,如果一次事故引起的这类费用超过船舶保险价值,保险人可按推定全损赔付。

20. 运费弃权条款

运费弃权条款(Freight Waiver)规定,被保险船舶发生实际全损或推定全损时,保险人不论是否得到委付通知都不得对运费提出请求。我国船舶保险条款未做出类似的规定。

21. 船舶费用保证条款

在船舶费用保证条款(Disbursements Warranty)下,允许被保险人附加下列各项保险:

对船舶营运费用、佣金、利润或船壳、船机的增值投保,其保险金额不能超过被保险船舶价值的25%;对定期投保的运费、租金或预期运费投保,其保险金额与营运费用等保险金额之和不能超过被保险船舶价值的25%;此外,对程租船的运费、期租船的租金、保险费以及退费保险的保险金额也做出相应的限制性规定。

22. 停泊和解约的退费条款

停泊和解约的退费条款(Returns for Lay-up and Cancellation)规定,保险合同双方当事人协议注销保险合同时,保险人按未到期部分的净保险费每月按比例退还保险费。如果被保险船舶因装卸货物或修理在保险人认可的港口连续停泊达30天以上时,保险人给予办理退保险费。

23. 战争除外条款

战争除外条款(War Exclusion)规定,保险人对于因战争、内战、革命、叛乱或由此引起的内乱或敌对行为,捕获、扣押、扣留、羁押,被遗弃的水雷、鱼雷、炸弹或其他遗弃的战争武器造成被保险船舶损失不负责任。

24. 罢工险除外条款

罢工险除外条款(Strikes Exclusion)规定,保险人对于罢工、被迫停工或参加工潮、暴动或民变的人员以及任何恐怖分子或出于政治动机而为的人员造成被保险船舶损失不负责任。

25. 恶意行为除外条款

恶意行为除外条款(Malicious Acts Exclusion)规定,保险人不承保恶意或出于政治动机而为的人员造成的由炸弹爆炸和任何战争武器引起的被保险船舶的灭失、损害、责任或费用。

26. 核除外条款

核除外条款(Nuclear Exclusion)不承保核武器产生的灭失、损害、责任或费用。

战争除外条款、罢工险除外条款、恶意行为除外条款和核除外条款为首要条款,强调在本保险中任何与其不一致的规定均属无效。另外,1983 年协会船舶定期保险条款在标题下就列明了该条款适用英国法律和惯例,为被保险人和保险人对条款内容的理解和解释提供了准据法。

二、1995 年协会船舶定期保险条款

英国保险协会于 1995 年 11 月 1 日推出了 1995 年协会船舶定期保险条款,旨在代替 1983 年协会船舶定期保险条款。由于 1995 年协会船舶定期保险条款加重了船东作为被保险人的责任,所以遭到船东的抵制和市场的排斥,形成两套保险条款并用的局面,后者并未取代前者。

(一)1995 年协会船舶定期保险条款出台的原因

英国保险协会 1983 年协会船舶定期保险条款制定以来,国际海事法律上发生一些变化,《1989 年国际救助公约》和 1994 年《约克-安特卫普规则》以及 1998 年《国际安全管理规则》的制定和生效,对救助法律和共同海损制度产生了重要的影响。海上保险人为适应法律的发展变化不得不调整船舶保险条款。另外,船舶在营运和管理上也发生了变化,方便旗船的大量使用,使得船舶维修保养质量不断下降,保险人实际上承担了这些风险,这对保险人是不公平的。为此,英国保险协会出台 1995 年协会船舶定期保险条款。

(二)1995 年协会船舶定期保险条款的主要内容

1995 年协会船舶定期保险条款共有 27 个条款,比 1983 年协会船舶定期保险条款多加了一个船级条款。与 1983 年协会船舶定期保险条款相比较而言,内容发生变化的条款主要有以下几个方面:

航行条款中增加了拖带/引行条款和直升机许可条款;延续条款中可以延续的情况受到限制,规定只有在船舶处于危险中,保险人才同意展期;终止条款中增加了导致保险自动终止的情况;风险条款中删去了核装置或核反应堆发生的故障;污染风险条款中将污染损害扩展到环境损害;在共同海损条款中明确规定特别补偿和防污费用不予承保;增加了一条船级条款,规定被保险人必须遵守保险人认可的船级社的规则。其他条款基本上与 1983 年协会船舶定期保险条款的规定相同。

三、2003 年国际船舶保险条款

2002 年英国保险业推出并于 2002 年 11 月 1 日起开始使用国际船舶保险条款,旨在逐步

取代 1983 年协会船舶定期保险条款。但 2002 年国际船舶保险条款很快就被英国保险业做出补充以及修改,从而推出 2003 年国际船舶保险条款(ITCH03)。

(一)2003 年国际船舶保险条款的结构

目前施行的 2003 年 11 月 1 日修订的国际船舶保险条款(ITCH03)分为三大部分:第一部分是主要保险条件条款(Principal Insuring Conditions);第二部分是附加条款(Additional Clauses);第三部分是索赔规定条款(Claims Provisions)。

1. 主要保险条件条款

第一部分为主要保险条款,这一部分涵盖了船壳保险中最常用的条款,共包括 31 个条款(1~31 条)。它们是总则条款;危险条款;租用的设备条款;拆下船舶部件条款;污染危险条款;3/4 碰撞责任条款;姐妹船条款;共同海损和救助条款;被保险人义务条款;航行条款;违反航行保证条款;延续条款;船级和 ISM 条款;管理条款;免赔额条款;以新换旧条款;船底处理条款;工资和给养条款;代理佣金条款;未修理的损坏条款;推定全损条款;运费弃权条款;转让条款;营运费用保证条款;解约退费条款;单独保险条款;按份责任条款;附属公司条款;战争和罢工除外条款;恐怖分子、政治动机和恶意行为除外条款;放射性玷污或化学、生物、生化和电磁武器除外。

2. 附加条款

第二部分为附加条款,共包括 10 个条款(32~41 条)。它包括航行限制条款;许可进入航行限制规定的水域条款;重新投入营运条款;保险费支付条款;1999 年合同(第三者权利)法条款;固定和浮动物体条款;4/4 碰撞责任条款;停泊退费条款;共同海损吸收条款;附加风险条款。

3. 索赔规定条款

第三部分为理赔方面的规定,共包括 9 个条款(42~50 条)。它包括首席保险人条款;索赔通知条款;招标规定条款;被保险人义务条款;保险人与索赔有关的义务条款;提供担保条款;赔款支付条款;追偿条款;争议解决条款。

(二)2003 年国际船舶保险条款的主要内容

1. 法律适用与管辖

在第 1 条总则条款中,对 ITCH03 的使用及与本保险有关的法律问题所做的一些原则性的规定。在条款的使用上,规定第一部分各条、第二部分中的第 32~36 条和第三部分中的各条适用于本保险。第二部分和第三部分须为本保险订立时施行的条款。第二部分中的第 37~41 条仅适用于保险人已做出书面同意的情况下。在适用法律方面,规定适用英国的法律及惯例;在管辖权方面,规定除非双方有明示的相反约定,英国高等法院将对本保险具有专门管辖权。另外还规定本条款中任何一条的无效或不可执行并不影响其他条款的效力。

2. 承保风险

在承保风险的第 2 条中规定,包括由下述原因对保险标的造成的灭失或损害:海上、河流、湖泊或其他可航水域的灾害;火灾,爆炸;来自船外的暴力行窃;抛弃;海盗;与陆上运输工具,码头或港口设备或设施的触碰;地震,火山爆发或闪电;装卸、移动货物、燃料、物料或部件过程中的意外事故;与卫星、飞机、直升机或类似物体,或从空中坠落的物体的接触。另外承保风险的第 2 款包括由下述原因造成的保险标的的灭失或损害:锅炉爆炸或尾轴断裂,但修理或更换爆炸的锅炉或者断裂的尾轴的费用被排除在外;任何存在于机器或船壳中的潜在缺陷,但损害修理费用应该以超过本来要产生的修复该缺陷的费用为限;船长、船员或引航员的疏忽;修理人或租船人的疏忽;船长或船员故意损害被保险人利益的行为。基于这部分风险的索赔应满足一个前提条件,即该灭失或损坏不是被保险人、船东或营运人的未恪尽职责造成的。第5条污染危险条款规定:本保险承保由于任何政府当局以其权力为防止或者减少因船舶应由保险人负责的损害直接引起的环境污染危险或威胁采取行动造成的船舶的损失或者损害,如果政府当局的此种行动不是由船舶的被保险人、船东或管理人或其中的任何人在防止或者减少此种污染或威胁方面缺乏谨慎处理所致。

3. 碰撞责任

第6条3/4碰撞责任条款和第38条4/4碰撞责任条款。第6条规定了保险人将对被保险人在碰撞事故中对其他方所承担的责任承保3/4。被保险人承担的责任包括赔偿"其他船舶或其上财产的灭失或损坏;其他船舶或其上财产由于延迟使用或不能使用造成的损失;其他船舶或其上财产支付的共同海损、救助报酬或依据合同的救助报酬"。碰撞责任的计算方法:除非任何一方或双方根据法律进行了责任限制,否则应该按交叉责任原则计算;保险人依据赔偿的最高限额为船舶保险价值的3/4。本条还规定了保险人也将赔偿碰撞案件中被保险人在判定责任或限制责任过程中产生的法律费用的3/4,但其应不超过船舶保险价值的25%。第38条规定如果保险人同意承保4/4碰撞责任,则第6条的3/4字样被4/4字样代替。被保险人和保险人可以选择是承保3/4还是4/4碰撞责任。

4. 共同海损与救助

第8条共同海损与救助条款和第40条共同海损吸收条款。第8条在ITCH83的基础上增加了两款,即规定了保险人对共同海损或救助中的两类费用不负责任:一是根据《1989年国际救助公约》第14条或其他类似规定而需支付的特别补偿;二是与环境损害或其威胁有关的花费或责任。该修改主要是根据《1989年国际救助公约》及1994年《约克-安特卫普规则》而做出相应的调整。

5. 推定全损

第21条推定全损条款规定,"在确定船舶是否构成推定全损时,保险价值的80%被视为修理后价值,并且船舶或其残骸的损坏价值或者残值将不予考虑;基于船舶修复或修理费用的推定全损索赔只有在其超过保险价值的80%时才予以赔偿。在做出此决定时,只有与单一事故有关的,或产生于同一事故的损害费用才予以考虑"。该条与ITCH83相比做了一个重大修改,即在判断是否可以索赔船舶推定全损时,保险价值的80%将作为判断标准,不再是ITCH83规定的保险价值的100%。

6. 被保险人义务

第45条被保险人义务条款中规定,被保险人应向保险人提供其核赔时需要的相关文件及信息;被保险人应经保险人的合理要求协助其对索赔进行调查;被保险人索赔的一个前提条件是在任何阶段被保险人都不得故意地误导或企图误导保险人进行核赔或者隐藏与核赔有关的重要情况。被保险人应始终按照1906年英国《海上保险法》的规定的最大诚信原则来行事,不得违反这一原则,无论司法程序是否已经开始。第49条追偿条款规定了被保险人在保护保险人追偿权方面及协助保险人追偿方面应尽的义务。

7. 除外责任

保险人除外责任条款包括战争和罢工除外条款;恐怖分子,政治动机和恶意行为除外条款;放射性玷污或化学、生物、生化和电磁武器除外条款。前两项除外责任条款与ITCH83规定的没作变更。而最后一个条款则是新加的全新条款:保险人对于源于任何核燃料、核废料或核燃料燃烧的电离放射或者放射性玷污;任何核设施、反应堆或其他核装置或者核构件的放射性的、毒性的、爆炸性的或其他危害性的或玷污性的物质;使用原子的或核的裂变或聚变或其他类似反应或者放射性或物体的武器;任何放射物质的放射性的、毒性的、爆炸性的或其他危害性的或者玷污性的物质;任何化学、生物、生化或电磁武器造成的或者引起的灭失、损坏、责任或费用都不予承保。

8. 保险期限的展期

第12条保险延续条款规定,在保险期届满时,如果船舶在海上并处于灾难中或失踪,或者在港口遇难,被保险人只要将此种情况尽快通知了保险人并按月比例支付保险费,本保险继续有效,直至遇难船舶抵达最初的安全港口之时,或遇难船在港内恢复安全状态时。ITCH03对保险期间延续的条件做了严格的规定,即保险期间届满时,在海上的船舶必须同时处于灾难中,保险期间才可以延续。而且如果船舶在海上,仅延续至其到达了一个港口并处于安全状态时,而不是到达目的港。

🧠 案例讨论

我国甲船务公司就其所有的A船向中国B财产保险有限公司投保,保险价值和保险金额均为300万美元,保险条件为中人保1986年1月1日船舶保险条款一切险,保险期限为一年。

在保险期间,满载货物的A船在巴士海峡时遇大风浪,船舶激烈摇摆并且偏离航线而不幸触礁,搁置在礁石上,船舶船底被划破并产生了一条1米长的裂缝,海水通过裂缝进入船舱,造成1舱底层的100袋货物湿损。船长为此请求救助,C打捞公司派出一拖船将A船安全拖至港口,甲船务公司为此支付了10万美元的救助费用。在船厂修理期间,除了修理船舶搁浅造成的损坏,船舶尾轴也磨损厉害,一并予以修理,总共花费50万美元的船舶修理费,包括修理船舶尾轴花费10万美元。请分析以下问题:

(1)甲公司能否向保险人请求赔偿,其原因何在?

(2)船底被划破并产生了一条1米长的裂缝属于共同海损还是单独海损,为什么?

(3)B财产保险有限公司是否承担100袋货物湿损赔偿责任,为什么?

(4)10万元的救助费用属于共同海损还是单独海损,为什么?

(5)B财产保险有限公司是否承担船舶尾轴修理费,为什么?

(6)B财产保险有限公司是否承担全部10万元的救助费用,为什么?

🧠 本章小结

第一节　船舶保险实务

一、船舶保险的被保险人

二、船舶保险种类的选择

三、船舶的保险价值和保险金额

四、船舶保险承保业务手续

第二节　我国远洋船舶保险条款

一、船舶保险全损险的承保范围

目标检测

一、单项选择题

1.我国船舶保险条款规定,被保险船舶在延长保险期限内发生全损的,被保险人应该加交（　　）保险费。

　　A. 3个月　　　　　　　　　B. 6个月

　　C. 9个月　　　　　　　　　D. 12个月

2.我国船舶碰撞责任保险的责任范围是（　　）责任。

　　A. 1/4　　　　　　　　　　B. 2/4

　　C. 3/4　　　　　　　　　　D. 4/4

3.（　　）不是我国人保船舶一切险的承保范围。

　　A. 碰撞责任　　　　　　　　B. 船舶全损

　　C. 共同海损　　　　　　　　D. 人身伤亡

4.我国船舶保险的基本险别有一切险和（　　）。

　　A. 战争险　　　　　　　　　B. 碰撞责任保险

C. 全损险　　　　　　　　　　　　　　　D. 罢工险

5. 英国保险协会 1983 年协会船舶定期保险条款承保船舶碰撞责任保险的责任范围是(　　)责任。

A. 1/4　　　　　　　　　　　　　　　B. 2/4

C. 3/4　　　　　　　　　　　　　　　D. 4/4

二、多项选择题

1. 我国船舶保险一切险条款承保的范围包括(　　)。

A. 施救费用　　B. 救助费用　　C. 共同海损　　D. 本船货损

2. 下列不在我国船舶全损险承保范围内的有(　　)。

A. 船舶全损　　B. 船舶部分损失　　C. 碰撞责任　　D. 共同海损

3. 按照我国船舶保险碰撞责任条款规定,对(　　)责任不予负责。

A. 人身伤亡　　B. 本船上的货损　　C. 他船上的货损　　D. 他船的损坏

4. 下列属于我国船舶战争险承保范围的有(　　)。

A. 战争、内战　　B. 水雷、鱼雷　　C. 革命、叛乱　　D. 海盗行为

5. 我国船舶保险全损险承保的范围有(　　)。

A. 火灾或爆炸　　B. 船舶碰撞　　C. 船舶潜在缺陷　　D. 船员不法行为

三、判断题

1. 我国船舶保险条款规定的免赔额是绝对免赔额。(　　)

2. 海盗行为造成的船舶损失,属于我国船舶战争险承保范围。(　　)

3. 我国船舶保险一切险条款采用非列明风险的承保方式。(　　)

4. 对于船员故意损害被保险船舶而造成的损失,保险人是不负赔偿责任的。(　　)

5. 我国船舶保险条款也适用船舶战争险条款,不一致时,以战争险条款为准。(　　)

四、思考题

1. 我国船舶保险全损险的承保范围是如何规定的?

2. 我国船舶保险一切险关于碰撞责任是如何规定的?

3. 我国船舶保险人的除外责任有哪些?

4. 我国船舶战争与罢工险的承保范围是如何规定的?

5. 中人保沿海内河船舶保险条款(2009 版)对保险标的是如何规定的?

五、案例分析

甲公司向中人保为甲船投保一切险,保险期限为一年。船舶保险价值为 200 万美元,保险金额为 200 万美元。甲船在一次航行途中,因船员驾驶船舶过失与乙船发生碰撞,造成乙船沉没。乙船船损为 200 万美元,乙船上货损为 300 万美元,乙船船员伤亡赔偿为 100 万美元。在此次事故中,甲船本身也损失 100 万美元,甲船所载货物同时受损 80 万美元。甲船对此次碰撞负 100%的责任。请分析以下问题:

(1)甲船船东对哪些损失负赔偿责任,赔偿总额为多少?

(2)中人保对甲船船东哪些损失和赔偿责任给予赔偿,总额为多少?

(3)假如甲船在英国某保险公司,按英国保险协会 1983 年协会船舶定期保险条款投保船舶一切险,那么英国保险公司对甲船船东哪些损失和赔偿责任给予赔偿,总额为多少?

第五章
海运责任保险

学习目标

1. 了解船舶油污损害责任保险主要内容;
2. 熟悉船东保赔保险的主要内容;
3. 熟悉物流责任保险条款的具体内容;
4. 掌握国际货运代理责任保险承保范围和除外责任。

技能要求

1. 具备通晓海运责任保险合同条款主要内容的能力;
2. 能够准确选择国际货运代理责任保险的险别;
3. 能够准确选择物流责任保险的险别;
4. 能够运用所学知识处理责任保险纠纷。

重点和难点

国际货运代理责任保险承保范围和除外责任;海运责任保险合同中第三人之请求权。

🧠 学习导图

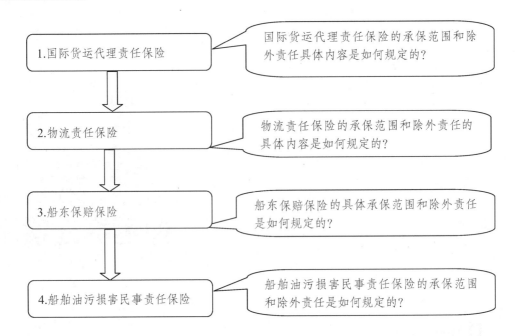

🧠 先导案例

我国 A 贸易公司委托同一城市的 B 货运代理公司办理一批从我国 C 港运至韩国 D 港的危险品货物。A 贸易公司向 B 货运代理公司提供了正确的货物名称和危险品货物的性质,B 货运代理公司为此签发公司的 HOUSE B/L 给 A 公司。随后,B 货运代理公司以托运人的身份向船公司办理该批货物的订舱和出运手续。为了节省运费,同时因为 B 货运代理公司已投保责任保险。因此 B 货运代理公司向船公司谎报货物的名称,亦未告知船公司该批货物为危险品货物。船公司按通常货物处理并装载于船舱内,结果在海上运输中,因为货物的危险性质导致火灾,造成船舶受损,该批货物全部灭失并给其他货主造成巨大损失。此次事故 A 贸易公司和船公司无责任,B 货运代理公司负全责。责任保险人不承担责任。因为投保人隐瞒了货物的真相,属于欺骗性质,保险公司免责。

第一节 国际货运代理责任保险实务

一、国际货运代理责任保险的被保险人

国际货运代理人是为当事人办理国际货物运输及相关业务的服务性企业,在其完成委托人的运输任务过程的许多环节中,可能会由于过失而产生非常严重的后果和巨大的经济赔偿责任。因此,国际货运代理人有必要投保责任保险。国际货运代理责任保险是指国际货运代理人在业务经营过程中,因为疏忽而造成货物的损坏和产生的费用,对他人承担的赔偿责任由

保险人承担的一种责任保险。

凡中华人民共和国境内(不包括我国香港、澳门、台湾地区)依据《中华人民共和国国际货物运输代理业管理规定》及其他相关法律、法规设立并独立经营的国际货物运输代理企业及纳入国际货物运输代理备案管理的企业都可以成为国际货运代理责任保险的被保险人。

二、国际货运代理责任保险险别的选择

目前,我国国际货运代理人的责任,包括国际货运代理人作为代理人和当事人两种情况时的责任。国际货运代理责任保险分为国际货运代理责任保险主险和国际货运代理责任保险附加险。

1. 国际货运代理责任保险主险

国际货运代理责任保险主险包括国际货运代理人责任保险和国际货运代理提单责任保险,这两种责任保险适用于不同的国际货运代理人。国际货运代理人可根据企业状况和需求,选择投保国际货运代理人责任保险条款或国际货运代理提单责任保险条款。国际货运代理人责任保险适用于仅作为代理人身份的国际货运代理企业投保。国际货运代理提单责任保险则适用于作为独立经营人或代理人和独立经营人双重身份的国际货运代理企业投保。国际货运代理提单责任保险范围涵盖国际货运代理人责任保险范围,国际货运代理企业投保提单责任保险后,可以不必再投保代理人责任保险。

2. 国际货运代理责任保险附加险

国际货运代理责任保险附加险主要包括特殊货物扩展责任保险条款和第三者责任保险条款。前者是针对特殊货物而附加的责任保险条款;后者是针对在保险期间,国际货运代理及在从事国际货物运输代理业务过程中造成第三者的人身伤亡或财产损失,依法承担的民事赔偿责任,保险人负责赔偿。

三、国际货运代理人责任保险承保范围

我国主要的几大保险公司对国际货运代理责任保险承保范围做出具体的规定,例如中人保《国际货运代理人责任保险条款(2009版)》规定,在该合同保险期间内,被保险人及其代理人作为国际货物运输代理人接受委托人的委托,提供国际货物运输代理业务服务过程中,发生下列情况导致委托人的直接损失,依法应由被保险人承担的经济赔偿责任,保险人按照本保险合同的规定在约定的责任限额内负责赔偿:

(1)由于安排货物运输代理业务时未发、错发、错运、错交货物,造成额外运输费用损失,但不包括因此产生的货物损失。

(2)由于遗漏、错误缮制和签发有关单证(不含无船承运人提单)、文件而给委托人造成的相关费用损失。

(3)事先以书面形式约定货物交付日期或时间的,因被保险人不作为导致货物延迟交付所造成的运输费用损失。

(4)在港口或仓库(包括被保险人自己拥有的仓库或租用、委托暂存他人的仓库、场地)监装、监卸和储存保管工作中给委托人造成货物的损失(包括因盗窃、抢劫造成的损失)。

(5)在采用集装箱运输业务中因拆箱、装箱、拼箱操作失误给委托人造成的货物损失。

(6)因受托包装、加固货物不当或不充分,而给委托人造成的货物损失。

(7)在报关过程中,由于被保险人过失造成违反国家有关进出口规定或报关要求,被当局征收的额外关税。

另外还规定保险事故发生时,被保险人为防止或减少对货物或者相关费用损失的赔偿责任而支付的必要的、合理的施救或保护费用以及事先经保险人书面同意支付的其他费用(以下简称施救费用),保险人按照保险合同的约定负责赔偿。保险事故发生后,被保险人因保险事故而被提起仲裁或者诉讼的,对应由被保险人支付的仲裁或诉讼费用以及其他必要的、合理的费用(以下简称法律费用),经保险人事先书面同意,保险人按照保险合同的约定也负责赔偿。

四、国际货运代理提单责任保险承保范围

国际货运代理提单责任保险承保范围除了包括国际货运代理责任保险承保范围外,还负责承保在保险期间,被保险人及其代理人从事货物运输代理业务过程中,签发在商务主管部门备案的国际货运代理提单、货运单、航空货运分运单等运输单证(不含无船承运人提单)或承担独立经营人责任。因下列事件造成上述运输单证项下货物的直接损失,依法应由被保险人承担的经济赔偿责任,保险人根据本保险合同的规定在约定的责任限额内也负责赔偿:

(1)火灾、爆炸;
(2)偷窃、提货不着、抢劫;
(3)运输工具发生碰撞、出轨、倾覆、坠落、搁浅、触礁、沉没,或道路、隧道、桥梁、码头坍塌;
(4)货物遭受震动、碰撞、挤压、坠落、倾覆导致破碎、弯曲、凹瘪、折断、散落、开裂、渗漏、沾污、包装破裂或容器的损坏;
(5)装卸人员违反操作规程进行装卸、搬运;
(6)符合运输安全管理规定而遭受水损;
(7)错发、错运、错交导致货物无法追回或追回费用超过货物自身价值;
(8)装箱、拆箱、拼箱、交付/接收货物、配载、积载、装卸、存储、搬移、包装或加固不当;
(9)交接货物时发现数量短少、残损;
(10)冷藏机器设备原因导致货物腐烂变质;
(11)机械操作不当或使用的机械故障。

五、国际货运代理人责任保险的除外责任

(一)一般免责

下列原因造成的损失、费用或责任,保险人不负责赔偿:
(1)被保险人及其代表和雇员的故意行为;
(2)行政行为或司法行为;
(3)被保险人或其代理人的违法行为;
(4)自然灾害;
(5)托运的货物本身的自然特性、潜在缺陷或故有的包装不善所致变质、霉烂、受潮、生锈、生虫、自然磨损、自然损耗、自燃、褪色、异味;
(6)战争、类似战争行为、敌对行动、军事行动、武装冲突、罢工、骚乱、暴动、政变、谋反、恐

怖活动；

(7)核辐射、核裂变、核聚变、核污染及其他放射性污染；

(8)大气、土地、水污染及其他各种污染；

(9)因签发无船承运人提单而引发的损失；

(10)因无单放货、倒签提单、预借提单造成的损失。

(二)特殊货物免责

对被保险人代理以下货物所引起的赔偿责任,保险人不负责赔偿：

(1)金银、珠宝、钻石、玉器、贵重金属；

(2)古玩、古币、古书、古画；

(3)艺术作品、邮票；

(4)枪支弹药、爆炸物品；

(5)现钞、支票、信用卡、有价证券、票据、文件、档案、账册、图纸；

(6)核材料；

(7)计算机及其他媒介中存储的各类数据、应用软件和系统软件；

(8)活动物、牲畜、禽类和其他饲养动物及有生植物。

如上述货物需要投保时,须向保险人申报。

(三)特定情形免责

下列情形或情况,保险人不负责赔偿：

(1)任何人身损害、精神赔偿；

(2)被保险人与委托人或其他第三方签订的协议中所约定的责任,但即使没有这种协议依法仍应由被保险人承担的责任不在此限；

(3)除第四条第(7)款之外的罚款、罚金及惩罚性赔偿；

(4)保险合同中载明的免赔额；

(5)被保险人自有的或拥有实际所有权或者使用权的任何财产损失及责任；

(6)被保险人无有效的国际货物运输代理业务经营资格或超过许可经营范围从事国际货物运输代理业务；

(7)被保险人超越代理权限从事国际货物运输代理业务；

(8)被保险人将有关业务委托给不合法或无相应的经营资格的代理人、承运人、仓库出租人、船务公司等主体。

六、保险人义务

保险合同成立后,保险人应当及时向投保人签发保险单或其他保险凭证；保险人依保险条款取得的合同解除权,自保险人知道有解除事由之日起,超过30日不行使而消灭；保险人在保险合同订立时已经知道投保人未如实告知的情况的,保险人不得解除合同；发生保险事故的,保险人应当承担赔偿责任。保险事故发生后,投保人、被保险人提供的有关索赔的证明和资料不完整的,保险人应当及时一次性通知投保人、被保险人补充提供；保险人收到被保险人的赔偿请求后,应当及时就是否属于保险责任做出核定,并将核定结果通知被保险人。情形复杂的,保险人在收到被保险人的赔偿请求后30日内未能核定保险责任的,保险人与被保险人根据实际情形商议合理期间,保险人在商定的期间内做出核定结果并通知被保险人。对属于保险责任的,在与被保险人达成有关赔偿金额的协议后 10 日内,保险人履行赔偿义务。

七、投保人、被保险人义务

投保人应履行如实告知义务,如实回答保险人就保险合同所涉及的被保险人的营业额等相关情况提出的询问,并如实填写投保单。投保人故意或者因重大过失未履行如实告知义务,足以影响保险人决定是否同意承保或者提高保险费率的,保险人有权解除合同。保险合同自保险人的解约通知书到达投保人或被保险人时解除。投保人故意不履行如实告知义务的,保险人对于合同解除前发生的保险事故,不承担赔偿责任,并不退还保险费。投保人因重大过失未履行如实告知义务,对保险事故的发生有严重影响的,保险人对于合同解除前发生的保险事故,不承担赔偿责任,但应当退还保险费。

被保险人应当在国际货物运输代理合同范围内妥善收受、保管、安排、处置货物。如未按合同规定履行应尽责任的,保险人有权要求增加保险费或解除保险合同。

在保险期间内,如果出现足以影响保险人决定是否继续承保或是否增加保险费的保险合同重要事项变更,被保险人应及时以书面形式通知保险人,保险人有权要求增加保险费或者解除合同。保险人要求解除保险合同的,保险人按照保险责任开始之日起至合同解除之日止期间与保险期间的日比例计收保险费,并退还剩余部分保险费。被保险人未履行通知义务,因重要事项变更造成危险程度增加而导致保险事故发生的,保险人不承担赔偿责任。

被保险人一旦知道或应当知道保险责任范围内的委托人经济损失事故或货物损失事故发生,应该尽力采取必要、合理的措施,防止或减少损失,否则,对因此扩大的损失,保险人不承担赔偿责任;立即通知保险人,并以书面形式说明事故发生的原因、经过和损失情况;故意或者因重大过失未及时通知,致使保险事故的性质、原因、损失程度等难以确定的,保险人对无法确定的部分,不承担赔偿责任,但保险人通过其他途径已经及时知道或者应当及时知道保险事故发生的除外;如发生盗窃或抢劫事故的,应立即向当地公安机关或行政管理部门报案,并获得其立案或事故证明,否则,对因未及时报告而扩大的赔偿责任,保险人不负责赔偿;保护事故现场,允许并且协助保险人进行事故调查。对于拒绝或者妨碍保险人进行事故调查导致无法确定事故原因或核实损失情况的,保险人不承担赔偿责任。

被保险人收到赔偿请求人的损害赔偿请求时,应立即通知保险人。未经保险人书面同意,被保险人对赔偿请求人做出的任何承诺、拒绝、出价、约定、付款或赔偿,保险人不受其约束。对于被保险人自行承诺或支付的赔偿金额,保险人有权重新核定,不属于本保险责任范围或超出应赔偿限额的,保险人不承担赔偿责任。在处理索赔过程中,保险人有权自行处理由其承担最终赔偿责任的任何索赔案件,被保险人有义务向保险人提供其所能提供的资料和协助。

被保险人获悉可能发生诉讼、仲裁时,应立即以书面形式通知保险人;接到法院传票或其他法律文书后,应将其副本及时送交保险人。保险人有权以被保险人的名义处理有关诉讼或仲裁事宜,被保险人应提供有关文件,并给予必要的协助。对因未及时提供上述通知或必要协助引起或扩大的损失,保险人不承担赔偿责任。

保险事故发生后,依照保险合同请求保险人赔偿时,投保人、被保险人应提交以下材料:

(1)保险单;

(2)索赔申请;

（3）有关部门出具的事故证明；

（4）损失清单、损失证明材料、支付凭证（有关费用发票等）；

（5）相应的货物运输合同和国际货物运输代理合同（如有）；

（6）有关的法律文书（裁定书、裁决书、调解书、判决书等）或和解协议（如有）；

（7）被保险人上年度财务报表；

（8）其他投保人、被保险人所能提供的与确认保险事故的性质、原因、损失程度等有关的证明和资料。

投保人、被保险人未履行约定的单证提供义务，导致保险人无法核实损失情况的，保险人对无法核实部分不承担赔偿责任。

发生保险责任范围内的损失，应由有关责任方负责赔偿的，被保险人应行使或保留向该责任方请求赔偿的权利。保险事故发生后，保险人未履行赔偿义务之前，被保险人放弃对有关责任方请求赔偿的权利的，保险人不承担赔偿责任。保险人向被保险人赔偿保险金后，被保险人未经保险人同意放弃对有关责任方请求赔偿的权利的行为无效。在保险人向有关责任方行使代位请求赔偿权利时，被保险人应当向保险人提供必要的文件和其所知道的有关情况。由于被保险人的故意或者重大过失致使保险人不能行使代位请求赔偿的权利的，保险人可以扣减或者要求返还相应的赔偿金额。

八、附加条款

（一）特殊货物扩展责任保险条款

兹经双方同意，鉴于被保险人已交付了附加保险费，保险人根据附加险条款和主险条款规定，承担被保险人代理以下货物引起的赔偿责任：

（1）金银、珠宝、钻石、玉器、贵重金属；

（2）古玩、古币、古书、古画；

（3）艺术作品、邮票；

（4）活动物、牲畜、禽类和其他饲养动物及有生植物。

责任限额和免赔额的规定如下：

（1）附加险累计责任限额不超过主险累计责任限额的15%或100万元，两者以低者为准；

（2）每次事故责任限额以附加险累计责任限额的50%为限；

（3）每次事故免赔额同主险免赔额。

附加险条款与主险条款相抵触之处，以附加险条款为准，其他未尽事项以主险条款为准。

（二）第三者责任保险条款

经保险合同双方特别约定，鉴于投保人向保险人支付了相应的附加保险费，在保险期间内，被保险人及其代理人在从事国际货物运输代理业务过程中造成第三者的人身伤亡或财产损失，依法应由被保险人承担的民事赔偿责任，保险人按照附加保险合同的约定负责赔偿。保险合同所称第三者是指保险人、被保险人及其代理人和雇员以外的人。

责任免除的规定如下：

保险人对于下列损失、费用和责任，不负责赔偿：一是被保险人及其代理人和雇员的人身伤亡和损失；二是因机动车发生意外造成的第三者的人身伤亡或财产损失。

责任限额和免赔额的规定如下:

(1)本附加险累计责任限额不超过主险累计责任限额的30%;

(2)每次事故责任限额为本附加险累计责任限额的50%;

(3)每次事故免赔额同主险免赔额;

(4)人身伤亡赔偿限额为10万元/人,无免赔额。

附加险与主险条款内容相抵触之处,以附加险条款为准,其他未尽事项以主险条款为准。

第二节　物流责任保险实务

一、物流企业的责任风险

物流业是融合运输业、仓储业、货代业和信息业等的复合型服务产业,是国民经济的重要组成部分,涉及领域广,吸纳就业人数多,促进生产、拉动消费作用大,在促进产业结构调整,转变经济发展方式和增强国民经济竞争力等方面发挥着重要作用。

中国物流企业在提供物流服务过程中往往会面临种种风险,主要包括自己的财产损失风险和责任风险。责任风险则是物流服务企业经常发生的风险,在物流服务企业面临的风险中处于核心地位。责任风险是指由于企业或其工作人员或其雇佣人员的疏忽、过失等行为造成他人的人身伤害或财产损失,并且因此承担相应的民事赔偿责任。这种责任有时是非常大的,可能会造成物流企业经营人不堪重负,甚至导致企业破产。伴随着社会的进步,我国法律的不断完善,立法更加注重对受害人的保护,物流企业的责任在不断加大,随之带来的责任风险也不断增加。从物流服务的阶段来看,物流企业的责任风险主要来自以下几个过程。

(一)运输过程中的责任风险

从物流的角度讲,运输是指在不同的地域范围之间,以改变物品的空间为目的,对物品进行空间位移的活动。运输实际上是产品的生产过程在流通过程的继续,运输不改变物品的性质与外貌,只改变它们的空间位置,物流活动中的流量、流速、流向都要通过运输解决。运输是实现物质资料从供应地到接收地流动的最基本方式,因此也是物流各个环节中最主要的一环。运输的方式有很多种,包括铁路运输、陆路运输、航空运输、海上运输和管道运输等五种形式。物流企业由于员工自身工作的失误造成货物的毁损丢失或者错发错运、错误交货等是运输中最主要的责任风险。以海上货物运输为例,物流企业主要以两种身份参加运输:一是代理人身份;二是当事人身份。身份不同,法律地位就不同,因此法律责任也不同。作为托运人或者收货人的代理人,物流企业实际并不参与海上运输过程,如果发生货物损失,货主直接向承运人主张权利,物流企业不用承担责任。而如果物流企业经营无船承运人业务,签发提单并收取运费,一旦发生货损,物流企业则承担承运人的责任。现代物流观念下,物流企业往往会应客户的要求提供"门到门"的服务。比如一批机械设备从德国汉堡港通过海运方式运到中国青岛港后,还要将机械设备从机场送到客户指定的工厂,对于这样一段短途运输,物流企业往往只收取很低的费用,但是一旦发生货物损失,则往往会令物流企业面临巨额的赔偿。如果物流企业交由其他的承运人进行运输,那么由于其他承运人的过失造成货物的毁损丢失或者错发、错运、错误交货,物流企业同样要承担责任。此外,如果物流企业在自行运输过程中造成他人的财产损害或人身伤亡的,还要承担对第三人的损害赔偿责任。

(二)装卸与搬运过程中的责任风险

商品的物流离不开装卸与搬运。在同一地域或地点(如工厂、车站、机场、码头、货场、仓库等)范围内,以改变物品的存放地点或支撑状态为目的的活动称为装卸。在同一地域或地点范围内,以改变物品的空间位置(通常指短距离的空间位移)为目的的活动称为搬运。装卸与搬运就像接口,把物流中的运输、储存、包装等环节连接起来,从而使得物流作业完整而连贯。装卸与搬运看似简单,也不会创造价值,但是不合理的装卸与搬运方式不但降低劳动生产率,而且可能损害货物价值。装卸与搬运活动往往是造成客户货物毁损丢失的重要原因。此外,在装卸与搬运过程中造成他人财产损失或人身伤亡的,物流企业也要承担责任。一般来说,大型物流企业都有自己的雇佣工人,为客户提供装卸搬运服务。总体上讲,我国当前的装卸与搬运的机械化、自动化程度比较低,野蛮装卸造成的货物丢失、破损比较严重。因此,物流企业在这方面也可能支付很高的赔偿费用。

(三)仓储过程中的责任风险

储存是物流活动的关键因素之一,货物从离开生产线到交给最终用户之前,并不是都在流动的过程中,总是会在或长或短的时间里,因为各种原因被存放起来。仓库损坏、进水、通风不良、没有定期整理和维护等过失,都可能使物流企业对客户承担责任。现代物流的观念是"零库存",以此来节约库存成本,提高资金的流动性。但是因为要克服季节性因素或者为了储备,一定时期内的储存是必要的。即使在流通过程中,货物也会在配送中心、保税仓库等地点临时停放。在此期间,物流企业就要担负起保管人的责任。依据我国《民法典》合同编的规定,储存期间,因保管人保管不善造成仓储物毁损、灭失的,保管人应当承担损害赔偿责任。在一般情况下,为了装船、报关报检,物流企业将客户的货物存放在场站、保税仓库等地点,如果在此期间货物发生损失,物流企业会被视为保管人而被诉请承担法律责任。

(四)流通加工、包装配送过程中的责任风险

流通加工是对流通过程中的物质资料进行初加工,有别于物流中的其他环节。就目前的情况来看,物流企业进行流通加工的实例不多见,但随着客户需求的不断扩大,物流企业业务范围将会随之延伸。包装是指在流通过程中为保护产品、方便储存、促进销售,按一定技术方法而采用的容器、材料及辅助物等的总称,也指为了达到上述目的而采用容器、材料和辅助物的过程中施加一定技术方法等的操作活动。包装不符合要求而引起的损失,物流企业难辞其咎。在流通加工、包装配送过程中发生的财产损失或人身伤亡,物流企业要承担责任。

(五)信息服务过程中的责任风险

物流信息是指反映物流各种活动内容的知识、资料、图像、数据、文件的总称。信息处理是指对物流过程中各种信息的汇集、加工、处理,形成物流过程中的信息流。信息处理离不开物流信息技术,如:条形码技术、EDI技术、激光扫描技术、无线射频识别(RFID)技术、地理信息系统(GIS)技术、全球定位系统(GPS)技术、电子自动订货系统(EOS)、销售时点信息系统(POS)、智能运输系统(ITS)等。物流的各个环节如果要衔接得好,则必须要保持信息处理的准确与及时,错误或者延迟的信息会造成物流活动时间成本和管理成本的提高,从而降低物流的整体效率。由于信息错误或者延误,造成货物发货、配送、运输等出现差错的,物流企业便可

能会承担责任。

物流企业面临的责任风险,综上所述,体现在以下几个方面:一是对货物的灭失和损坏带来的经济赔偿责任风险;二是对有关费用赔偿责任风险;三是因侵权行为,造成第三方人身伤亡或财产损失赔偿责任风险;四是环境污染和危险品泄漏责任风险。

现代物流业的发展迫切要求保险提供支持。很多时候,委托方直接与保险公司打交道可能更为方便,所以实践中委托方并不一定要求第三方物流企业代其投保。在这种情况下,很多第三方物流企业认为既然委托方已自行投保,便没有必要投保物流责任保险。其实,委托方投保的仅仅是货物财产险,对于因第三方物流企业责任造成的货物损失,保险公司仍然可以取得向第三方物流企业追偿的代位权。因此,从有效防范风险的角度出发,即便是在委托方自行投保的情况下,第三方物流企业仍有必要投保物流责任保险。

二、物流责任保险的被保险人

物流责任保险的被保险人应当是从事运输(含运输代理、货物快递)或仓储经营业务,并能够按照客户物流需求对运输、储存、装卸、包装、流通加工、配送等基本功能进行组织和管理,具有与自身业务相适应的信息管理系统,实行独立核算、独立承担民事责任的物流企业。为了推动物流业加快发展,规范物流市场竞争秩序,引导物流企业健康发展。我国推出《物流企业分类与评估指标》的国家标准。标准从技术层面明确界定了物流企业的范畴,一方面为物流企业提出了明确的标准指标和要求,引导物流企业规范发展,提高物流企业服务质量和一体化、信息化水平,提升物流产业的发展水平;另一方面为市场寻求物流供应商提供了明确的判断标准、基本目标和重要参照。

物流企业目前主要划分为运输型、仓储型、综合服务型三种类型。

(一)运输型物流企业

运输型物流企业应同时符合以下要求:

(1)以从事货物运输服务为主,包括货物快递服务或运输代理服务,具备一定规模。

(2)可以提供门到门运输、门到站运输、站到门运输、站到站运输服务和其他物流服务。

(3)企业自有一定数量的运输设备。

(4)具备网络化信息服务功能,应用信息系统可对运输货物进行状态查询、监控。

(二)仓储型物流企业

仓储型物流企业应同时符合以下要求:

(1)以从事仓储业务为主,为客户提供货物储存、保管、中转等仓储服务,具备一定规模。

(2)企业能为客户提供配送服务以及商品经销、流通加工等其他服务。

(3)企业自有一定规模的仓储设施、设备,自有或租用必要的货运车辆。

(4)具备网络化信息服务功能,应用信息系统可对货物进行状态查询、监控。

(三)综合服务型物流企业

综合服务型物流企业应同时符合以下要求:

(1)从事多种物流服务业务,可以为客户提供运输、货运代理、仓储、配送等多种物流服务,具备一定规模。

(2)根据客户的需求,为客户制定整合物流资源的运作方案,为客户提供契约性的综合物流服务。

（3）按照业务的要求，企业自有或租用必要的运输设备、仓储设施及设备。

（4）企业具有一定运营范围的货物集散、分拨网络。

（5）企业配置专门的机构和人员，建立完备的客户服务体系，能及时、有效地提供客户服务。

（6）具备网络化信息服务功能，应用信息系统可对物流服务全过程进行状态查询和监控。

三、物流责任保险险别的选择

目前，我国主要的几大保险公司除开设物流责任基本险外，还有附加盗窃责任保险，附加提货不着责任保险，附加冷藏货物责任保险，附加错发错运费用损失保险，附加流通加工、包装责任保险，以及附加危险货物第三者责任保险等附加险供物流企业选择投保。

四、物流责任保险主险承保范围

在保险期间，被保险人在经营物流业务过程中，由于下列原因造成物流货物的损失，依法应由被保险人承担赔偿责任的，保险人根据保险合同的约定负责赔偿：

（1）火灾、爆炸；

（2）运输工具发生碰撞、出轨、倾覆、坠落、搁浅、触礁、沉没，或隧道、桥梁、码头坍塌；

（3）碰撞、挤压导致包装破裂或容器损坏；

（4）符合安全运输规定而遭受雨淋；

（5）装卸人员违反操作规程进行装卸、搬运。

保险人根据保险合同的约定负责赔偿：保险事故发生后，被保险人因保险事故而被提起仲裁或者诉讼所支付的仲裁费用、诉讼费用以及事先经保险人书面同意支付的其他必要的、合理的费用（以下简称法律费用）。

五、物流责任保险除外责任

（1）下列原因造成的损失、费用和责任，保险人不负责赔偿：

①自然灾害。

（注：保险合同中所称自然灾害是指雷击、暴风、暴雨、洪水、暴雪、冰雹、沙尘暴、冰凌、泥石流、崖崩、突发性滑坡、火山爆发、地面突然塌陷、地震、海啸及其他人力不可抗拒的破坏力强大的自然现象。）

②被保险人的故意或重大过失行为。

③战争、外敌入侵、敌对行动（不论是否宣战）、内战、反叛、革命、起义、罢工、骚乱、暴动、恐怖活动。

④核辐射、核爆炸、核污染及其他放射性污染。

⑤执法行为或司法行为。

⑥公共供电、供水、供气及其他的公共能源中断。

⑦大气、土地、水污染及其他各种污染。

（2）下列原因造成的损失和费用，保险人不负责赔偿：

①被保险人自有的运输或装卸工具不适合运输或装载物流货物，或者被保险人自有的仓

库不具备存储物流货物的条件。

②物流货物设计错误、工艺不善、本质缺陷或特性、自然渗漏、自然损耗、自然磨损、自燃或由于自身原因造成腐烂、变质、伤病、死亡等自身变化。

③物流货物包装不当,或物流货物包装完好而内容损坏或者不符,或物流货物标记错制、漏制、不清。

④发货人或收货人确定的物流货物数量、规格或内容不准确。

⑤物流货物遭受盗窃或不明原因的失踪。

(3)下列物流货物的损失,依法应由被保险人承担赔偿责任的,保险人不负责赔偿。但由保险人向被保险人事先提出申请并经被保险人书面同意的不在此限:

①金银、珠宝、钻石、玉器、贵重金属;

②古玩、古币、古书、古画;

③艺术作品、邮票;

④枪支弹药、爆炸物品;

⑤现钞、有价证券、票据、文件、档案、账册、图纸。

(4)下列损失、费用和责任,保险人不负责赔偿:

①被保险人及其雇员的人身伤亡或所有的财产损失;

②储存在露天的物流货物的损失或费用;

③盘点时发现的损失,或其他不明原因的短量;

④在水路运输过程中存放在舱面上的物流货物的损失和费用,但集装箱货物不在此限;

⑤精神损害赔偿;

⑥被保险人的各种间接损失;

⑦罚款、罚金或惩罚性赔偿;

⑧发生在中华人民共和国境外的财产或费用的损失;

⑨保险合同中载明的免赔额。

其他不属于保险责任范围内的损失、费用和责任,保险人不负责赔偿。

六、物流责任保险附加险条款

附加险是相对于主险而言的,是指附加在主合同下的附加合同。附加险不可以单独投保,要购买附加险必须先购买主险。一般来说,附加险与主险相比,保险费较为低廉,附加险与主险相配合,能够为被保险人提供更多的保障和选择。在投保物流责任保险主险的基础上,投保人可以投保下列附加险。

(一)附加盗窃责任保险条款

经保险合同双方特别约定,且投保人已交纳相应的保险费,被保险人在经营物流业务过程中,由于盗窃造成物流货物的损失,依法应由被保险人承担赔偿责任的,保险人按保险合同约定负责赔偿。本条款与物流责任保险条款相抵触之处,以本条款为准;其他未尽事项以物流责任保险条款为准。物流责任保险主险明确将物流货物因遭受盗窃造成的损失作为除外责任,附加盗窃责任保险填补了这个空白。物流企业在为客户提供运输、储存、装卸搬运过程中,可能会因为有人盗窃了物流货物,而由物流企业向其客户赔偿损失,因此盗窃责任保险就显得十分必要了。

（二）附加提货不着责任保险条款

经保险合同双方特别约定,且投保人已交纳相应的保险费,被保险人在经营物流业务过程中,由于运输过程中提货不着造成物流货物的损失,依法应由被保险人承担赔偿责任的,保险人按保险合同约定负责赔偿。本条款所称提货不着是指在物流运输过程中物流货物不明原因地失踪。本条款与物流责任保险条款相抵触之处,以本条款为准;其他未尽事项以物流责任保险条款为准。

该附加险是针对物流责任保险主险将物流货物不明原因的失踪排除在保险责任范围之外而设立的附加险。通过投保附加提货不着责任保险,物流企业可以将在物流运输过程中物流货物不明原因失踪的赔偿责任转嫁给保险公司。

（三）附加冷藏货物责任保险条款

经保险合同双方特别约定,且投保人已交纳相应的保险费,被保险人在经营物流业务过程中,由于冷藏机器或隔温设备损坏并连续停止工作达 24 小时以上而致保险标的解冻融化后腐烂造成的损失,依法应由被保险人承担赔偿责任的,保险人按保险合同约定负责赔偿。本条款与物流责任保险条款相抵触之处,以本条款为准;其他未尽事项以物流责任保险条款为准。

（四）附加错发错运费用损失保险条款

经保险合同双方特别约定,且投保人已交纳相应的保险费,被保险人在经营物流业务过程中,由于被保险人的雇员的过失或信息系统故障导致信息处理错误造成物流货物发错目的地,对于被保险人因此重新运输该物流货物所增加的合理的、必要的运输费用,保险人依照保险合同的约定负责赔偿。

发生本附加险保险责任范围内的损失,保险人对每次事故的赔偿金额不超过保险合同中列明的每次事故责任限额的 10%;在本保险期间,保险人的累计赔偿金额不超过保险合同中列明的累计责任限额的 10%。本条款与物流责任保险条款相抵触之处,以本条款为准;其他未尽事项以物流责任保险条款为准。

（五）附加流通加工、包装责任保险条款

1. 保险责任

在本保险期间或保险单中列明的追溯期内,被保险人在保险单明细表列明的承保区域范围内对物流货物进行流通加工、包装,造成使用、消费或操作该物流货物的第三者人身伤害、疾病或死亡或财产损失,依法应由被保险人承担的赔偿责任,由受害人在保险期间首次向被保险人提出索赔的,保险人根据保险合同的约定负责赔偿。

2. 责任免除

下列损失、费用和责任,保险人不负责赔偿:

物流货物本身的损失以及被保险人退换、召回或修理物流产品所发生的费用;物流货物造成飞行物或船舶的损害;物流货物造成的大气、土地、水污染及其他各种污染;被保险人的任何合同责任,但即使没有该合同,被保险人仍应承担的责任不在此限。

3. 责任限额

发生本附加险保险责任范围内的损失,保险人对每次事故的赔偿金额不超过保险合同中列明的相应的每次事故责任限额;对于每人人身伤亡,保险人的赔偿金额不超过保险单明细表列明的相应的每人人身伤亡责任限额。在本保险期间内,保险人的累计赔偿金额不超过保险合同中列明的相应的累计责任限额。

(六)危险货物第三者责任保险条款

在保险期间内,危险货物在物流过程中,发生主险责任范围内的保险事故,造成第三者人身伤亡或财产损失,并由第三者在保险期间内首次向被保险人提出索赔的,依照中华人民共和国法律应由被保险人承担的经济赔偿责任,保险人按照本附加险条款约定在责任限额内负责赔偿。

危险货物,是指《危险货物分类和品名编号》(GB 6944)及《危险货物品名表》(GB 12268)中列明并在主险责任范围之内的物流货物。第三者是指保险人、被保险人及其雇员、委托人和收货人及其雇员或者除代理人以外的人。

七、投保人、被保险人义务

(一)告知义务

投保人应履行如实告知义务,如实回答保险人就被保险人的有关情况提出的询问,并如实填写投保单。投保人故意或者因重大过失未履行前款规定的如实告知义务,足以影响保险人决定是否同意承保或者提高保险费率的,保险人有权解除合同。投保人故意不履行如实告知义务的,保险人对于合同解除前发生的保险事故,不承担赔偿责任,并不退还保险费。投保人因重大过失未履行如实告知义务,对保险事故的发生有严重影响的,保险人对于合同解除前发生的保险事故,不承担赔偿责任,但应当退还保险费。

(二)支付保险费

投保人应按本保险合同的约定预付保险费。若投保人未按照约定预付保险费,保险费预付前发生的保险事故,保险人不承担赔偿责任。

(三)遵守法律、法规

被保险人应严格遵守国家法律、法规、规章和制度,加强管理,采取合理的预防措施,避免或者减少责任事故的发生。

对于因被保险人未遵守上述约定而导致责任事故的,保险人有权拒绝赔偿;对于因被保险人未遵守上述约定而导致责任事故扩大的,保险人有权拒绝赔偿责任扩大的部分。

(四)通知义务

在保险期间内,若保险单所载事项或相关物流合同发生变更的,被保险人应及时以书面形式通知保险人。对于本保险合同危险程度显著增加的,保险人有权要求增加保险费或解除合同。在保险期间内,对于物流货物的物流情况,被保险人应按照与保险人的约定填写物流责任保险申报单,及时向保险人申报。保险人根据物流责任保险申报单计算实际保险费。被保险人未履行通知或申报义务,因危险程度显著增加而导致保险事故的,保险人不承担赔偿责任。

被保险人获悉可能发生诉讼、仲裁时,应立即以书面形式通知保险人;接到法院传票或其他法律文书后,应将其副本及时送交保险人。保险人有权以被保险人的名义处理有关诉讼或仲裁事宜,被保险人应提供有关文件,并给予必要的协助。对因未及时提供上述通知或必要协助引起或扩大的损失,保险人不承担赔偿责任。

被保险人收到物流委托人的损害赔偿请求时,应立即通知保险人。未经保险人书面同意,被保险人对物流委托人做出的任何承诺、拒绝、出价、约定、付款或赔偿,保险人不受其约束。对于被保险人自行承诺或支付的赔偿金额,保险人有权重新核定,不属于本保险责任范围或超出应赔偿限额的,保险人不承担赔偿责任。在处理索赔过程中,保险人有权自行处理由其承担最终赔偿责任的任何索赔案件,被保险人有义务向保险人提供其所能提供的资料和协助。

(五)施救义务

被保险人一旦知道或应当知道保险责任范围内的物流货物损失事故发生,就应该做到以下几点:

(1)尽力采取必要、合理的措施,防止或减少损失,否则,对因此扩大的损失,保险人不承担赔偿责任。

(2)立即通知保险人,并以书面形式说明事故发生的原因、经过及损失程度;故意或者因重大过失未及时通知,致使保险事故的性质、原因、损失程度等难以确定的,保险人对无法确定的部分,不承担赔偿责任,但保险人通过其他途径已经及时知道或者应当及时知道保险事故发生的除外。

(3)允许并且协助保险人进行事故调查;对于拒绝或者妨碍保险人进行事故调查导致不能确定事故原因或核实损失情况的,保险人对无法确定或核实的部分不承担赔偿责任。

(六)提交单证

被保险人向保险人申请赔偿时,应提交保险单正本、索赔申请、损失清单、责任认定证明、支付凭证、有关的法律文书(裁定书、裁决书、调解书、判决书等)或和解协议,以及其他投保人、被保险人所能提供的与确认保险事故的性质、原因、损失程度等有关的证明和资料。投保人、被保险人提供单证不及时,导致保险人无法核对单证及其记载事项的真实性的,保险人有权对不能核实部分拒绝赔偿。

(七)协助追偿

发生保险责任范围内的损失,应由有关责任方负责赔偿的,被保险人应行使或保留行使向该责任方请求赔偿的权利。保险事故发生后,保险人未履行赔偿义务之前,被保险人放弃对有关责任方请求赔偿的权利的,保险人不承担赔偿责任。

保险人向被保险人赔偿保险金后,被保险人未经保险人同意放弃对有关责任方请求赔偿的权利的,该行为无效。在保险人向有关责任方行使代位请求赔偿权利时,被保险人应当向保险人提供必要的文件和其所知道的有关情况。

由于被保险人的故意或者重大过失致使保险人不能行使代位请求赔偿的权利的,保险人可以扣减或者要求返还相应的赔偿金额。

第三节 船东保赔保险

一、船东保赔保险和保赔协会概述

(一)船东保赔保险和保赔协会的概念

1. 船东保赔保险

船东保赔保险(P&I Insurance)是指由船东自己组织起来,彼此之间相互保障,共同分担属于船东承担责任的一种互助性保险。保赔保险的标的主要是船东的责任,主要承保商业保险公司的船舶保险责任之外的危险和风险。

2. 船东保赔协会

船东保赔协会是船舶所有人自己组织起来,相互之间互助保障性质的组织,共同分担属于会员的责任。每个会员既是保险人又是被保险人。因此,保赔协会是一种互助合作性质的、非营利性的保险组织。

3. 船东的概念

对入会船而言,船东主要是指船舶所有人、合伙所有人、股份持有人、共有人、抵押权人、受托人、租赁人、经营人、管理人或建造人,以及在入会证书或保险背书上载明的任何其他人,船舶由该人或以该人名义加入本协会保险,不论其是否是本协会的会员。

(二)船东保赔保险和保赔协会产生的原因

由于船舶保险人在船舶保险合同中仅承保被保险标的物船舶本身的损坏和相关的费用,对船东的责任保障不够以及对船东在经营过程中一些风险未能给予承保,使得船东不得不寻求风险保障。例如,船舶保险人对碰撞责任保障不足,保险人对于超额碰撞责任和1/4碰撞责任是不予赔偿的;保险人不承保人身伤亡、疾病的风险,如船方过失造成人身伤亡、本船船员伤亡等;保险人也不承保船方在不适航、管货过失等情况下对货损应负的责任。

(三)船东保赔协会的发展

世界上第一家保赔协会是1855年5月1日在英国成立的船东互保协会,目前国际上已有数十家船东保赔协会。另外,为了协调各保赔协会的利益和关系,借助雄厚资金和信誉,以及安排分保以分散风险的目的,国际上又专门成立了国际保赔集团。该集团已成为国际保赔业的核心组织,在国际航运业扮演着重要角色。

中国船东保赔协会是在1984年1月1日成立的,我国绝大多数船公司都加入该协会,中国船东保赔协会已成为我国船舶保赔保险的主要承保人。中国船东互保协会在2011年6月15日的入会船舶规模突破了3 000万总吨。

(四)保赔协会的特点和作用

1. 保赔协会的特点

保赔协会具有附属性(补充船舶保险)、互助性、非营利性、充分保障性等特点。

2. 保赔协会与商业保险公司的主要区别

保赔协会主要承保的是船东的责任,保险公司承保的是保险标的的损坏或灭失;保赔协会中船东既是保险人又是被保险人,保险公司中船东仅是被保险人;保赔协会利益与船东利益一致,保险公司与船东利益基本上是相冲突的;保赔协会为非营利性保险组织,保险公司为营利性保险组织;保赔协会的赔偿责任(油污除外)是无限的,保险公司的赔偿额以保险金额为限。

3. 保赔协会的作用

根据保赔协会的章程,保赔协会主要为入会船公司提供下列服务:帮助处理事故;提供担保;技术咨询;安全调查;培训人员等。

二、中国船东互保协会保险主要承保风险范围

中国船东互保协会保险主要承保以下风险。

(一)人身伤亡、疾病

(1)协会承保对任何入会船船员的伤、病或死亡支付赔偿金或补偿费的责任,以及因此项伤、病或死亡所产生的必要的医药、住院、丧葬费(包括尸体运送费用)及其他费用,包括该船员的遣返费用和派遣替换船员的费用。

(2)协会承保对任何人员的伤、病或死亡支付赔偿金或补偿费的责任,以及因此项伤、病或死亡所产生的必要的医药、住院、丧葬费(包括尸体运送费用),对从事入会船货物作业的任何人员的伤、病或死亡支付赔偿金或补偿费的责任。

上述规定责任的保险仅限于发生在入会船上的,或与入会船有关的,或在装货港从托运人或者上一程承运人收到货物时起至在卸货港向收货人或下一程承运人交付货物时止的时间与货物作业有关的疏忽行为或者不作为所产生的责任。

(3)协会承保对任何旅客的伤、病或死亡支付赔偿金或补偿费的责任,及因此项伤、病或死亡而产生的医药、住院、丧葬费(包括尸体运送费用);由于入会船发生海难事故而应支付该船上旅客的赔偿金或补偿费,包括支付旅客前往目的港或返回登船港的费用及旅客在岸基本生活费用;对旅客行李物品的灭失或损坏支付赔偿金或者补偿费的责任。

(二)对财产的责任

(1)个人物品、财产。协会承保对入会船上船员或旅客或其他任何人的物品、财产。对船员的私人物品,限于海事引起的生活必需品的损失;对旅客或其他任何人的行李、物品,限于法定赔偿责任,并排除贵重物品、珠宝、货币、债券和票据等。

(2)财产的灭失和损坏。协会承保会员根据本条其他各项规定不能索赔的入会船对船外其他任何财产的侵权责任。例如,船舶碰损码头对码头造成的营运损失、船锚钩断海底电线引起的责任、入会船爆炸对岸上财产造成的损害等。

(3)对货物赔偿责任。本项承保包括不适航或管货过失造成的货损货差、处置受损货物或收货人不提货引起的无法从他方收回的额外费用等。但对入会会员有下列的限制,具体如下:

①在运输合同中只能接受中国《海商法》或经协会经理部认可的适用《海牙规则》《海牙-威斯比规则》作为货物责任的法律基础,对会员自愿接受的超出部分,协会不负责。

②发生不正当绕航使会员丧失单位责任限制,一年时效保护及航海过失免责等权利时,协

会不负责,除非绕航是协会授权的或会员立即通知了协会而且协会经理部仍接受承保。

③协会对装于甲板上的货物也不负责,除非不违反运输合同、航运惯例和相关法规。

④除会员与经理部另有协议者外,协会对下列责任和费用不负责:未将货物卸在运输合同规定的港口或地点;未凭可转让提单或类似物权凭证的正本交付货物;签发预借或倒签提单;船方知晓装载的货物与载明的货物情况不符,而签发内容错误的提单;入会船未抵达装货港或迟到装货港或未将已订船货物装上船;会员或其他经营人故意违反运输合同。

⑤对从价货物,保险赔偿责任限于每件货不超过2 500美元。

⑥对稀有和贵重货物的损失责任概不承保。

(4)入会船上的财产。本项承保会员对入会船上不属于会员拥有的或租用的设备、货物或船员、旅客个人物品之外的财产(如货方的集装箱、租船人的燃油、垫舱物料等)的侵权责任风险。

(三)由合同产生的责任

船东互保协会原则上只愿意承保法律加诸会员或入会船的责任(侵权责任),故对因合同而产生的责任明确予以限制,除因入会船发生海事而引起的对旅客的责任外,会员应事先将合同条款交协会经理部确认并按要求支付额外保险费,否则协会董事会可自由决定是否赔偿会员因合同条款而引起的责任。

根据拖带合同产生的责任,协会承保为进出港或在港内移动而雇用拖船,对于其他情况下被拖或用作拖船,会员须事先将拖带合同送协会经理部确认;在海上发现他船或他物遇难而救助他船或他物,不属于依据合同的拖带。

(四)碰撞责任

本项中碰撞责任只限于入会船与他船发生碰撞的责任,不包括与船舶之外的固定或浮动物体相碰撞的责任,后者是由其他项下财产的灭失和损坏来承保的。

不论入会船的船舶保险单是否实际上承保了碰撞责任,协会对入会船与他船发生碰撞的责任,只限于船舶保险单中的碰撞条款所不予承保的责任,这包括两大项:超额责任,承保超过保险金额的那一部分碰撞责任,但保险金额不能低于投保船舶险时的实际价值,否则协会只负责超过入会船实际价值的碰撞责任;除外责任,包括油污损害、人身伤亡和对港口当局的责任。此外,协会也负责入会的船舶保险人未保的1/4碰撞责任。

(五)有关费用的责任

(1)改变航线的费用。协会承保在两种情况下出于人道主义改变航线而发生的额外港口费、伙食物料费、燃油、保险费及船员工资和津贴:第一种情况是船上发生人身伤亡或疾病,需要送上岸就医或替换船员;第二种情况是处理偷渡或避难人员。协会不负责改变航线引起的船期损失,只负责额外支出的费用。为处理偷渡或避难人员而改变航线,对货物来说属于不正当绕航,会员可投保绕航风险,其保险费亦是协会应赔偿的。

(2)安排偷渡与避难人员的费用,如偷渡、避难人员的住宿费、签证费、遣返费等。

(3)救助人命费用以及支付救助人的特殊费用。

(4)检疫费用,承担检疫、消毒费用和额外的航次费用,但不负责会员的营运损失(利润及固定成本)。

(5)由船方负担的共同海损费用。承保指由于入会船的分摊价值高于保险金额而无法依船舶险保单索赔的那一部分,这也是船壳保险的超额责任。但限于投保船舶保险时该船的实际价值低于船舶分摊价值所引起的超额责任部分,如果保险金额低于实际价值。无法取得赔偿的共同海报分摊费用,如会员违约而无法向货方收取的共同海损分摊费用、特殊费用或救助费用,可向协会索赔。

(6)各种罚款。除超载或违反 MARPOL 73/78 等引起者外,会员或入会船上的船员被任何法院、法庭或主管当局处罚的款项,一般也予以赔偿。但对船员的罚款限于会员依法应补偿船员或协会经理部同意补偿船员者。此外,协会还负责赔偿因违反海关法规导致的船舶被没收,但以没收日的船舶市价为限,且以会员已采取合理措施防止违反海关法规为条件。

(7)海事调查费用,但限于对承保的事故的调查,而且须事先征得经理部的同意。

(8)为船舶营运而产生的费用。本项规定董事会对其他未明确落入本条款某项承保风险范围内的风险,可自由裁量决定赔偿会员,但明确必须不是船舶险保单通常承保的风险、船期延误引起的营运损失、违反租约的损失或运费或者滞期费损失等。

(9)损害防止和法律费用。法律诉讼费用亦限于与承保的事故有关者,且事先需取得经理部的同意。

(10)执行本协会指示而开支的费用。这是一种特殊的损害防止费用,通常是保赔协会主动介入施救行动的结果,保赔协会也承担会员因此而支出的费用。

(六)污染风险

本项规定涵盖任何原因造成的入会船的污染责任风险,包括会员因履行"油船所有人自愿承担油污责任协议"(TOVALOP)而支付的费用,以及会员为避免或减轻污染损害采取合理措施所支付的费用,以及因此种措施造成的财产损失。

对油污损害责任的赔偿最多不超过每起事件 10 亿美元,该数额与西方主要船东互保协会的限额相同。

(七)其他方面责任

(1)残骸处理的责任

入会船因海事(战争危险造成的除外)成为残骸(包括其上货物和其他财产)所发生的清除残骸、设置标记等支出的费用,或残骸未及时清除、标记而产生的污染、阻塞航道或者他船与之碰撞而产生的责任等,皆在承保范围之内。如果船舶保险人或他人没有取得残骸的所有权,则残骸的获救价值就须予以扣除。

(2)集装箱联运责任

本项只承保入会船上会员自有的或租用的集装箱产生的责任和费用,不包括集装箱本身的灭失或损害,不及于对箱内货物的责任。此种集装箱被视为入会船的延伸部分,协会承担此种集装箱的责任风险,但对陆运或空运过程中发生的责任以每起事故 540 万美元为限,或以入会证书上或其他文件上载明的数额为限。本项风险需由会员额外支付保险费,而且联运契约需事先得到经理部同意。对使用会员或其雇佣人员所拥有的、占有的、经营的、驾驶的或使用的陆上运输工具运输此种集装箱过程发生的责任或费用,本保险不负责赔偿。

三、中国船东互保协会除外责任

中国船东互保协会对以下原因造成的责任不予承担责任。

（一）船舶险承保风险

协会对于本应由船舶险保险人承保的责任、开支或费用不负赔偿责任。

（二）战争风险

当引起会员任何责任、开支或费用的损失或损坏，人员伤亡病，或其他事故是由于以下原因造成时，协会对会员的此项责任、开支或费用不负赔偿责任（不论会员或其雇佣人员或代理人员的任何疏忽是否是产生这些责任、开支或费用的原因之一）：

（1）战争、内战、革命、叛乱、暴动或由此而引起的内乱，或由或对交战武装力量做出的任何敌对行为，或任何恐怖行为（但是，对某件行为是否构成恐怖行为存在争议时，董事会的决定应是终局性结论）。

（2）捕获、扣押、扣留、禁运或羁押（船长或船员的不法行为和海盗行为除外），及其后果，或进行这些行为的任何尝试。

（3）水雷、鱼雷、炸弹、火箭、炮弹、爆炸物或其他类似战争武器（仅因运输任何这些武器而产生的责任、开支和费用除外，不论这些武器是否在入会船上），但是本项除外不适用于由于政府的命令而使用这些武器，或是根据董事会或者经理机构为避免或减轻协会承保范围内的责任、开支或费用所做出的书面批准而使用这些武器。

（三）核风险

协会对由于下列原因直接或间接造成的或者引起的任何责任、开支或费用，或归因于下列原因所产生的任何责任、开支或费用不负赔偿责任：

（1）由于下列物质或设施产生的核辐射，或下列物质或者设施的放射性、有毒性、爆炸性、污染性和其他危险性：任何核燃料、核废料或核燃料的燃烧，或任何核设施、核反应堆或者其他核装置和其核部件。

（2）任何应用原子或核裂变与核聚变的战争武器，或者其他类似的核反应或核放射武器或者物质。

（四）双重保险

除非董事会另做决定，协会对会员可从任何其他保险下获得赔偿的责任、开支或费用不负赔偿责任。协会对除了在其他保险中订有对双重保险不负责任或限定责任的条款外，还假定船舶并未在本协会投保本保险条款规定风险的情况下，会员本可从该其他保险中获得赔偿的责任、开支或费用也不负赔偿责任。

（五）轻率贸易

承运违禁品、偷越封锁、非法贸易，或轻率或者冒险经营协会对入会船承运违禁品、偷越封锁，或从事非法贸易，或董事会考虑所有因素后认为入会船所进行的运输、贸易或航程不谨慎、不安全、过于危险或不恰当所产生的索赔不负赔偿责任。

（六）无纸贸易

协会不承担使用除协会经理机构书面确认的电子贸易系统外的任何电子贸易系统所产生的那些特有的责任、费用和损失，即如使用纸制贸易系统便不会产生的责任、费用和损失（协会对此具有唯一的裁量权）。

电子贸易系统是指用于货物买卖或海上货物运输或者部分海上货物运输或其他运输方

式,以替代或意欲替代纸制文件的系统,且这些文件为:①物权凭证;②使持有人有权接受或占有此文件中所指的货物;③运输合同的证明,运输合同当事人凭此合同可将其权利和义务转让给第三方。"文件"是指记录了任何名目信息的任何载体,包括但不限于计算机或其他电子方式生成的信息。

四、中国船东互保协会损害赔偿最高限额与免赔额

（一）损害赔偿最高限额

对油污损害责任的赔偿每起事故不超过 10 亿美元。

（二）免赔额

(1)船员生病和受伤,每次挂港每人 500 美元。

(2)货物索赔,每航次 1 000 美元。

(3)罚款,每次 500 美元。

(4)旅客伤亡病,每位旅客为 500 美元,每起事故最高 5 000 美元。

第四节 船舶油污损害民事责任保险

油污损害民事责任保险是指由于被保险船舶在油污损害中承担的油污损害赔偿责任由保险人承保的一种责任保险。

一、船舶油污损害民事责任保险实施办法

为完善船舶污染事故损害赔偿机制,建立船舶油污损害民事责任保险制度,根据《中华人民共和国海洋环境保护法》《海商法》《中华人民共和国防治船舶污染海洋环境管理条例》等法律、行政法规和我国缔结或者参加的有关国际条约,中华人民共和国交通运输部颁布了《中华人民共和国船舶油污损害民事责任保险实施办法》(以下简称《办法》),并于自 2010 年 10 月 1 日起施行。

（一）适用范围

除 1 000 总吨以下载运非油类物质的船舶无须投保外,航行于中华人民共和国管辖海域内的其他船舶均必须投保船舶油污损害民事责任保险,具体说就是包括所有载运持久性油类或非持久性油类物质的船舶,以及 1 000 总吨以上载运非油类物质的船舶,不论其是国际航行船舶还是国内航行船舶。因此,《办法》的适用范围就明确在我国管辖海域内航行的以下三类船舶应当按照该办法的规定参加强制保险:一是 1 000 总吨以上载运非油类物质的船舶;二是所有载运非持久性油类物质的船舶;三是所有载运散装持久性油类物质的船舶。

（二）船舶油污损害民事责任保险机构

目前从事船舶油污损害民事责任保险的保险机构主要分为两类,即商业性保险机构和互助性保险机构。为保证船舶油污民事责任制度的有效实施,又保护中国船东的利益,避免对现有油污险业务市场秩序产生不必要的影响,《办法》规定从事中国籍船舶油污损害民事责任保

险保险机构,无论是商业性保险机构还是互助性保险机构,无论是境外的还是境内的,均应满足相关登记注册、人员、财务状况、赔付能力、服务信誉等要求,并向国家海事管理机构提交相关材料,经国家海事管理机构核实确认后向社会公布。

(三)保险额度

在中华人民共和国管辖海域内航行的载运散装持久性油类物质的船舶,投保油污损害民事责任保险或者取得其他财务保证,应当不低于以下额度:

(1)5 000 总吨以下的船舶为 451 万特别提款权;

(2)5 000 总吨以上的船舶,除前项所规定的数额外,每增加 1 吨,增加 631 特别提款权,但是,此总额度在任何情况下不超过 8 977 万特别提款权。

在中华人民共和国管辖海域内航行的载运非持久性油类物质的船舶,以及 1 000 总吨以上载运非油类物质的船舶,投保油污损害民事责任保险或者取得其他财务保证,应当不低于以下额度:

(1)20 总吨以上、21 总吨以下的船舶,为 27 500 特别提款权;

(2)21 总吨以上、300 总吨以下的船舶,除第(1)项所规定的数额外,每增加 1 吨,增加 500 特别提款权;

(3)300~500 总吨的船舶,为 167 000 特别提款权;

(4)501~30 000 总吨的船舶,除第(3)项所规定的数额外,每增加 1 吨,增加 167 特别提款权;

(5)30 001~70 000 总吨的船舶,除第(4)项所规定的数额外,每增加 1 吨,增加 125 特别提款权;

(6)70 001 总吨以上的船舶,除第(5)项所规定的数额外,每增加 1 吨,增加 83 特别提款权。

(四)船舶油污损害民事责任保险证书

中国籍船舶投保船舶油污损害民事责任保险或者取得其他财务保证之后,应当按以下规定向船籍港所在地的直属海事管理机构申请办理相应船舶油污损害民事责任保险证书:

(1)载运持久性油类物质的船舶,应当办理"油污损害民事责任保险或其他财务保证证书";

(2)1 000 总吨以上的载运非持久性油类物质的船舶,应当办理"燃油污染损害民事责任保险或其他财务保证证书""非持久性油类污染损害民事责任保险或其他财务保证证书";

(3)1 000 总吨以下的载运非持久性油类的船舶,应当办理"非持久性油类污染损害民事责任保险或其他财务保证证书";

(4)1 000 总吨以上的载运非油类物质的船舶,应当办理"燃油污染损害民事责任保险或其他财务保证证书"。

中国籍船舶申请办理船舶油污损害民事责任保险证书,应向海事管理机构提交以下材料:

(1)申请书;

(2)有效的船舶油污损害民事责任保险单证或者其他财务保证证明;

(3)船舶国籍证书。

二、船舶油污损害民事责任保险条款

以下是中国平安财产保险股份有限公司平安船舶污染责任保险条款的主要内容。

（一）船舶所有人

船舶所有人包括船舶的登记所有人及本保险合同记载的光船承租人、管理人和经营人，均可作为本保险合同的被保险人，就其在中华人民共和国领土（包括领海）或专属经济区内航行、停泊和作业的船舶投保本保险。

（二）保险责任

在本保险期间，被保险船舶在中华人民共和国领土（包括领海）或专属经济区内由于发生污染物排放或泄漏的事故导致下列污染损害，依法应由被保险人承担的经济赔偿责任或应承担的费用，保险人按照本保险合同的约定负责赔偿：

（1）由于污染事故造成本船之外的受害方的财产的直接损失或损害，被保险人应当承担的经济赔偿责任。

（2）由于污染事故造成环境的直接损害，以及为减少污染而实际采取或将要采取的合理恢复措施的费用（不包括环境损害的利润损失）。

（3）为防止被保险船舶面临污染物排放或泄漏后即将出现的危险局面而采取合理施救措施产生的费用。

（4）污染事故发生后任何人采取合理的防止或尽量减少污染损害的预防措施产生的费用，以及因采取这种措施而造成财产的进一步损失或损害而应由被保险人承担的经济赔偿责任。

（5）因服从政府或有关当局为防止或减轻污染发出的命令或指示而产生的费用或责任，但这种费用或责任以不能从被保险船舶的其他保险处得到赔偿为限。

（6）被保险船舶与其他船舶发生碰撞造成的污染事故，应由被保险人承担的经济赔偿责任，以及所有无法合理分开的连带责任，但限于本条上述五款与船舶污染有关的责任和费用，且这种费用或责任以不能从被保险船舶的其他保险处得到赔偿为限。

保险事故发生后，被保险人因保险事故而被提起仲裁或者诉讼的，对应由被保险人支付的仲裁或诉讼费用以及事先经保险人书面同意支付的其他必要的、合理的费用（以下简称法律费用），保险人按照本保险合同约定也负责赔偿。

（三）责任免除

下列原因造成的损失、费用和责任，保险人不负责赔偿：

（1）投保人、被保险人及其代表的故意行为或重大过失。

（2）战争、敌对行为、内战、暴乱行为或异常、不可避免和不可抗拒性质的自然现象；水雷、鱼雷、炸弹、火箭、炮弹、爆炸品或其他类型的武器。

（3）任何核燃料、放射性制品、核废料、核装置或核武器的污染、辐射、泄漏、沾染等。

（4）行政行为或司法行为。

（5）完全由于被保险人和受害方之外的第三方故意造成污染损害的行为。

（6）完全由于负责维护灯塔或其他助航设施的政府或者其他当局在履行该职责时的疏忽或其他过错行为。

(7)被保险船舶的故意排放。

(8)被保险人或其雇员的人身伤亡及其所有或者管理的财产的损失,但采取防止污染损害发生或减少污染损害的措施而引起的财产损失除外。

(9)被保险人应该承担的合同责任,但无合同存在时仍然应由被保险人承担的经济赔偿责任不在此限。

(10)罚款、罚金及惩罚性赔偿。

(11)精神损害赔偿。

(12)任何运费损失、租金损失、租约解除的损失、滞留损失、滞期费、船员工资等损失及相关的费用以及任何利息。

(13)投保人、被保险人在投保之前已经知道或可以合理预见的索赔情况。

(14)被保险船舶或第三者的人身伤亡及由此引起的责任和费用。

(15)任何船舶险或其他保险承保的责任和费用。

(16)本保险合同中载明的免赔额。

当污染损害完全或部分由于受害方故意或者疏忽造成污染损害的作为或不作为所引起时,对船舶所有人依法可全部或部分地免除对该受害方所负的责任,保险人不负责赔偿。其他不属于本保险责任范围内的损失、费用和责任,保险人不负责赔偿。

(四)投保人、被保险人义务

订立保险合同,保险人就保险标的或者被保险人的有关情况提出询问的,投保人应当如实告知。投保人故意或者因重大过失未履行前款规定的如实告知义务,足以影响保险人决定是否同意承保或者提高保险费率的,保险人有权解除保险合同。前款规定的合同解除权,自保险人知道有解除事由之日起,超过30日不行使而消灭。自合同成立之日起超过2年的,保险人不得解除合同;发生保险事故的,保险人应当承担赔偿保险金的责任。投保人故意不履行如实告知义务的,保险人对于合同解除前发生的保险事故,不承担赔偿保险金的责任,并不退还保险费。投保人因重大过失未履行如实告知义务,对保险事故的发生有严重影响的,保险人对于合同解除前发生的保险事故,不承担赔偿保险金的责任,但应当退还保险费。保险人在合同订立时已经知道投保人未如实告知的情况的,保险人不得解除合同;发生保险事故的,保险人应当承担赔偿保险金的责任。

投保人应当在保险合同成立时交付保险费。约定一次性交付保险费的,投保人在约定交费日后交付保险费的,保险人对交费之前发生的保险事故不承担保险责任。约定分期交付保险费的,保险人按照保险事故发生前保险人实际收取保险费总额与投保人应当交付的保险费的比例承担保险责任,投保人应当交付的保险费是指截至保险事故发生时投保人按约定分期应该交纳的保险费总额。

被保险人应严格遵守国家及政府有关部门制定的相关法律、法规及海事主管机构制定的各项安全航行规则制度,按期做好被保险船舶的管理、检验和修理,确保船舶的适航和适拖性,加强管理,采取合理的预防措施,尽力避免或减少责任事故的发生。保险人可以对被保险人遵守前款约定的情况进行检查,向投保人、被保险人提出消除不安全因素和隐患的书面建议,投保人、被保险人应该认真付诸实施。但前述检查并不构成保险人对被保险人的任何承诺。投保人、被保险人未按照约定履行上述安全义务的,保险人有权要求增加保险费或者解除合同。

在保险合同有效期内,被保险船舶被光租,或所有权、船旗、管理人、经营人改变的,船舶尺度、吨位、船龄、船级、航行区域、船舶用途等情况变更的,或有保险标的的危险程度显著增加的其他情形的,被保险人应当及时通知保险人,保险人可以根据费率表的规定增加保险费或者解除合同。被保险人未履行前款约定的通知义务的,因保险标的的危险程度显著增加而发生的保险事故,保险人不承担赔偿保险金的责任。

知道保险事故发生后,被保险人应该做到以下几点:

(1)尽力采取必要、合理的措施,防止或减少损失,否则,对因此扩大的损失,保险人不承担赔偿责任。

(2)及时通知保险人,并以书面形式说明事故发生的原因、经过和损失情况;故意或者因重大过失未及时通知,致使保险事故的性质、原因、损失程度等难以确定的,保险人对无法确定的部分不承担赔偿责任,但保险人通过其他途径已经及时知道或者应当及时知道保险事故发生的除外。

(3)保护事故现场,允许并且协助保险人进行事故调查;对于拒绝或者妨碍保险人进行事故调查导致无法确定事故原因或核实损失情况的,保险人对无法确定或核实的部分,不承担赔偿责任。

(4)涉及违法、犯罪的,应立即向公安部门报案,否则,对因此扩大的损失,保险人不承担赔偿责任。

被保险人收到受害人的损害赔偿请求时,应立即通知保险人。未经保险人书面同意,被保险人对受害人做出的任何承诺、拒绝、出价、约定、付款或赔偿,保险人不受其约束。对于被保险人自行承诺或支付的赔偿金额,保险人有权重新核定,不属于本保险责任范围或超出应赔偿限额的,保险人不承担赔偿责任。在处理索赔过程中,保险人有权自行处理由其承担最终赔偿责任的任何索赔案件,被保险人有义务向保险人提供其所能提供的资料和协助。

被保险人获悉可能发生诉讼、仲裁时,应立即以书面形式通知保险人;接到法院传票或其他法律文书后,应将其副本及时送交保险人。保险人有权以被保险人的名义处理有关诉讼或仲裁事宜,被保险人应提供有关文件,并给予必要的协助。如受害方直接向保险人提起诉讼时,被保险人应当根据相关法律、法规参加诉讼,并协助保险人提供相关资料。如果保险人赔偿了根据本保险合同的约定本不应赔偿的款项,保险人有权向被保险人追偿。对因未及时提供上述通知或必要协助导致扩大的损失,保险人不承担赔偿责任。

被保险人请求赔偿时,应向保险人提供下列证明和资料:

(1)保险单正本。

(2)被保险人或其代表填具的索赔申请书。

(3)受害人向被保险人提出索赔的相关材料。

(4)事故报告、事故调查结论。

(5)损失和费用清单(公估报告)。

(6)船舶相关证书和记录。

(7)被保险人与受害人所签订的赔偿协议书或和解书;经判决或仲裁的,应提供判决文书或仲裁裁决文书。

(8)投保人、被保险人所能提供的与确认保险事故的性质、原因、损失程度等有关的其他证明和资料。被保险人未履行前款约定的索赔材料提供义务,导致保险人无法核实损失情况的,保险人对无法核实部分不承担赔偿责任。

案例讨论

我国某国际物流公司受某建筑公司的委托,为 A 市某立交桥快速路吊装钢筋混凝土预制梁。在施工过程中,因国际物流公司吊车司机失误,导致钢筋混凝土预制梁坠落,事故造成的直接损失:国际物流公司的吊车修理费约20多万元人民币;委托人的两根预制梁约6万元人民币;吊车司机受伤医疗费5 000元。此前,该国际物流公司投保了物流责任保险。请分析:

(1)上述损失该由哪方负责?

(2)保险公司是否对以上损失进行赔付?

(3)假如该国际物流公司在自己的码头或仓库场地进行正常的吊装货物,因吊车本身发生故障或其操作人员的过失导致货物受损,保险公司是否对以上损失进行赔付?

本章小结

第一节　国际货运代理责任保险实务

一、国际货运代理责任保险的被保险人

二、国际货运代理责任保险险别的选择

三、国际货运代理人责任保险承保范围

四、国际货运代理提单责任保险承保范围

五、国际货运代理人责任保险的除外责任

六、保险人义务

七、投保人、被保险人义务

八、附加条款

第二节　物流责任保险实务

一、物流企业的责任风险

二、物流责任保险的被保险人

三、物流责任保险险别的选择

四、物流责任保险主险承保范围

五、物流责任保险除外责任

六、物流责任保险附加险条款

七、投保人、被保险人义务

第三节　船东保赔保险

一、船东保赔保险和保赔协会概述

二、中国船东互保协会保险主要承保风险范围

三、中国船东互保协会除外责任

四、中国船东互保协会损害赔偿最高限额与免赔额

第四节　船舶油污损害民事责任保险

一、船舶油污损害民事责任保险实施办法

二、船舶油污损害民事责任保险条款

🧠 **目标检测**

一、单项选择题

1. 海运责任保险的责任是一种( )。
    A. 民事责任   B. 刑事责任
    C. 行政责任   D. 政治责任

2. 我国船东互保协会承保的责任范围一般不包括( )。
    A. 人身伤亡   B. 船舶全损
    C. 油污损害   D. 货损货差

3. 我国船东互保协会对承保( )风险规定了损害赔偿最高限额。
    A. 油污损害   B. 船舶全损
    C. 共同海损   D. 人身伤亡

4. 国际货运代理责任保险对( )原因引起货运代理人的赔偿责任不承担责任。
    A. 过失行为   B. 倒签提单
    C. 误交货物   D. 迟延交货

5. 我国船东互保协会承保船舶碰撞责任的范围是( )责任。
    A. 超额   B. 2/4
    C. 3/4   D. 4/4

二、多项选择题

1. 保赔保险具有( )特点。
    A. 非营利性   B. 充分保障性
    C. 互助性   D. 营利性

2. 下列属于我国船东互保协会除外责任的有( )。
    A. 船舶全损   B. 船舶部分损失
    C. 战争风险   D. 核风险

3. 国际货运代理责任保险通常承保( )责任。
    A. 海关罚款或惩罚   B. 未能收取运费
    C. 战争   D. 预借提单

4. 以下( )属于海运责任保险。
    A. 保赔保险   B. 船舶保险
    C. 货物保险   D. 国际货运代理人责任保险

5. 根据中人保物流责任保险条款的规定,保险人对于( )原因造成的物流货物损失、费用和责任不承担赔偿责任。
    A. 执法行为或司法行为
    B. 物流货物遭受盗窃或不明原因失踪
    C. 火灾、爆炸
    D. 发货人或收货人确定的物流货物数量、规格或内容不准确

三、判断题

1. 保赔协会为非营利性保险组织,保险公司为营利性保险组织。

2.海运责任保险的责任系无过失责任和无过错责任。

3.船东保赔保险对船舶保险承保的风险造成的损失不承担责任。

4.对国际货运代理人未凭提单放货引起的责任,保险人不承担责任。

5.保赔协会的赔偿责任通常是无限的责任。

四、思考题

1.海运责任保险分为哪些种类?

2.船东互保协会的除外责任包括哪些?

3.国际货运代理人责任保险的承保范围通常包括哪些?

4.保赔协会与商业保险公司的主要区别是什么?

5.物流责任保险的承保范围通常包括哪些?

五、案例分析

货运代理人从货主手上接受100袋服装,并签发 House B/L 给货主,然后又将不同货主的货物装在同一个箱子里,以托运人的名义办理海运手续。承运人签发海运提单给货运代理人。在目的港,尽管集装箱的铅封完好,但少了10袋服装。收货人向货运代理人索赔其短少的货物。请分析以下问题:

(1)货代是否对短交货物负责?

(2)假设货代投保责任保险,此种责任是否属于保险人的责任范围?

(3)货运代理人能否向海运承运人索赔?

第六章
海上保险索赔与理赔

学习目标

1. 了解海上保险索赔与理赔的基本知识；
2. 熟悉船舶保险损失核算；
3. 掌握货物保险损失核算。

技能要求

1. 具备通晓海上保险索赔与理赔程序的能力；
2. 能够准确核算船舶保险中船舶的损失；
3. 能够准确核算货物保险中货物的损失。

重点和难点

海上运输货物保险中货物损失的核算和船舶保险中船舶损失的核算。

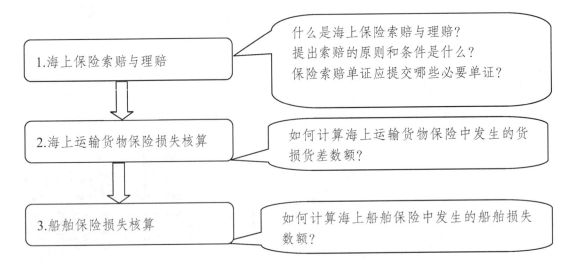

学习导图

1.海上保险索赔与理赔	什么是海上保险索赔与理赔? 提出索赔的原则和条件是什么? 保险索赔单证应提交哪些必要单证?
2.海上运输货物保险损失核算	如何计算海上运输货物保险中发生的货损货差数额?
3.船舶保险损失核算	如何计算海上船舶保险中发生的船舶损失数额?

先导案例

我国 A 进出口公司进口一套设备,并向 B 保险公司投保海上运输货物保险一切险。在海上运输过程中,由于船方配载不当,这套设备中的一个木箱顶部被压变形。A 进出口公司提货时取得了船方签证,确认是船方过错导致的。但由于 A 进出口公司厂房尚未竣工,该套设备到厂后不能开箱安装。一年后,A 进出口公司技术人员开箱安装机器,这时,才发现该机上部一主轴被严重压弯,无法使用。因此,A 进出口公司要求 B 保险公司予以赔偿。B 保险公司接到通知后,派人现场查勘。经审核单证后,认为这是船方责任造成的,且向船方的追偿权丧失,因此,保险人不承担责任。法院认定:保险人应承担部分责任,理由是被保险人的过错导致保险人向船方追偿权丧失,依照我国《保险法》《海商法》的有关规定,并根据《海商法》第五十六条有关承运人赔偿限额的规定,在保险赔偿金额中相应扣减了承运人应当赔付的金额。

第一节　海上保险索赔与理赔概述

一、海上保险索赔与理赔的概念

(一)海上保险索赔

海上保险索赔通常是指被保险人在发生保险事故后,就被保险人所遭受的损失向保险人提出赔偿要求的行为。海上保险索赔是被保险人为了维护自身经济利益而行使的索赔的权利过程,包括损失通知、申请检验、保险索赔、领取赔款等。

(二)海上保险理赔

海上保险理赔是指保险人处理有关保险赔偿责任的程序和工作。保险理赔通常包括保险人处理被保险人在发生保险事故后向保险人提出索赔的全部过程,包括立案、保险索赔、损失确定、责任审定、赔款计算、赔款给付等六个环节。

在海上保险实务中,一旦发生保险事故,保险赔偿程序便要开始运行:站在保险人的角度就是保险理赔;站在被保险人的角度就是保险索赔。因此,有时会出现保险索赔和保险理赔术语同时并列以及内容重复等情况。

二、保险索赔的损失通知

(一)损失通知的含义

被保险人在获悉或发现保险标的受损以后,采取书面形式或者其他形式向保险人报告损失情况,并提出赔偿损失的要求,这份书面报告就叫损失通知。

(二)损失通知时间的要求

我国《海商法》和海上运输货物保险条款都规定,一旦保险事故发生,被保险人应当立即通知保险人。我国船舶保险条款规定,被保险人一经获悉被保险船舶发生事故或遭受损失,应在 48 小时内通知保险人。被保险人一定要注意在规定的时间内向保险人发出损失通知,这也是被保险人的一项义务,因被保险人未及时通知而影响保险人利益时,保险人有权对有关损失拒绝赔偿。被保险人的通知义务对于保险人来说是非常重要的,因为它关系到保险人的切身利益。保险人在获悉保险标的发生事故后,可以及时采取必要措施,以防止损失的扩大,也可以确定损失的范围和事故的性质,以及保护向有关责任方进行追偿的权利。

(三)损失通知与索赔时效的关系

损失通知与索赔时效并没有直接的关系,不能认为损失通知一经发出,就表明被保险人的索赔行为已经开始,可以不再受索赔时效的限制。实际上不论是保险合同还是法律上的规定,索赔时效都应理解为诉讼时效。我国《海商法》规定"根据海上保险合同向保险人要求保险赔偿的请求权,时效期间为两年,自保险事故发生之日起计算"。我国海上运输货物保险条款规定"本保险索赔时效,从保险事故发生之日起起算,最多不超过两年"。被保险人不能认为只要向保险人提出索赔通知就万事大吉了,如果保险人因种种原因不予赔偿,被保险人必须在两年内向法院提出诉讼,才能不丧失诉讼时效和胜诉权。被保险人应尽可能地向保险人提早提出,以免保险人以不能有效地行使代位权而拒赔或少赔。因为,我国法律以及相关国际公约规定海上货物运输货物损失诉讼时效为一年。

三、索赔提出的原则和条件

任何诉讼或者仲裁案件通常都是从索赔开始的。

(一)提出索赔的原则

索赔时,索赔方应坚持实事求是、有根有据、合情合理、注重实效的原则。导致货运事故发生的原因多样,其规模和损失因事故不同而异。在客观上,认定损失的大小和原因往往就比较困难;而在主观上,由于托运人或收货人与保险人分别考虑各自的利益,对货运事故原因的归结和损失大小的认知更是不同,从而难以界定事故的责任。这也是法律诉讼的起因。所以,坚持提出索赔的原则更加重要。

1.实事求是的原则

实事求是是双方沟通的基础,也是解决纠纷的关键。实事求是就是根据所发生的实际情况,分析其原因,确定责任人及其责任范围。

2.有根有据的原则

在提出索赔时,被保险人应掌握造成货损事故的有力证据,并依据合同有关条款、国际公约和法律规定以及国际惯例,有根有据地提出索赔。

3.合情合理的原则

合情合理就是根据事故发生的事实,准确地确定损失程度和金额,合理地确定责任方应承担的责任。根据不同情况,采用不同的解决方式、方法,使事故合理、尽早地得到处理。

4.注重实效的原则

注重实效是指货损索赔中应注重实际效益。如果已不可能得到赔偿,而仍然长期纠缠在法律诉讼中,则只能是浪费时间和财力。如果能挽回一部分损失,切不可因等待全额赔偿而放弃。

(二)索赔必须具备的条件

合理的索赔通常应当具备以下四个基本条件:

1.索赔人具有索赔权

向保险人提出货物损失索赔的人原则上是持有保险单的货物所有人,即提单上记载的收货人或合法的提单持有人。只有保险单的合法持有人(投保人或受让人),才有权向保险人提出索赔。如果卖方或者买方不是保险单的合法持有人,则无权向保险人提出索赔。货运代理人接受货主的委托,也可以办理货运事故的索赔事宜。

2.保险人应当负有实际赔偿责任

收货人作为索赔方提出的索赔应在保险人承保范围之内,并且货损事故发生在保险人责任期间。

3.索赔人必须具有保险利益

保险利益是指被保险人对保险标的所具有法律上承认的利益。如果保险标的受损,但被保险人的利益未受任何影响,被保险人则不具备保险利益。对货物拥有所有权的人,一般对货物拥有保险利益。只有享有保险利益的人,才有可能获得赔偿。

4.在规定的期限内提出索赔

索赔必须在规定的期限即诉讼时效内提出。否则,索赔人提出的索赔在时效过后难以得到赔偿。

四、损失检验

保险标的一旦发生损失,就需要进行检验,以便查明事故原因,损失的性质、范围和程度,分清责任方,为保险人及时、正确地处理赔偿提供依据。

(一)申请检验

保险合同一般都规定,被保险人发现损失后应立即向保险人或保险人在目的地的检验、理赔代理人申请检验,不能自行请他人来检验。已取得货损货差证明以及损失额较小的货物也可以不申请检验。

（二）检验费用的支付

检验费用通常由被保险人先垫付，如属于保险责任，则保险人负责赔付；如不属于保险责任，原则上也不应由被保险人自负。根据我国《海商法》第二百四十条的规定，应当由保险人支付。

（三）检验报告的作用

检验报告是检验人对保险标的损失的情况做出客观鉴定的证书，它是被保险人据以向保险人索赔的重要单证，也是保险人确定其责任的一个重要单证。

五、保险索赔单证

（一）货物损失索赔单证

按照我国海上运输货物保险条款的规定，被保险人在向保险人索赔时，必须提供下列单证：保险单正本、提单、发票、装箱单、磅码单、货损货差证明、检验报告及索赔清单。如涉及第三者责任，还必须提供向责任方追偿的有关函电及其他必要单证或文件。

1. 保险单正本

保险单是保险人与被保险人之间订立正式的保险合同的书面凭证，主要载明保险合同双方当事人的权利、义务和责任。保险单是双方当事人履行保险合同的依据，是被保险人向保险人索赔的主要凭证，也是保险人向被保险人赔偿的主要依据。

2. 提单

提单既是承运人接收货物的收据，也是交付货物于收货人时的交货凭证，还是确定承运人与收货人之间责任的证明，是收货人提出索赔依据的主要单证。提单的货物收据表明了承运人所收货物的外表状况和数量，但交付货物时不能按其提交本身就说明了有货损或货差存在的事实。

3. 发票

发票是贸易中由卖方开出的一般商业票据。它是计算索赔金额的主要依据。

4. 装箱单

装箱单也是一种商业票据，列明了每一箱内所装货物的名称、件数、规格等，用以确定损失程度。

5. 磅码单

磅码单是记载货物数量或重量的单证，是证明货损或货差发生在运输过程中还是运输前的重要单证，也是核对损失数量的依据。

6. 货损货差证明

当货物抵达目的地发现残损或短少时，承运人或其代理人要签发货损货差证明，既作为向保险公司索赔的有利证明，也作为日后向承运方追偿的根据。特别是整件短少的，更应要求承运方签具短缺证明。

7. 检验报告

在货物受损的原因不明显或不易区别，或者无法判定货物的受损程度时，可以申请具有公证资格的检验人对货物进行检验。在这种情况下，索赔时必须提供检验人检验后出具的货物残损检验证书。

8. 索赔清单

这是要求保险公司给付赔款的详细清单,主要写明索取赔款数字的计算依据以及有关费用的项目和用途。

9. 向承运人等第三者责任方请求赔偿的函电或其他必要单证和文件

如果货损是由承运人或其他人造成的,被保险人应当向第三者责任方提出索赔,并将这方面的单据提交给保险人,以证明被保险人已经履行了其应该办的追偿手续,即维护了保险公司的追偿权利。

(二)船舶损失索赔单证

我国船舶保险条款对被保险人向保险人索赔时应提供的单证未做规定,从船舶保险实践来看,被保险人要提供下列单证:海事报告和海事声明;航海日志、机舱日志、海图及车钟记录;检验报告;费用清单(包括施救费用、修理费用、船坞费等);有关责任方的来往函电及书面文件;保险单正本;船舶有关证书;索赔清单;其他文件。

六、保险理赔的程序

海上保险理赔的业务程序具体包括以下事宜。

(一)立案

立案是指保险人在接到被保险人的损失通知后,查对被保险人的保险记录,找出并检查被保险人投保的保险单底单(包括批单底单),填写赔偿登记簿,建立档案。

(二)安排检验

安排检验是指保险人接到被保险人损失通知后,立即安排业务人员并汇集有关专业检验人员到现场进行查勘检验。

(三)审核

审核是指保险人对被保险人提出的赔偿要求进行全面的审核,以确定保险人的责任和赔偿范围。审核包括单证审核、损失原因审核、被保险人资格审核、保险期限审核等方面。

(四)赔款计算

赔款计算是指在明确保险人责任后,保险人对保险标的具体损失,根据不同的情况,通过计算,定出应给予赔偿的具体数额。

(五)赔偿支付

赔偿支付是指保险人向被保险人支付保险赔偿金的行为。

第二节 海运货物保险损失核算

一、海运货物保险损失审核

审核包括单证审核、损失原因审核、保险期限审核、被保险人资格审核等方面。

（一）单证审核

确认被保险人按规定提供的单证、证明及材料是否齐全有效,有无涂改、伪造;审核经办人员是否规范地填写赔案有关单证并签字,必备单证是否齐全,签章是否齐全,保单、发票、运单三者内容是否相符,索赔人所持发票载明的货物是否系本次遭受损失的保险货物等。

（二）损失原因审核

在海上运输货物中,导致货物发生损失的原因有很多,确定货物损失的原因是非常重要的,它关系到保险人的保险责任认定问题以及被保险人是否能够获得赔偿。例如,被保险货物的自然损耗、本质缺陷、特性以及市价跌落、运输延迟所引起的损失则不属于保险人的责任范围。海盗行为、战争行为等原因可能会造成货物的损失,属于货物战争险承保范围,而不是基本险承保范围。

（三）保险期限审核

保险期限是指保险人所承担的保险责任从开始到终止的时间。在此期间发生的承保风险造成的保险标的损害,保险人承担赔偿责任。如果不是在保险期间,即便是承保风险造成的保险标的损害,保险人也不承担赔偿责任。例如,货物在运至收货人最后仓库后发生火灾或者仓库漏雨造成的货物损失,虽然火灾或下雨属于一切险承保范围,但因为超出保险人责任期限,所以保险人可以不予赔偿。

（四）被保险人资格审核

审核被保险人是否有保险利益及索赔权,被保险人是否遵守诚信原则,是否如实告知有关情况,投保时货物是否有损失等。

（五）其他方面审核

审核被保险人在损失发生后是否及时、适当地采取了施救措施,以避免出现损失或减少损失的扩大面。如果被保险人不履行应尽义务,导致损失扩大,对扩大的损失部分,保险公司可以拒赔。审核被保险人是否及时向责任方履行了追偿的必要手续。审核被保险货物是否存在重复保险,残值是否扣除,有无扣除免赔额等。

二、货物全损的赔偿计算

被保险货物的全损包括实际全损、推定全损和部分全损三种情况。

（一）实际全损和推定全损

对于被保险货物的实际全损和推定全损,如果是定值保险,则保险人按照被保险货物的保险金额全部给予赔偿,货物本身如有残余价值,则应归保险人所有;如果是不定值保险,在没有超过保险金额的情况下,保险人按货物的实际价值作为赔偿的依据,仅赔偿货物的实际价值。

在货物全损情况下,如果被保险人支付施救费用,则保险人应在赔偿货物保险金额之外,另行赔偿被保险人为此支付的施救费用,但以被保险货物的保险金额为限。

（二）部分全损

保险人对于部分全损的赔偿数额应是该批货物的保险金额,而不是总的保险金额。不定值保险的货物以及施救费用的计算同前所述。

三、货物部分损失的赔款计算

(一) 数量损失的计算公式

赔偿数额=保险金额×遭受损失货物件数(重量)/承保货物总件数(重量)

例如:小五金货物 10 箱,每箱重 10 kg,保险金额为 10 000 元,货主投保一切险,运输过程中短少 2 箱。其赔偿额计算如下:

$$10\ 000 \times 2/10 = 2\ 000(元)$$

(二) 质量损失的计算公式

赔偿数额=保险金额×(货物完好价值-受损后的价值)/货物完好价值

例如:一批服装承保水渍险,保额为 10 000 元,在运输途中遭受风浪袭击水损,目的地完好价值为 15 000 元,受损后的价值为 7 500 元。其赔偿额计算如下:

$$10\ 000 \times (15\ 000 - 7\ 500)/15\ 000 = 5\ 000(元)$$

(三) 加成投保的计算公式

赔偿数额=保险金额×按发票计算的损失额/发票金额

例如:出口丝绸 100 匹,发票金额为 100 000 元,保额为 120 000 元,损失 10 匹,其赔偿额计算如下:

$$120\ 000 \times 10\ 000/100\ 000 = 12\ 000(元)$$

(四) 扣除免赔额的计算公式

扣除免赔额的计算方法分为按整批货物扣除和按受损货物重量扣除两种方式,在一般情况下按整批货物扣除免赔额计算。计算步骤:先计算免赔重量,再算出赔偿重量,最后计算赔偿金额。

例如:进口化肥 1 000 袋,100 kg/袋。保险金额为 50 万人民币,投保一切险,免赔额为 0.5%。货物到港后,有些袋子破损,短少 1 850 kg。其赔偿额计算如下:

免赔重量为 1 000 × 100 × 0.5% = 500(kg)

赔偿重量为 1 850-500 = 1 350(kg)

赔偿金额为 500 000×1 350/(1 000×100) = 6 750(元)

第三节 船舶保险损失核算

一、船舶实际全损和推定全损

(一) 实际全损

我国船舶保险条款规定,被保险船舶发生完全毁损或严重损坏不能恢复原状,或者被保险人不可避免地丧失该船舶,作为船舶实际全损,按保险金额赔偿。保险人按保险金额全额赔付被保险人后,该船舶所有权归保险人所有。当然保险人也可放弃对船舶的权利,全额支付保险合同约定的保险金额,以解除对船舶可能产生的义务。同货物保险赔偿计算一样,如果是在不定值保险的情况下,首先要确定船舶的保险价值。如果船舶的保险价值高于保险金额,则保险人按保险金额赔偿;如果船舶的保险价值低于保险金额,则保险人按保险价值赔偿。

(二)推定全损

我国船舶保险条款规定,当被保险船舶实际全损已不可避免,或者恢复、修理、救助的费用或这些费用的总和超过保险价值时,在向保险人发出委付通知后,可视为推定全损,不论保险人是否接受委付,都按保险金额赔偿。如果保险人接受了委付,则保险标的归保险人所有。

对于船舶在航次中应收的运费数额,不论是实际全损还是推定全损的情况下,保险人都不能要求享有,仍归船东所有。

二、船舶部分损失

船舶发生部分损失,在一般情况下要到修船厂修理,保险人对于在承保范围内造成的损失进行修理所支付的费用,按实际支付的数额给予赔偿,但要注意以下几点:

(1)以新换旧不做扣减。

(2)船底的除锈或喷漆的索赔不予负责,除非与海损修理直接有关。

(3)船东为使船舶适航做必要的修理或通常进入干船坞时,被保险船舶也需就所承保的损坏进坞修理,进出船坞和船坞的使用时间的费用应平均分配。如果船舶仅为所承保的损坏必须进坞修理时,被保险人于船舶在坞期间进行检验或其他修理工作,只要被保险人的修理工作不曾延长被保险船舶在船坞时间或增加任何其他船坞的使用费用,保险人就不得扣减其应支付的船坞使用费用。

(4)船舶部分损失要扣除免赔额。

三、船舶损失费用

船舶损失费用主要指共同海损、救助费用和施救费用。

(一)共同海损和救助费用

根据我国船舶保险条款的规定,保险人负责赔偿被保险船舶的共同海损、救助费用的分摊部分。被保险船舶发生共同海损牺牲,被保险人可获得对这种损失的全部赔偿,而无须先行使向其他各方索取分摊的权利。对于费用,等到理算后,保险人才予赔偿被保险人的分摊部分。

凡保险金额低于约定价值或低于共同海损或者救助费用的分摊金额时,保险人按保险金额在约定价值或分摊金额所占的比例计算。

(二)施救费用

同货物损失赔偿计算一样,对于施救费用,保险人应在赔偿船舶损失之外,另行赔偿被保险人为此支付的施救费用,但以被保险船舶的保险金额为限。同样,在保险金额低于保险价值的情况下,也就是不足额保险,保险人按照保险金额与保险价值的比例支付施救费用。

四、船舶碰撞责任的核算

对于船舶碰撞责任的核算,根据我国船舶保险条款的规定,当被保险船舶与其他船舶碰撞且双方均有过失时,除一方或双方船东责任受法律限制外,本条项下的赔偿应按交叉责任的原则计算。保险人对船舶碰撞责任的赔偿有单一责任原则和交叉责任原则。

（一）单一责任原则的计算

单一责任原则是指碰撞双方按各自的过失比例计算出应向对方支付的赔款后进行冲抵，由多付的一方向另一方支付余额，保险人仅承担被保险人向对方支付的实际金额。这种计算方法有利于保险人。

例如，甲船与乙船发生碰撞，双方对这次碰撞都负有责任，即互有过失。经法院裁定，甲船承担 50% 的碰撞责任，乙船承担 50% 的碰撞责任。假设甲船总损失为 20 万元（修理费 12 万元和 8 万元的船期损失），乙船总损失为 16 万元（修理费 10 万元和 6 万元的船期损失），根据单一责任原则计算，甲船赔偿乙船的总损失 16 万元的 50%，为 8 万元，乙船赔偿甲船的总损失 20 万元的 50%，为 10 万元。双方赔偿数额相互抵销后，乙船应向甲船赔偿余额 2 万元（10 万 - 8 万）。乙船的保险人应赔偿乙船 2 万元的碰撞责任损失，甲船的保险人则不需向甲船支付碰撞责任的损失赔偿。

按此计算，甲船保险人不承担碰撞责任，甲船船东本身的损失只能从保险人处拿到 12 万元（8 万元船期损失不赔）加上乙船的赔偿 8 000 元（2 万元中的 12 000 元是修理费，保险人要扣除），共 128 000 元。甲船船东损失 72 000 元（200 000 - 128 000）。

（二）交叉责任原则的计算

交叉责任原则是指碰撞双方按各自的过失比例相互赔偿对方的损失。这种计算方法有利于被保险人。

例如上例中，根据交叉责任原则来计算，甲船保险人承担甲船碰撞责任 8 万元，乙船保险人承担乙船碰撞责任 10 万元，双方保险人的责任不能以最终双方冲抵的数为准。按此计算，甲船船东从对方保险人处拿到 6 万元的修理费和 4 万元的船期损失，从本船保险人处拿到本船修理费 6 万元，共得赔偿额为 6 + 4 + 6 = 16（万元），比单一责任原则多得了 32 000 元（160 000 - 128 000）。

案例讨论

我国 A 金属公司与 B 保险公司签订进出口货物运输预约保险协议一份，A 金属公司向 B 保险公司投保进口机电的平安险、战争险和短量险。约定保额按进口机电金额的 110% 确定；保险费率 0.12%；短量绝对免赔额为整批货物保险金额的 0.3%，短量依据以目的港法定检验（外轮理货公司理货单或入境通关单）为准。

在保险期间，A 金属公司进口的四票货物先后从日本以海运方式出运，海运提单分别载明：收货人为 A 金属公司；货物重量分别为 1 041 t、937 t、982 t 和 985 t。上述货物先后运抵卸货港甲港后，经外轮理货公司理货，并由甲港出入境检验检疫局出具入境货物通关单，四票货物的到货重量分别为 970 t、921 t、910 t 和 930 t。A 金属公司以货物发生短量为由，先后以书面形式向保险公司提出索赔，要求保险公司支付保险赔款合计 50 万美元。因遭拒赔，A 金属公司于 2004 年 9 月 15 日起诉至海事法院，请求判令 B 保险公司赔偿其货物短量损失人民币 50 万美元。

对于双方争议的几个焦点问题，请做出分析和认定：

（1）金属公司货物是否发生了短量？短量是多少？

（2）保险公司是否应对货物短量承担保险赔偿责任？

（3）短量保险赔款如何计算？

本章小结

第一节　海上保险索赔与理赔概述

一、海上保险索赔与理赔的概念

二、保险索赔的损失通知

三、索赔提出的原则和条件

四、损失检验

五、保险索赔单证

六、保险理赔的程序

第二节　海运货物保险损失核算

一、海运货物保险损失审核

二、货物全损的赔偿计算

三、货物部分损失的赔款计算

第三节　船舶保险损失核算

一、船舶实际全损和推定全损

二、船舶部分损失

三、船舶损失费用

四、船舶碰撞责任的核算

目标检测

一、判断题

1. 保险标的损失的检验费用应当由保险人支付。（　）

2. 保险人赔偿被保险人的施救费用，以保险标的的保险金额为限。（　）

3. 船舶修理后应做以新换旧的扣减。（　）

4. 交叉责任原则是指碰撞双方按各自的过失比例相互赔偿对方的损失。（　）

5. 被保险人向保险人索赔时，必须提供保险单正本。（　）

二、思考题

1. 什么是海上保险理赔？它通常包括哪些环节？

2. 什么是单一责任原则？什么是交叉责任原则？

3. 船舶损失索赔通常要提供哪些单证？

4. 按照中人保的规定，被保险人在向保险人索赔时，必须提供哪些单证？

5. 海上保险索赔提出的原则和条件是什么？

三、计算题

1. 出口大米 2 000 t，投保海洋运输货物一切险，保险金额为 300 万元。货物到达目的地卸货后，经清点发现少了 50 t 大米。问保险人的赔偿金额是多少？

2. 出口一批布匹投保水渍险，保额为人民币 150 000 元。货物在运输途中遭受风浪袭击被海水浸损，目的地完好价值为人民币 200 000 元，受损后的价值为人民币 100 000 元。问保险人的赔偿金额是多少？

3.进口煤炭 2 000 t,货主投保海上货物运输保险平安险附加短量险,保险金额为人民币 50 万元,免赔额为 1.5%。货到目的地后发现短少 35 t 货物。问保险人的赔偿金额是多少？

4.甲船与乙船发生碰撞,双方对这次碰撞都负有责任,即互有过失。经法院裁定,甲船承担 60% 的碰撞责任,乙船承担 40% 的碰撞责任。假设甲船总损失为 30 万元(修理费 20 万元和 10 万元的船期损失),乙船损失为 20 万元(修理费 15 万元和 5 万元的船期损失),根据单一责任原则和交叉责任原则分别计算保险人的赔偿责任和被保险人获得的赔偿数额。

附录 A 案例讨论及目标检测参考答案

第一章 海上保险基本知识

【案例讨论】保险人不应当承担赔偿责任。其理由是被保险人在已知损失发生后才投保一切险,违背了《保险法》诚信原则而无效,保险人依协议仅承担平安险的保险责任。因货物锈蚀不属于平安险的承保范围,故保险人不承担责任。

一、单项选择题

1. A;2. B;3. D;4. B;5. D。

二、多项选择题

1. CD;2. ABC;3. ABC;4. AB;5. CD。

三、判断题

1. 错;2. 对;3. 错;4. 错;5. 错。

四、思考题

1. 保险是指投保人根据合同的规定,向保险人支付保险费,保险人对于合同约定的可能发生的事故,因其发生所造成的财产损失承担赔偿保险金责任,或者当被保险人死亡、伤残、疾病或达到合同约定的年龄、期限时承担给付保险金责任的商业行为。海上保险是指保险人对被保险人因海上及陆上风险或危险和意外事故所造成的财产或利益损失或引起的责任,按照约定的条件和范围给予赔偿的一种特殊的商业保险行为。

2. 保险具有损失赔偿的作用;分散危险的作用;积累资金的作用;促进对外经济贸易发展的作用;保障社会稳定、人们生活安定的作用。

3. 海上保险的特征:承保风险的综合性;承保标的的流动性;承保对象的多变性;保险种类的多样性;海上保险的国际性。

4. 海上保险的基本分类:按保险标的分为船舶保险、海上运输货物保险、运费保险、保赔保险;按保险价值分为定值保险和不定值保险;按保险期限分为航程保险、定期保险和混合保险;按承保方式分为逐笔保险、预约保险、总括保险。

5. 一是代表的利益不同。保险经纪人代表的是客户的利益;而保险代理人代表的是保险公司的利益。二是提供的服务不同。保险经纪人为客户提供风险管理、保险安排、协助索赔与追偿等全过程服务;而保险代理人一般只代理保险公司销售保险产品,代为收取保险费。三是服务的对象不同。保险经纪人的主要客户主要是收入相对稳定的中高端消费人群及大中型企业和项目;而保险代理人的客户主要是个人。四是法律上承担的责任不同。客户与保险经纪人是委托与受托关系,如果因为保险经纪人的过错造成客户的损失,保险经纪人对客户承担相应的经济赔偿责任;而保险代理人与保险公司是代理与被代理关系,被代理保险公司仅对保险代理人在授权范围内的行为后果负责。

五、案例分析

保险人是否应当赔偿被保险人50万元损失,取决于被保险船舶的价值。如果确定的保险价值高于保险金额,则保险人按照保险金额与保险价值的比例负赔偿责任;如果确定的保险价值等于保险金额,则保险人赔偿被保险人50万元损失。

第二章　海上保险合同

【案例讨论】海上货物运输保险合同在法律上属诺成性合同,投保人提出投保要求,并与保险人就保险合同主要条款达成协议,经保险人在投保单上盖章承保,保险合同成立,而投保单就成为保险合同的一种书面形式。

保险费条款是保险合同的重要条款,但就本案而言,应认定原告、被告之间已就保险费条款有了明确约定,只是具体的金额留待在运输船舶确定后,根据船龄等因素最终确定保险费率。法律规定,如果当事人各方在订立合同时,有意将一项合同内容或条款留待进一步商定,则尽管这一项条款没有明确,亦不妨碍合同的有效成立。况且,在合同的某些条款未订明的情况下,应由双方当事人通过协商达成一致意见,如不能达成补充协议,则由双方根据合同有关条款或者交易习惯确定。如果仍然不能确定的,则应按照我国有关法律规定处理。所以,B保险公司关于保险费条款未订明、保险合同未成立的观点不能成立。

现行海上保险实务通常使用保险单来证明海上保险合同的成立,保险单也是保险合同的正式凭证。B保险公司以签章形式同意承保,双方已就合同的条款达成协议,故应认定保险合同已经合法、有效成立。在保险单出具前保险标的发生保险事故,保险人应当根据保险合同承担赔偿责任。再者,保险单虽然是保险人单方面出具的书面文件,但也是投保人与保险人之间海上保险合同客观存在的一种证明。没有出具保险单并不必然推论出保险合同法律关系的不存在。

一、单项选择题

1. D;2. B;3. B;4. A;5. B。

二、多项选择题

1. ABC;2. BD;3. ABD;4. AB;5. AC。

三、判断题

1. 对;2. 错;3. 错;4. 对;5. 错。

四、思考题

1. 根据我国《海商法》的规定,海上保险合同是指保险人按照约定,对被保险人遭受保险事故造成保险标的的损失和产生的责任负责赔偿,而由被保险人支付保险费的合同。其主要特征是它属于一种赔偿性质的合同,一种射幸合同,一种附意合同,一种双务有偿合同。

2. 海上保险单的表现形式主要有海上保险单、保险凭证、联合凭证、保险批单、暂保单、投保单等。

3. 保险利益是指投保人对保险标的的具有的法律上承认的利益。保险利益的构成要件:必须是合法利益;必须是确定的、可以实现的利益;必须具有经济上的利益;必须是与被保险人有利害关系的利益。

4. 根据我国《海商法》的规定,保险人与被保险人未约定保险价值的,保险价值按照下列规定计算:船舶的保险价值是保险责任开始时船舶的价值,包括船壳、机器、设备的价值,以及船上燃料、物料、索具、给养、淡水的价值和保险费的总和;货物的保险价值是保险责任开始时货物在起运地的发票价格或者非贸易商品在起运地的实际价值以及运费和保险费的总和;运费的保险价值是保险责任开始时承运人应收运费总额和保险费的总和;其他保险标的的保险价值是保险责任开始时保险标的的实际价值和保险费的总和。

5. 海上保险代位求偿权的构成应当具备两个基本条件:一个是第三者对保险标的的损害负有责任;另一个是保险人赔付被保险人的损失。

五、案例分析

按照合同订立的一般原理,A 海运公司递交投保书属于要约行为,B 保险公司在收到 A 海运公司的要约后如果同意其意思表示,则应当做出承诺,保险合同此时成立,A 海运公司应当及时签发保单等。但在本案中,由于 A 海运公司要约中的航行区域超越了 B 保险公司的承保范围,B 保险公司对要约的主要内容做了改变,这在理论上视为一个新要约,需要 A 海运公司的承诺合同才能成立。同时 B 保险公司已经派专人向 A 海运公司通知了这一新要约,A 海运公司在接到新要约后并无异议,并按时交纳了保险费。A 海运公司交纳保险费的行为表明其对新要约已经做出承诺,即同意保单上航行范围为东亚及东南亚,保险合同此时成立。A 海运公司超越保险合同承保航区范围,没有及时告知 B 保险公司,导致保险标的的危险程度增加所引起的保险事故,B 保险公司依法拒赔完全正确。

第三章　海上运输货物保险

【案例讨论】

(1)船舶公司应当承担责任。因日本 B 公司的保函没有对抗第三人的效力。

(2)日本 B 公司应承担责任。因船舶公司之所以出具清洁提单,是因为日本 B 公司出具保函,因而日本 B 公司依保函对船舶公司承担责任。

(3)不可以。因为根据我国《海商法》的规定,除合同另有约定以外,对包装不当造成货物损失的,保险人不负赔偿责任。

一、单项选择题

1. C;2. C;3. D;4. C;5. D。

二、多项选择题

1. ABCD;2. CD;3. ABCD;4. ABD;5. ABC。

三、判断题

1. 错;2. 错;3. 对;4. 错;5. 对。

四、思考题

1. 在运输途中由于恶劣气候、雷电、海啸、地震、洪水等自然灾害造成整批货物全损;由于运输工具遭受搁浅、触礁、沉没、互撞、与流冰或其他物体碰撞,以及失火、爆炸等意外事故造成货物的全部或部分损失;在运输工具已经发生搁浅、触礁、沉没、焚毁意外事故的情况下,货物在此之前后又在海上遭受恶劣气候、雷电、海啸等自然灾害所造成的部分损失;在装卸或转运时由于一件或数件整件货物落海造成的全部或者部分损失;被保险人对遭受承保责任内危险的货物采取抢救、防止或减少货损的措施而支付的合理费用;运输工具遭遇海难后,在避难港由于卸货所引起的损失,以及在中途港或避难港由于卸货、存仓以及运送货物所发生的特别费用;共同海损的牺牲、分摊和救助费用;运输合同订有"船舶互碰责任"条款,根据该条款的规定应由货方偿还船方的损失。

2. 海上运输货物保险的除外责任为被保险人的故意行为或过失所造成的损失;属于发货人责任所引起的损失;在保险责任开始前,被保险货物已存在的品质不良或数量短差所造成的损失;被保险货物的自然损耗、本质缺陷、特性以及市价跌落、运输延迟所引起的损失和费用;战争险和罢工险条款规定的责任范围和除外责任。

3. 海上货物运输保险中被保险人有及时提货的义务;合理施救的义务;通知义务;提供必要单证的义务;在获悉有关运输契约中"船舶互撞责任"条款的实际责任后,应及时通知保险人的义务。

4. 普通附加险包括:偷窃、提货不着险;淡水雨淋险;短量险;混杂、沾污险;渗漏险;碰损、破碎险;串味险;受潮受热险;钩损险;包装破碎险;锈损险。

5. 特别附加险包括:交货不到险;进口关税险;舱面货险;拒收险;黄曲霉毒素险;出口货物到香港或澳门存仓火险责任扩展险。

五、计算题

保险金额 = 100 000 × 110% = 110 000(美元)

保险费 = 110 000 × 0.5% = 550(美元)

六、案例分析

对于少装的 200 袋化肥,保险人不负责赔偿,因为是在装运前已经短少;装在甲板上的 300 袋化肥,保险人同样不负责赔偿,不属于一切险承保范围;100 袋水湿、20 袋落海、50 袋雨损属于保险人的承保范围,应给予赔偿;60 袋被火烧毁的化肥,不属于保险人的责任,因为保险人的责任在货物进入收货人的仓库后终止。

第四章　海上船舶保险

【案例讨论】

(1)甲公司能向保险人请求赔偿,因为这是承保范围内的损坏。

（2）船底被划破并产生了一条1米长的裂缝属于单独海损,因为是由搁浅直接造成的。

（3）B财产保险有限公司不承担100袋货物湿损赔偿责任,因为不在承保范围。

（4）10万元的救助费用属于共同海损,因为船、货遭遇共同危险。

（5）B财产保险有限公司不承担船舶尾轴修理费,因为它属于保险人免责范围。

（6）B财产保险有限公司不承担全部10万元的救助费用,而仅承担船舶应分摊的救助费用。

一、单项选择题

1. B;2. D;3. D;4. C;5. C。

二、多项选择题

1. ABC;2. BCD;3. AB;4. ABC;5. ABCD。

三、判断题

1. 对;2. 错;3. 错;4. 错;5. 对。

四、思考题

1. 我国船舶保险全损险的承保范围是地震、火山爆发、闪电或其他自然灾害;搁浅、碰撞、触碰任何固定或浮动物体或者其他物体或其他海上灾害;火灾或爆炸;来自船外的暴力盗窃或海盗行为;抛弃货物;核装置或核反应堆发生的故障或意外事故;装卸或移动货物或者燃料时发生的意外事故;船舶机件或船壳的潜在缺陷;船长或船员有意损害被保险人的利益的行为;船长或船员和引航员、修船人员及租船人的疏忽行为;任何政府当局,为防止或减轻因承保风险造成被保险船舶损坏引起的污染,所采取的行动。

2. 我国船舶保险一切险关于碰撞责任的规定为,被保险船舶与其他船舶碰撞或触碰任何固定的、浮动的物体或其他物体而引起被保险人应负的法律赔偿责任。保险人对下列项目不予负责:人身伤亡或疾病;被保险船舶所载的货物或财物或者其所承诺的责任;清除障碍物、残骸、货物或任何其他物品;任何财产或物体的污染或者沾污,但与被保险船舶发生碰撞的他船或其所载财产的污染或者沾污不在此限;任何固定的、浮动的物体以及其他物体的延迟或丧失使用的间接费用。本条项下保险人的责任(包括法律费用)是本保险其他条款项下责任的增加部分,但对每次碰撞所负的责任不得超过船舶的保险金额。当被保险船舶与其他船舶碰撞双方均有过失时,除一方或双方船东责任受法律限制外,本条项下的赔偿应按交叉责任的原则计算。

3. 我国船舶保险人的除外责任有被保险船舶不适航,包括人员配备不当、装备或装载不妥,但以被保险人在船舶开航时,知道或应该知道此种不适航为限;被保险人及其代表的疏忽或故意行为;被保险人恪尽职责应予发现的正常磨损、锈蚀、腐烂或保养不周,或者材料缺陷,包括不良状态部件的更换或修理;中人保战争和罢工险条款承保和除外的责任范围。

4. 我国船舶战争与罢工险的承保范围为战争、内战、革命、叛乱或者由此引起的内乱或敌对行为;捕获、扣押、扣留、羁押、没收或封锁,从发生之日起满六个月受理;各种战争武器,包括水雷、鱼雷、炸弹;罢工、被迫停工或其他类似事件;民变、暴动或其他类似事件;任何人怀有政治动机的恶意行为。

5. 此条款的保险标的是指在中华人民共和国境内合法登记注册,从事沿海、内河航行的船舶,包括船体、机器、设备、仪器和索具。船上燃料、物料、给养、淡水等财产和渔船不属于本保险标的的范围。

五、案例分析

(1)甲船船东对乙船船损、乙船上货损、乙船船员伤负赔偿责任,赔偿总额为600万美元。

(2)中财保对甲船本身、乙船船损、乙船上货损给予赔偿,赔偿总额为300万美元。

(3)英国保险公司对甲船本身、乙船船损、乙船上货损给予赔偿,赔偿总额为250万美元。

第五章　海运责任保险

【案例讨论】

(1)上述损失应由该国际物流公司负责,因为其吊车司机工作失误造成的;

(2)保险公司对以上三项损失不负责赔偿,理由是国际物流公司超出经营范围,且吊车损失和人身受伤不在责任保险承保范围;

(3)假如该国际物流公司在自己的码头或仓库场地进行正常的吊装货物,因吊车本身发生故障或其操作人员的过失导致货物受损,保险公司也仅对造成的货物损失赔付,其他两项不在承保范围之内。

一、单项选择题

1. A;2. B;3. A;4. B;5. A。

二、多项选择题

1. ABC;2. ABCD;3. AB;4. AD;5. ABD。

三、判断题

1. 对;2. 错;3. 对;4. 对;5. 对。

四、思考题

1. 海运责任保险分为船舶碰撞责任保险、国际货运代理责任保险、船东保赔保险、租船人责任保险、油污损害民事责任保险等。

2. 船东互保协会的除外责任包括船舶险承保风险、战争风险、核风险、双重保险、轻率贸易、无纸贸易、会员故意或轻率地违反运输合同所产生的责任和费用等。

3. 国际货运代理人责任保险的承保范围:①由于安排货物运输代理业务时未发、错发、错运、错交货物,造成额外运输费用损失,但不包括因此产生的货物损失;②由于遗漏、错误缮制和签发有关单证(不含无船承运人提单)、文件而给委托人造成的相关费用损失;③事先以书面形式约定货物交付日期或时间的,因被保险人不作为导致货物延迟交付所造成的运输费用损失;④在港口或仓库(包括被保险人自己拥有的仓库或租用、委托暂存他人的仓库、场地)监装、监卸和储存保管工作中给委托人造成货物的损失(包括因盗窃、抢劫造成的损失);⑤在采用集装箱运输业务中因拆箱、装箱、拼箱操作失误给委托人造成的货物损失;⑥因受托包装、加固货物不当或不充分而给委托人造成的货物损失;⑦在报关过程中,由于被保险人过失造成违反国家有关进出口规定或报关要求,被当局征收的额外关税。

4. 保赔协会与商业保险公司的主要区别是保赔协会主要承保的是船东的责任,商业保险公司承保的是保险标的的损坏或灭失;保赔协会中船东既是保险人又是被保险人,商业保险公司中船东仅是被保险人;保赔协会利益与船东利益一致,商业保险公司在利益方面与船东基本上是相冲突的;保赔协会为非营利性保险组织,商业保险公司为营利性保险组织;保赔协会的赔偿责任(油污外)是无限的,商业保险公司的赔偿额以保险金额为限。

5. 物流责任保险的承保范围:①火灾、爆炸;②运输工具发生碰撞、出轨、倾覆、坠落、搁浅、触礁、沉没,或隧道、桥梁、码头坍塌;③碰撞、挤压导致包装破裂或容器损坏;④符合安全运输规定而遭受雨淋;⑤装卸人员违反操作规程进行装卸、搬运。

保险事故发生后,被保险人因保险事故而被提起仲裁或者诉讼所支付的仲裁费用、诉讼费用以及事先经保险人以书面形式同意支付的其他必要的、合理的费用。

五、案例分析

(1)货代应对短交货物负责,因为他从货主手上接到 100 袋服装。

(2)假设货代投保责任保险,此种责任属于保险人的责任范围。

(3)货运代理人不能向海运承运人索赔,因为铅封完好,承运人不负责任。

第六章　海上保险索赔与理赔

【案例讨论】(1)将货物到港理货及商检衡量数量与提单数量予以对照,应认定四票货物分别短少 71 t、16 t、72 t 和 55 t,共计短少 214 t。

(2)保险公司应对货物短量承担保险赔偿责任。短量险属于普通附加险之一,是指保险人对因包装货物外包装破裂或散装货物散落造成的短重或数量短少损失负责赔偿。保险公司承保的散装货物在海运过程中发生短量,应属于短量险责任范围。

(3)短量保险赔款等于 50 万美元扣除短量绝对免赔额。

一、判断题

1. 对;2. 对;3. 错;4. 对;5. 对。

二、思考题

1. 海上保险理赔是指保险人处理有关保险赔偿责任的程序和工作。海上保险理赔通常包括保险人处理被保险人在发生保险事故后向保险人提出索赔的全部过程,包括损失通知、保险索赔、损失确定、责任审定、赔款计算、赔款给付等六个环节。

2. 单一责任原则是指碰撞双方按各自的过失比例计算出应向对方支付的赔款后进行冲抵,由多付的一方向另一方支付余额,保险人仅承担被保险人向对方支付的实际金额。交叉责任原则是指碰撞双方按各自的过失比例相互赔偿对方的损失。

3. 船舶损失索赔通常要提供的单证为海事报告和海事声明;航海日志、机舱日志、海图及车钟记录;检验报告;费用清单(包括施救费用、修理费用、船坞费等);有关责任方的来往函电及书面文件;保险单正本;船舶有关证书;索赔清单;其他文件。

4. 按照中人保的规定,被保险人在向保险人索赔时,必须提供下列单证:保险单正本、提单、发票、装箱单、磅码单、货损货差证明、检验报告及索赔清单。如涉及第三者责任,还必须提供向责任方追偿的有关函电及其他必要单证或文件。

5. 索赔时,索赔方应坚持实事求是、有根有据、合情合理、注重实效的原则。索赔条件是索赔人具有索赔权;保险人应当负有实际赔偿责任;索赔人必须具有保险利益;在规定的期限内提出索赔。

三、计算题

1. 赔偿金额:$3\,000\,000 \times 50/2\,000 = 75\,000$(元)

2. 赔偿金额:$150\,000 \times (200\,000 - 100\,000)/200\,000 = 75\,000$(元)

3. 免赔重量:$2\,000 \times 1.5\% = 30$(t),赔偿重量:$35 - 30 = 5$(t),赔偿金额:$500\,000 \times 5/2\,000 = 1\,250$(元)

4.①按单一责任原则计算:甲船赔偿乙船损失 20 万元的 60%,为 12 万元;乙船赔偿甲船损失 30 万元的 40%,为 12 万元。双方赔偿数额抵销后,互不赔偿,保险人也就不负碰撞责任。甲船从甲船保险人处拿到 20 万元的赔偿,10 万元的船期损失不赔,船东损失 10 万元。乙船从保险人处拿到 15 万元的赔偿,5 万元的船期损失不赔,船东损失 5 万元。甲船保险人的赔偿责任为 20 万元,乙船保险人的赔偿责任为 15 万元。

②按交叉责任原则计算:甲船从乙船保险人处获得 12 万元的赔偿,其中 8 万元修理费,4 万元的船期损失,加上从甲船保险人处拿到 12 万元修理费,共获赔偿 24 万元。乙船从甲船保险人处拿到 12 万元的赔偿,其中 9 万元修理费,3 万元的船期损失,加上从乙船保险人处获得 6 万元的修理费赔偿,共获赔偿 18 万元。两者相比较,在交叉责任原则下,甲船船东多获得 4 万元的赔偿,乙船船东多获得 3 万元的赔偿。甲船保险人的赔偿责任为 12+9+3=24(万元),乙船保险人的赔偿责任为 6+8+4=18(万元)。

附录 B 中华人民共和国保险法(节选)

中华人民共和国保险法

(1995 年 6 月 30 日第八届全国人民代表大会常务委员会第十四次会议通过,根据
2002 年 10 月 28 日第九届全国人民代表大会常务委员会第三十次会议《关于修改<
中华人民共和国保险法>的决定》第一次修正,2009 年 2 月 28 日第十一届全国人民
代表大会常务委员会第七次会议修订,根据 2014 年 8 月 31 日第十二届全国人民代
表大会常务委员会第十次会议《关于修改<中华人民共和国保险法>等五部法律的决
定》第二次修正,根据 2015 年 4 月 24 日第十二届全国人民代表大会常务委员会第
十四次会议《关于修改<中华人民共和国计量法>等五部法律的决定》第三次修正)

第一章 总则

第一条 为了规范保险活动,保护保险活动当事人的合法权益,加强对保险业的监督管
理,维护社会经济秩序和社会公共利益,促进保险事业的健康发展,制定本法。

第二条 本法所称保险,是指投保人根据合同约定,向保险人支付保险费,保险人对于合
同约定的可能发生的事故因其发生所造成的财产损失承担赔偿保险金责任,或者当被保险人
死亡、伤残、疾病或者达到合同约定的年龄、期限等条件时承担给付保险金责任的商业保险
行为。

第三条 在中华人民共和国境内从事保险活动,适用本法。

第四条 从事保险活动必须遵守法律、行政法规,尊重社会公德,不得损害社会公共利益。

第五条 保险活动当事人行使权利、履行义务应当遵循诚实信用原则。

第六条 保险业务由依照本法设立的保险公司以及法律、行政法规规定的其他保险组织
经营,其他单位和个人不得经营保险业务。

第七条 在中华人民共和国境内的法人和其他组织需要办理境内保险的,应当向中华人
民共和国境内的保险公司投保。

第八条 保险业和银行业、证券业、信托业实行分业经营、分业管理,保险公司与银行、证
券、信托业务机构分别设立。国家另有规定的除外。

第九条 国务院保险监督管理机构依法对保险业实施监督管理。

国务院保险监督管理机构根据履行职责的需要设立派出机构。派出机构按照国务院保险
监督管理机构的授权履行监督管理职责。

第二章 保险合同

第一节 一般规定

第十条 保险合同是投保人与保险人约定保险权利义务关系的协议。

投保人是指与保险人订立保险合同,并按照合同约定负有支付保险费义务的人。

保险人是指与投保人订立保险合同,并按照合同约定承担赔偿或者给付保险金责任的保险公司。

第十一条 订立保险合同,应当协商一致,遵循公平原则确定各方的权利和义务。

除法律、行政法规规定必须保险的外,保险合同自愿订立。

第十二条 人身保险的投保人在保险合同订立时,对被保险人应当具有保险利益。财产保险的被保险人在保险事故发生时,对保险标的应当具有保险利益。

人身保险是以人的寿命和身体为保险标的的保险。

财产保险是以财产及其有关利益为保险标的的保险。

被保险人是指其财产或者人身受保险合同保障,享有保险金请求权的人。投保人可以为被保险人。

保险利益是指投保人或者被保险人对保险标的的具有的法律上承认的利益。

第十三条 投保人提出保险要求,经保险人同意承保,保险合同成立。保险人应当及时向投保人签发保险单或者其他保险凭证。

保险单或者其他保险凭证应当载明当事人双方约定的合同内容。当事人也可以约定采用其他书面形式载明合同内容。

依法成立的保险合同,自成立时生效。投保人和保险人可以对合同的效力约定附条件或者附期限。

第十四条 保险合同成立后,投保人按照约定交付保险费,保险人按照约定的时间开始承担保险责任。

第十五条 除本法另有规定或者保险合同另有约定外,保险合同成立后,投保人可以解除合同,保险人不得解除合同。

第十六条 订立保险合同,保险人就保险标的或者被保险人的有关情况提出询问的,投保人应当如实告知。

投保人故意或者因重大过失未履行前款规定的如实告知义务,足以影响保险人决定是否同意承保或者提高保险费率的,保险人有权解除合同。

前款规定的合同解除权,自保险人知道有解除事由之日起,超过三十日不行使而消灭。自合同成立之日起超过二年的,保险人不得解除合同;发生保险事故的,保险人应当承担赔偿或者给付保险金的责任。

投保人故意不履行如实告知义务的,保险人对于合同解除前发生的保险事故,不承担赔偿或者给付保险金的责任,并不退还保险费。

投保人因重大过失未履行如实告知义务,对保险事故的发生有严重影响的,保险人对于合同解除前发生的保险事故,不承担赔偿或者给付保险金的责任,但应当退还保险费。

保险人在合同订立时已经知道投保人未如实告知的情况的,保险人不得解除合同;发生保险事故的,保险人应当承担赔偿或者给付保险金的责任。

保险事故是指保险合同约定的保险责任范围内的事故。

第十七条 订立保险合同,采用保险人提供的格式条款的,保险人向投保人提供的投保单应当附格式条款,保险人应当向投保人说明合同的内容。

对保险合同中免除保险人责任的条款,保险人在订立合同时应当在投保单、保险单或者其他保险凭证上做出足以引起投保人注意的提示,并对该条款的内容以书面或者口头形式向投保人做出明确说明;未作提示或者明确说明的,该条款不产生效力。

第十八条 保险合同应当包括下列事项:

(一)保险人的名称和住所;

(二)投保人、被保险人的姓名或者名称、住所,以及人身保险的受益人的姓名或者名称、住所;

(三)保险标的;

(四)保险责任和责任免除;

(五)保险期间和保险责任开始时间;

(六)保险金额;

(七)保险费以及支付办法;

(八)保险金赔偿或者给付办法;

(九)违约责任和争议处理;

(十)订立合同的年、月、日。

投保人和保险人可以约定与保险有关的其他事项。

受益人是指人身保险合同中由被保险人或者投保人指定的享有保险金请求权的人。投保人、被保险人可以为受益人。

保险金额是指保险人承担赔偿或者给付保险金责任的最高限额。

第十九条 采用保险人提供的格式条款订立的保险合同中的下列条款无效:

(一)免除保险人依法应承担的义务或者加重投保人、被保险人责任的;

(二)排除投保人、被保险人或者受益人依法享有的权利的。

第二十条 投保人和保险人可以协商变更合同内容。

变更保险合同的,应当由保险人在保险单或者其他保险凭证上批注或者附贴批单,或者由投保人和保险人订立变更的书面协议。

第二十一条 投保人、被保险人或者受益人知道保险事故发生后,应当及时通知保险人。故意或者因重大过失未及时通知,致使保险事故的性质、原因、损失程度等难以确定的,保险人对无法确定的部分,不承担赔偿或者给付保险金的责任,但保险人通过其他途径已经及时知道或者应当及时知道保险事故发生的除外。

第二十二条 保险事故发生后,按照保险合同请求保险人赔偿或者给付保险金时,投保人、被保险人或者受益人应当向保险人提供其所能提供的与确认保险事故的性质、原因、损失程度等有关的证明和资料。

保险人按照合同的约定,认为有关的证明和资料不完整的,应当及时一次性通知投保人、被保险人或者受益人补充提供。

第二十三条 保险人收到被保险人或者受益人的赔偿或者给付保险金的请求后,应当及时做出核定;情形复杂的,应当在三十日内做出核定,但合同另有约定的除外。保险人应当将核定结果通知被保险人或者受益人;对属于保险责任的,在与被保险人或者受益人达成赔偿或者给付保险金的协议后十日内,履行赔偿或者给付保险金义务。保险合同对赔偿或者给付保险金的期限有约定的,保险人应当按照约定履行赔偿或者给付保险金义务。

保险人未及时履行前款规定义务的,除支付保险金外,应当赔偿被保险人或者受益人因此受到的损失。

任何单位和个人不得非法干预保险人履行赔偿或者给付保险金的义务,也不得限制被保险人或者受益人取得保险金的权利。

第二十四条 保险人依照本法第二十三条的规定做出核定后,对不属于保险责任的,应当自做出核定之日起三日内向被保险人或者受益人发出拒绝赔偿或者拒绝给付保险金通知书,并说明理由。

第二十五条 保险人自收到赔偿或者给付保险金的请求和有关证明、资料之日起六十日内,对其赔偿或者给付保险金的数额不能确定的,应当根据已有证明和资料可以确定的数额先予支付;保险人最终确定赔偿或者给付保险金的数额后,应当支付相应的差额。

第二十六条 人寿保险以外的其他保险的被保险人或者受益人,向保险人请求赔偿或者给付保险金的诉讼时效期间为二年,自其知道或者应当知道保险事故发生之日起计算。

人寿保险的被保险人或者受益人向保险人请求给付保险金的诉讼时效期间为五年,自其知道或者应当知道保险事故发生之日起计算。

第二十七条 未发生保险事故,被保险人或者受益人谎称发生了保险事故,向保险人提出赔偿或者给付保险金请求的,保险人有权解除合同,并不退还保险费。

投保人、被保险人故意制造保险事故的,保险人有权解除合同,不承担赔偿或者给付保险金的责任;除本法第四十三条规定外,不退还保险费。

保险事故发生后,投保人、被保险人或者受益人以伪造、变造的有关证明、资料或者其他证据,编造虚假的事故原因或者夸大损失程度的,保险人对其虚报的部分不承担赔偿或者给付保险金的责任。

投保人、被保险人或者受益人有前三款规定行为之一,致使保险人支付保险金或者支出费用的,应当退回或者赔偿。

第二十八条 保险人将其承担的保险业务,以分保形式部分转移给其他保险人的,为再保险。

应再保险接受人的要求,再保险分出人应当将其自负责任及原保险的有关情况书面告知再保险接受人。

第二十九条 再保险接受人不得向原保险的投保人要求支付保险费。

原保险的被保险人或者受益人不得向再保险接受人提出赔偿或者给付保险金的请求。

再保险分出人不得以再保险接受人未履行再保险责任为由,拒绝履行或者迟延履行其原保险责任。

第三十条 采用保险人提供的格式条款订立的保险合同,保险人与投保人、被保险人或者受益人对合同条款有争议的,应当按照通常理解予以解释。对合同条款有两种以上解释的,人民法院或者仲裁机构应当做出有利于被保险人和受益人的解释。

第三节 财产保险合同

第四十八条 保险事故发生时,被保险人对保险标的不具有保险利益的,不得向保险人请求赔偿保险金。

第四十九条 保险标的转让的,保险标的的受让人承继被保险人的权利和义务。

保险标的转让的,被保险人或者受让人应当及时通知保险人,但货物运输保险合同和另有约定的合同除外。

因保险标的的转让导致危险程度显著增加的,保险人自收到前款规定的通知之日起三十日内,可以按照合同约定增加保险费或者解除合同。保险人解除合同的,应当将已收取的保险费,按照合同约定扣除自保险责任开始之日起至合同解除之日止应收的部分后,退还投保人。被保险人、受让人未履行本条第二款规定的通知义务的,因转让导致保险标的的危险程度显著增加而发生的保险事故,保险人不承担赔偿保险金的责任。

第五十条　货物运输保险合同和运输工具航程保险合同,保险责任开始后,合同当事人不得解除合同。

第五十一条　被保险人应当遵守国家有关消防、安全、生产操作、劳动保护等方面的规定,维护保险标的的安全。

保险人可以按照合同约定对保险标的的安全状况进行检查,及时向投保人、被保险人提出消除不安全因素和隐患的书面建议。

投保人、被保险人未按照约定履行其对保险标的的安全应尽责任的,保险人有权要求增加保险费或者解除合同。

保险人为维护保险标的的安全,经被保险人同意,可以采取安全预防措施。

第五十二条　在合同有效期内,保险标的的危险程度显著增加的,被保险人应当按照合同约定及时通知保险人,保险人可以按照合同约定增加保险费或者解除合同。保险人解除合同的,应当将已收取的保险费,按照合同约定扣除自保险责任开始之日起至合同解除之日止应收的部分后,退还投保人。

被保险人未履行前款规定的通知义务的,因保险标的的危险程度显著增加而发生的保险事故,保险人不承担赔偿保险金的责任。

第五十三条　有下列情形之一的,除合同另有约定外,保险人应当降低保险费,并按日计算退还相应的保险费:

(一)据以确定保险费率的有关情况发生变化,保险标的的危险程度明显减少的;

(二)保险标的的保险价值明显减少的。

第五十四条　保险责任开始前,投保人要求解除合同的,应当按照合同约定向保险人支付手续费,保险人应当退还保险费。保险责任开始后,投保人要求解除合同的,保险人应当将已收取的保险费,按照合同约定扣除自保险责任开始之日起至合同解除之日止应收的部分后,退还投保人。

第五十五条　投保人和保险人约定保险标的的保险价值并在合同中载明的,保险标的发生损失时,以约定的保险价值为赔偿计算标准。投保人和保险人未约定保险标的的保险价值的,保险标的发生损失时,以保险事故发生时保险标的的实际价值为赔偿计算标准。保险金额不得超过保险价值。超过保险价值的,超过部分无效,保险人应当退还相应的保险费。保险金额低于保险价值的,除合同另有约定外,保险人按照保险金额与保险价值的比例承担赔偿保险金的责任。

第五十六条　重复保险的投保人应当将重复保险的有关情况通知各保险人。

重复保险的各保险人赔偿保险金的总和不得超过保险价值。除合同另有约定外,各保险人按照其保险金额与保险金额总和的比例承担赔偿保险金的责任。

重复保险的投保人可以就保险金额总和超过保险价值的部分,请求各保险人按比例返还保险费。

重复保险是指投保人对同一保险标的、同一保险利益、同一保险事故分别与两个以上保险人订立保险合同,且保险金额总和超过保险价值的保险。

第五十七条 保险事故发生时,被保险人应当尽力采取必要的措施,防止或者减少损失。保险事故发生后,被保险人为防止或者减少保险标的的损失所支付的必要的、合理的费用,由保险人承担;保险人所承担的费用数额在保险标的的损失赔偿金额以外另行计算,最高不超过保险金额的数额。

第五十八条 保险标的发生部分损失的,自保险人赔偿之日起三十日内,投保人可以解除合同;除合同另有约定外,保险人也可以解除合同,但应当提前十五日通知投保人。

合同解除的,保险人应当将保险标的未受损失部分的保险费,按照合同约定扣除自保险责任开始之日起至合同解除之日止应收的部分后,退还投保人。

第五十九条 保险事故发生后,保险人已支付了全部保险金额,并且保险金额等于保险价值的,受损保险标的的全部权利归于保险人;保险金额低于保险价值的,保险人按照保险金额与保险价值的比例取得受损保险标的的部分权利。

第六十条 因第三者对保险标的的损害而造成保险事故的,保险人自向被保险人赔偿保险金之日起,在赔偿金额范围内代位行使被保险人对第三者请求赔偿的权利。

前款规定的保险事故发生后,被保险人已经从第三者取得损害赔偿的,保险人赔偿保险金时,可以相应扣减被保险人从第三者已取得的赔偿金额。

保险人依照本条第一款规定行使代位请求赔偿的权利,不影响被保险人就未取得赔偿的部分向第三者请求赔偿的权利。

第六十一条 保险事故发生后,保险人未赔偿保险金之前,被保险人放弃对第三者请求赔偿的权利的,保险人不承担赔偿保险金的责任。

保险人向被保险人赔偿保险金后,被保险人未经保险人同意放弃对第三者请求赔偿的权利的,该行为无效。

被保险人故意或者因重大过失致使保险人不能行使代位请求赔偿的权利的,保险人可以扣减或者要求返还相应的保险金。

第六十二条 除被保险人的家庭成员或者其组成人员故意造成本法第六十条第一款规定的保险事故外,保险人不得对被保险人的家庭成员或者其组成人员行使代位请求赔偿的权利。

第六十三条 保险人向第三者行使代位请求赔偿的权利时,被保险人应当向保险人提供必要的文件和所知道的有关情况。

第六十四条 保险人、被保险人为查明和确定保险事故的性质、原因和保险标的的损失程度所支付的必要的、合理的费用,由保险人承担。

第六十五条 保险人对责任保险的被保险人给第三者造成的损害,可以依照法律的规定或者合同的约定,直接向该第三者赔偿保险金。责任保险的被保险人给第三者造成损害,被保险人对第三者应负的赔偿责任确定的,根据被保险人的请求,保险人应当直接向该第三者赔偿保险金。被保险人怠于请求的,第三者有权就其应获赔偿部分直接向保险人请求赔偿保险金。责任保险的被保险人给第三者造成损害,被保险人未向该第三者赔偿的,保险人不得向被保险人赔偿保险金。责任保险是指以被保险人对第三者依法应负的赔偿责任为保险标的的保险。

第六十六条 责任保险的被保险人因给第三者造成损害的保险事故而被提起仲裁或者诉讼的,被保险人支付的仲裁或者诉讼费用以及其他必要的、合理的费用,除合同另有约定外,由保险人承担。

附录 C　中华人民共和国海商法(节选)

第十二章　海上保险合同

第一节　一般规定

第二百一十六条　海上保险合同,是指保险人按照约定,对被保险人遭受保险事故造成保险标的的损失和产生的责任负责赔偿,而由被保险人支付保险费的合同。

前款所称保险事故,是指保险人与被保险人约定的任何海上事故,包括与海上航行有关的发生于内河或者陆上的事故。

第二百一十七条　海上保险合同的内容,主要包括下列各项:

(一)保险人名称;

(二)被保险人名称;

(三)保险标的;

(四)保险价值;

(五)保险金额;

(六)保险责任和除外责任;

(七)保险期间;

(八)保险费。

第二百一十八条　下列各项可以作为保险标的:

(一)船舶;

(二)货物;

(三)船舶营运收入,包括运费、租金、旅客票款;

(四)货物预期利润;

(五)船员工资和其他报酬;

(六)对第三人的责任;

(七)由于发生保险事故可能受到损失的其他财产和产生的责任、费用。

保险人可以将对前款保险标的的保险进行再保险。除合同另有约定外,原被保险人不得享有再保险的利益。

第二百一十九条　保险标的的保险价值由保险人与被保险人约定。

保险人与被保险人未约定保险价值的,保险价值依照下列规定计算:

(一)船舶的保险价值,是保险责任开始时船舶的价值,包括船壳、机器、设备的价值,以及船上燃料、物料、索具、给养、淡水的价值和保险费的总和;

(二)货物的保险价值,是保险责任开始时货物在起运地的发票价格或者非贸易商品在起运地的实际价值以及运费和保险费的总和;

(三)运费的保险价值,是保险责任开始时承运人应收运费总额和保险费的总和;

（四）其他保险标的的保险价值,是保险责任开始时保险标的的实际价值和保险费的总和。

第二百二十条　保险金额由保险人与被保险人约定。保险金额不得超过保险价值;超过保险价值的,超过部分无效。

第二节　合同的订立、解除和转让

第二百二十一条　被保险人提出保险要求,经保险人同意承保,并就海上保险合同的条款达成协议后,合同成立。保险人应当及时向被保险人签发保险单或者其他保险单证,并在保险单或者其他单证中载明当事人双方约定的合同内容。

第二百二十二条　合同订立前,被保险人应当将其知道的或者在通常业务中应当知道的有关影响保险人据以确定保险费率或者确定是否同意承担的重要情况,如实告知保险人。

保险人知道或者在通常业务中应当知道的情况,保险人没有询问的,被保险人无须告知。

第二百二十三条　由于被保险人的故意,未将本法第二百二十二条第一款规定的重要情况如实告知保险人的,保险人有权解除合同,并不退还保险费。合同解除前发生保险事故造成损失的,保险人不负赔偿责任。

不是由于被保险人的故意,未将本法第二百二十二条第一款规定的重要情况如实告知保险人的,保险人有权解除合同或者要求相应增加保险费。保险人解除合同的,对于合同解除前发生保险事故造成的损失,保险人应当负赔偿责任;但是,未告知或者错误告知的重要情况对保险事故的发生有影响的除外。

第二百二十四条　订立合同时,被保险人已经知道或者应当知道保险标的已经因发生保险事故而遭受损失的,保险人不负赔偿责任,但是有权收取保险费;保险人已经知道或者应当知道保险标的已经不可能因发生保险事故而遭受损失的,被保险人有权收回已经支付的保险费。

第二百二十五条　被保险人对同一保险标的就同一保险事故向几个保险人重复订立合同,而使该保险标的的保险金额总和超过保险标的的价值的,除合同另有约定外,被保险人可以向任何保险人提出赔偿请求。被保险人获得的赔偿金额总和不得超过保险标的的受损价值。各保险人按照其承保的保险金额同保险金额总和的比例承担赔偿责任,任何一个保险人支付的赔偿金额超过其应当承担的赔偿责任的,有权向未按照其应当承担赔偿责任支付赔偿金额的保险人追偿。

第二百二十六条　保险责任开始前,被保险人可以要求解除合同。但是应当向保险人支付手续费,保险人应当退还保险费。

第二百二十七条　除合同另有约定外,保险责任开始后,被保险人和保险人均不得解除合同。

根据合同约定在保险责任开始后可以解除合同的,被保险人要求解除合同,保险人有权收取自保险责任开始之日起至合同解除之日止的保险费,剩余部分予以退还;保险人要求解除合同,应当将自合同解除之日起至保险期间届满之日止的保险费退还被保险人。

第二百二十八条　虽有本法第二百二十七条规定,货物运输和船舶的航次保险,保险责任开始后,被保险人不得要求解除合同。

第二百二十九条　海上货物运输保险合同可以由被保险人背书或者以其他方式转让,合同的权利、义务随之转移。合同转让时尚未支付保险费的,被保险人和合同受让人负连带支付责任。

第二百三十条　因船舶转让而转让船舶保险合同的,应当取得保险人同意。未经保险人同意,船舶保险合同从船舶转让时起解除;船舶转让发生在航次之中的,船舶保险合同至航次终了时解除。

合同解除后,保险人应当将自合同解除之日起至保险期间届满之日止的保险费退还被保险人。

第二百三十一条　被保险人在一定期间分批装运或者接收货物的,可以与保险人订立预约保险合同。预约保险合同应当由保险人签发预约保险单证加以确认。

第二百三十二条　应被保险人要求,保险人应当对依据预约保险合同分批装运的货物分别签发保险单证。

保险人分别签发的保险单证的内容与预约保险单证的内容不一致的,以分别签发的保险单证为准。

第二百三十三条　被保险人知道经预约保险合同保险的货物已经装运或者到达的情况时,应当立即通知保险人。通知的内容包括装运货物的船名、航线、货物价值和保险金额。

第三节　被保险人的义务

第二百三十四条　除合同另有约定外,被保险人应当在合同订立后立即支付保险费;被保险人支付保险费前,保险人可以拒绝签发保险单证。

第二百三十五条　被保险人违反合同约定的保证条款时,应当立即书面通知保险人。保险人收到通知后,可以解除合同,也可以要求修改承保条件、增加保险费。

第二百三十六条　一旦保险事故发生,被保险人应当立即通知保险人,并采取必要的合理措施,防止或者减少损失。被保险人收到保险人发出的有关采取防止或者减少损失的合理措施的特别通知的,应当按照保险人通知的要求处理。

对于被保险人违反前款规定所造成的扩大的损失,保险人不负赔偿责任。

第四节　保险人的责任

第二百三十七条　发生保险事故造成损失后,保险人应当及时向被保险人支付保险赔偿。

第二百三十八条　保险人赔偿保险事故造成的损失,以保险金额为限。

保险金额低于保险价值的,在保险标的发生部分损失时,保险人按照保险金额与保险价值的比例负赔偿责任。

第二百三十九条　保险标的在保险期间发生几次保险事故所造成的损失,即使损失金额的总和超过保险金额,保险人也应当赔偿。但是,对发生部分损失后未经修复又发生全部损失的,保险人按照全部损失赔偿。

第二百四十条　被保险人为防止或者减少根据合同可以得到赔偿的损失而支出的必要的合理费用,为确定保险事故的性质、程度而支出的检验、估价的合理费用,以及为执行保险人的特别通知而支出的费用,应当由保险人在保险标的损失赔偿之外另行支付。

保险人对前款规定的费用的支付,以相当于保险金额的数额为限。

保险金额低于保险价值的,除合同另有约定外,保险人应当按照保险金额与保险价值的比例,支付本条规定的费用。

第二百四十一条　保险金额低于共同海损分摊价值的,保险人按照保险金额同分摊价值的比例赔偿共同海损分摊。

第二百四十二条 对于被保险人故意造成的损失,保险人不负赔偿责任。

第二百四十三条 除合同另有约定外,因下列原因之一造成货物损失的,保险人不负赔偿责任:

(一)航行迟延、交货迟延或者行市变化;

(二)货物的自然损耗、本身的缺陷和自然特性;

(三)包装不当。

第二百四十四条 除合同另有约定外,因下列原因之一造成保险船舶损失的,保险人不负赔偿责任:

(一)船舶开航时不适航,但是在船舶定期保险中被保险人不知道的除外;

(二)船舶自然磨损或者锈蚀。

运费保险比照适用本条的规定。

第五节 保险标的的损失和委付

第二百四十五条 保险标的发生保险事故后灭失,或者受到严重损坏完全失去原有形体、效用,或者不能再归保险人所拥有的,为实际全损。

第二百四十六条 船舶发生保险事故后,认为实际全损已经不可避免,或为避免发生实际全损所需支付的费用超过保险价值的,为推定全损。

货物发生保险事故后,认为实际全损已经不可避免,或者为避免发生实际全损所需支付的费用与继续将货物运抵目的地的费用之和超过保险价值的,为推定全损。

第二百四十七条 不属于实际全损和推定全损的损失,为部分损失。

第二百四十八条 船舶在合理时间内未从被获知最后消息的地点抵达目的地,除合同另有约定外,满两个月后仍没有获知其消息的,为船舶失踪。船舶失踪视为实际全损。

第二百四十九条 保险标的发生推定全损,被保险人要求保险人按照全部损失赔偿的,应当向保险人委付保险标的。保险人可以接受委付,也可以不接受委付,但是应当在合理的时间内将接受委付或者不接受委付的决定通知被保险人。

委付不得附带任何条件。委付一经保险人接受,不得撤回。

第二百五十条 保险人接受委付的,被保险人对委付财产的全部权利和义务转移给保险人。

第六节 保险赔偿的支付

第二百五十一条 保险事故发生后,保险人向被保险人支付保险赔偿前,可以要求被保险人提供与确认保险事故性质和损失程度有关的证明和资料。

第二百五十二条 保险标的发生保险责任范围内的损失是由第三人造成的,被保险人向第三人要求赔偿的权利,自保险人支付赔偿之日起,相应转移给保险人。

被保险人应当向保险人提供必要的文件和其所需要知道的情况,并尽力协助保险人向第三人追偿。

第二百五十三条 被保险人未经保险人同意放弃向第三人要求赔偿的权利,或者由于过失致使保险人不能行使追偿权利的,保险人可以相应扣减保险赔偿。

第二百五十四条 保险人支付保险赔偿时,可以从应支付的赔偿额中相应扣减被保险人已经从第三人取得的赔偿。

保险人从第三人取得的赔偿,超过其支付的保险赔偿的,超过部分应当退还给被保险人。

第二百五十五条 发生保险事故后,保险人有权放弃对保险标的的权利,全额支付合同约定的保险赔偿,以解除对保险标的的义务。

保险人行使前款规定的权利,应当自收到被保险人有关赔偿损失的通知之日起的七日内通知被保险人;被保险人在收到通知前,为避免或者减少损失而支付的必要的合理费用,仍然应当由保险人偿还。

第二百五十六条 除本法第二百五十五条的规定外,保险标的发生全损,保险人支付全部保险金额的,取得对保险标的的全部权利;但是,在不足额保险的情况下,保险人按照保险金额与保险价值的比例取得对保险标的的部分权利。

附录 D 中国人民财产保险股份有限公司 海洋运输货物保险条款(2018版)

一、投保人、被保险人

凡依法设立的企事业单位、社会团体、个体工商户、其他经济组织及自然人,均可作为投保人、被保险人。

二、责任范围

本保险分为平安险、水渍险及一切险三种。被保险货物遭受损失时,本保险按照保险单上载明承保险别的条款约定负赔偿责任。

(一)平安险

本保险负责赔偿:

1. 被保险货物在运输途中由于恶劣气候、雷电、海啸、地震、洪水自然灾害造成整批货物的全部损失或推定全损。当被保险人要求赔付推定全损时,须将受损货物及其权利委付给保险人。被保险货物用驳船运往或运离海轮的,每一驳船所装的货物可视作一个整批。推定全损是指被保险货物的实际全损已经不可避免,或者恢复、修复受损货物以及运送货物到原定目的地的费用超过该目的地的货物价值。

2. 由于运输工具遭受搁浅、触礁、沉没、互撞、与流冰或其他物体碰撞以及失火、爆炸意外事故造成货物的全部或部分损失。

3. 在运输工具已经发生搁浅、触礁、沉没、焚毁意外事故的情况下,货物在此前后又在海上遭受恶劣气候、雷电、海啸等自然灾害所造成的部分损失。

4. 在装卸或转运时由于一件或数件整件货物落海造成的全部或部分损失。

5. 被保险人对遭受承保责任内危险的货物采取抢救、防止或减少货损的措施而支付的合理费用,但以不超过该批被救货物的保险金额为限。

6. 运输工具遭遇海难后,在避难港由于卸货所引起的损失以及在中途港、避难港由于卸货、存仓以及运送货物所产生的特别费用。

7. 共同海损的牺牲、分摊和救助费用。

8. 运输契约订有"船舶互撞责任"条款,根据该条款规定应由货方偿还船方的损失。

(二)水渍险

除包括上列平安险的各项责任外,本保险还负责被保险货物由于恶劣气候、雷电、海啸、地震、洪水自然灾害所造成的部分损失。

(三)一切险

除包括上列平安险和水渍险的各项责任外,本保险还负责被保险货物在运输途中由于外来原因所致的全部或部分损失。

三、除外责任

本保险对下列损失不负赔偿责任：

（一）被保险人的故意行为或过失所造成的损失。

（二）属于发货人责任所引起的损失。

（三）在保险责任开始前，被保险货物已存在的品质不良或数量短差所造成的损失。

（四）被保险货物的自然损耗、本质缺陷、特性以及市价跌落、运输延迟所引起的损失或费用。

（五）本公司海洋运输货物战争险条款和货物运输罢工险条款规定的责任范围和除外责任。

四、责任起讫

（一）本保险负"仓至仓"责任，自被保险货物运离保险单所载明的起运地仓库或储存处所开始运输时生效，包括正常运输过程中的海上、陆上、内河和驳船运输在内，直至该项货物到达保险单所载明目的地收货人的最后仓库或储存处所或被保险人用作分配、分派或非正常运输的其他储存处所为止。如未抵达上述仓库或储存处所，则以被保险货物在最后卸载港全部卸离海轮后满六十天为止。如在上述六十天内被保险货物需转运到非保险单所载明的目的地时，则以该项货物开始转运时终止。

（二）由于被保险人无法控制的运输延迟、绕道、被迫卸货、重新装载、转载或承运人运用运输契约赋予的权限所作的任何航海上的变更或终止运输契约，致使被保险货物运到非保险单所载明目的地时，在被保险人及时将获知的情况通知保险人，并在必要时加交保险费的情况下，本保险仍继续有效，保险责任按下列规定终止。

1. 被保险货物如在非保险单所载明的目的地出售，保险责任至交货时为止，但不论任何情况，均以被保险货物在卸载港全部卸离海轮后满六十天为止。

2. 被保险货物如在上述六十天期限内继续运往保险单所载原目的地或其他目的地时，保险责任仍按上述第（一）款的规定终止。

五、保险人义务

（一）本保险合同成立后，保险人应当及时向投保人签发保险单或其他保险凭证。

（二）保险事故发生后，投保人、被保险人提供的有关索赔的证明和资料不完整的，保险人应当及时一次性通知投保人、被保险人补充提供。

（三）保险人收到被保险人的赔偿请求后，应当及时就是否属于保险责任做出核定，并将核定结果通知被保险人。

六、投保人、被保险人义务

（一）当被保险货物运抵保险单所载明的目的港（地）以后，被保险人应及时提货，当发现被保险货物遭受任何损失，应即向保险单上所载明的检验、理赔代理人申请检验，如发现被保险货物整件短少或有明显残损痕迹应即向承运人、受托人或有关当局（海关、港务当局等）索取货损货差证明。如果货损货差是由于承运人、受托人或其他有关方面的责任所造成，并应以书面方式向他们提出索赔，必要时还须取得延长时效的认证。如未履行上述规定义务，保险人对有关损失不负赔偿责任。

（二）对遭受承保责任内危险的货物，被保险人和保险人都可迅速采取合理的抢救措施，防止或减少货物的损失，被保险人采取此项措施，不应视为放弃委付的表示，保险人采取此项措施,也不得视为接受委付的表示。

对由于被保险人未履行上述义务造成的扩大的损失,保险人不负赔偿责任。

(三)如遇航程变更或发现保险单所载明的货物、船名或航程有遗漏或错误时,被保险人应在获悉后立即通知保险人并在必要时加交保险费,本保险才继续有效。

(四)在向保险人索赔时,必须提供下列单证:保险单正本、提单、发票、装箱单、磅码单、货损货差证明、检验报告及索赔清单。如涉及第三者责任,还须提供向责任方追偿的有关函电及其他必要单证或文件。

被保险人未履行前款约定的单证提供义务,导致保险人无法核实损失情况的,保险人对无法核实的部分不承担赔偿责任。

(五)在获悉有关运输契约中"船舶互撞责任"条款的实际责任后,应及时通知保险人。否则,保险人对有关损失不负赔偿责任。

七、赔偿处理

保险人收到被保险人的赔偿请求后,应当及时就是否属于保险责任做出核定,并将核定结果通知被保险人。情形复杂的,保险人在收到被保险人的赔偿请求并提供理赔所需资料后三十日内未能核定保险责任的,保险人与被保险人根据实际情形商议合理期间,保险人在商定的期间内做出核定结果并通知被保险人。对属于保险责任的,在与被保险人达成有关赔偿金额的协议后十日内,履行赔偿义务。

八、索赔期限

本保险索赔时效,从保险事故发生之日起起算,最多不超过两年。

附录 E 中国人民财产保险股份有限公司 船舶保险条款(2009 版)

本保险的保险标的是船舶,包括其船壳、救生艇、机器、设备、仪器、索具、燃料和物料。

本保险分为全损险和一切险。

一、责任范围

(一)全损险

本保险承保由于下列原因所造成的保险船舶的全损:

1. 地震、火山爆发、闪电或其他自然灾害。

2. 搁浅、碰撞、触碰任何固定或浮动物体或其他物体或其他海上灾害。

3. 火灾或爆炸。

4. 来自船外的暴力盗窃或海盗行为。

5. 抛弃货物。

6. 核装置或核反应堆发生的故障或意外事故。

7. 本保险还承保由于下列原因所造成的保险船舶的全损:

(1)装卸或移动货物或燃料时发生的意外事故。

(2)船舶机件或船壳的潜在缺陷。

(3)船长、船员有意损害被保险人利益的行为。

(4)船长、船员和引水员、修船人员及租船人的疏忽行为。

(5)任何政府当局,为防止或减轻因承保风险造成保险船舶损坏引起的污染,所采取的行动。

但此种损失原因应不是由于被保险人、船东或管理人未克尽职责所致的。

(二)一切险

本保险承保上述原因所造成保险船舶的全损和部分损失以及下列责任和费用:

1. 碰撞责任

(1)本保险负责因保险船舶与其他船舶碰撞或触碰任何固定的、浮动的物体或其他物体而引起被保险人应负的法律赔偿责任。

但本条对下列责任概不负责:

a. 人身伤亡或疾病;

b. 保险船舶所载的货物或财物或其所承诺的责任;

c. 清除障碍物、残骸、货物或任何其他物品;

d. 任何财产或物体的污染或沾污(包括预防措施或清除的费用)但与保险船舶发生碰撞的他船或其所载财产的污染或沾污不在此限。

e. 任何固定的、浮动的物体以及其他物体的延迟或丧失使用的间接费用。

(2)当保险船舶与其他船舶碰撞双方均有过失时,除一方或双方船东责任受法律限制外,本条项下的赔偿应按交叉责任的原则计算。当保险船舶碰撞物体时,亦适用此原则。

(3)本条项下保险人的责任(包括法律费用)是本保险其他条款项下责任的增加部分,但对每次碰撞所负的责任不得超过船舶的保险金额。

2. 共同海损和救助

(1)本保险负责赔偿保险船舶的共同海损、救助、救助费用的分摊部分。保险船舶若发生共同海损牺牲,被保险人可获得对这种损失的全部赔偿,而无须先行使向其他各方索取分摊额的权利。

(2)共同海损的理算应按有关合同规定或适用的法律或惯例理算,如运输合同无此规定,应按《北京理算规则》或其他类似规则规定办理。

(3)当所有分摊方均为被保险人或当保险船舶空载航行并无其他分摊利益方时,共损理算应按《北京理算规则》(第5条除外)或明文同意的类似规则办理,如同各分摊方不属同一人一样。该航程应自起运港或起运地至保险船舶抵达除避难港或加油港外的第一个港口为止,若在上述中途港放弃原定航次,则该航次即行终止。

3. 施救

(1)由于承保风险造成船舶损失或船舶处于危险之中,被保险人为防止或减少根据本保险可以得到赔偿的损失而付出的合理费用,保险人应予以赔付。本条不适用于共同海损、救助或救助费用,也不适用于本保险中另有规定的开支。

(2)本条项下保险人的赔偿责任是在本保险其他条款规定的赔偿责任以外,但不得超过船舶的保险金额。

二、除外责任

本保险不负责下列原因所致的损失、责任或费用:

(一)不适航,包括人员配备不当、装备或装载不妥,但以被保险人在船舶开航时,知道或应该知道此种不适航为限;

(二)被保险人及其代表的疏忽或故意行为;

(三)被保险人克尽职则应予发现的正常磨损、锈蚀、腐烂保养不周,或材料缺陷包括不良状态部件的更换或修理;

(四)战争、内战、革命、叛乱或由此引起的内乱或敌对行为;

(五)捕获、扣押、扣留、羁押、没收或封锁;

(六)各种战争武器,包括水雷、鱼雷、炸弹、原子弹、氢弹或核武器;

(七)罢工、被迫停工或其他类似事件;

(八)民变、暴动或其他类似事件;

(九)任何人怀有政治动机的恶意行为。

(十)保险船舶被征用或被征购;

三、免赔额

(一)承保风险所致的部分损失赔偿,每次事故要扣除保险单规定的免赔额(不包括碰撞责任、救助、共损、施救的索赔)。

(二)恶劣气候造成两个连续港口之间单独航程的损失索赔应视为一次意外事故。

本条不适用于船舶的全损索赔以及船舶搁浅后专为检验船底引起的合理费用。

四、海运

除非事先征得保险人的同意并接受修改后的承保条件和所需加付的保险费,否则,本保险对下列情况所造成的损失和责任均不负责:

(一)保险船舶从事拖带或救助服务;

(二)保险船舶与他船(非港口或沿海使用的小船)在海上直接装卸货物,包括驶近、靠拢和离开;

(三)保险船舶为拆船或为拆船出售的目的的航行。

五、保险期间

本保险分定期保险和航次保险:

(一)定期保险:期限最长一年。起止时间以保险单上注明的日期为准。保险到期时,如保险船舶尚在航行中或处于危险中或在避难港或中途港停靠,经被保险人事先通知保险人并按日比例加付保险费后,本保险继续负责到船舶抵达目的港为止。保险船舶在延长时间内发生全损,需加交 6 个月保险费。

(二)航次保险:按保单订明的航次为准。起止时间按下列规定办理:

1. 不载货船舶:自起运港解缆或起锚时开始至目的港抛锚或系缆完毕时终止。

2. 载货船舶:自起运港装货时开始至目的港卸货完毕时终止。但自船舶抵达目的港当日午夜零点起最多不得超过 30 天。

六、保险合同的解除

(一)一旦保险船舶按全损赔付后,本保险自动解除。

(二)当船舶的船级社变更,或船舶等级变动、注销或撤回,或船舶所有权或者船期改变,或转让给新的管理部门,或光船出租或者被征购或者被征用,除非事先书面征得保险人的同意,本保险自动解除。但船舶有货载或正在海上时,经要求,可延迟到船舶抵达下一个港口或最后卸货港或目的港。

(三)当货物、航程、航行区域、拖带、救助工作或开航日期方面有违背保险单特款规定时,被保险人在接到消息后,应立即通知保险人并同意接受修改后的承保条件及所需加付的保险费,本保险仍继续有效,否则,本保险自动解除。

七、保险费和退费

(一)定期险:全部保险费应在承保时付清。如保险人同意,保险费也可分期交付,但保险船舶在承保期限内发生全损时,未交付的保险费要立即付清。

本保险在下列情况下可以办理退费:

1. 被保险船舶退保或保险终止时,保险费应自保险终止日起,按净保险费的日比例计算退还给被保险人。2. 无论是否在船厂修理或装卸货物,在保险人同意的港口或区域内停泊超过30 天时,停泊期间的保险费按净保险费的日比例的 50% 计算,但本款不适用船舶发生全损。如果本款超过 30 天的停泊期分属两张同一保险人的连续保单,停泊退费应按两张保单所承保的天数分别计算。

(二)航次保险:

自保险责任开始一律不办理退保和退费。

八、被保险人义务

(一)被保险人一经获悉保险船舶发生事故或遭受损失,应在 48 小时内通知保险人,如船在国外,还应立即通知距离最近的保险代理人,并采取一切合理措施避免或减少本保险承保的损失。

(二)被保险人向保险人请求赔偿时,应及时提交保险单正本、港监签证、航海(行)日志、轮机日志、海事报告、船舶法定检验证书、船舶入籍证书、船舶营运证书、船员证书(副本)、运输合同载货记录、事故责任调解书、裁决书、损失清单以及其他被保险人所能提供的与确认保险事故的性质、原因、损失程度等有关的证明和资料。

被保险人向本公司请求赔偿并提供理赔所需资料后,本公司在60天内进行核定。对属于保险责任的,本公司在与被保险人达成赔偿或给付保险金的协议后10天内,履行赔偿义务。

被保险人未履行前款约定的单证提供义务,导致保险人无法核实损失情况的,保险人对无法核实的部分不承担赔偿责任。

(三)被保险人或保险人为避免或减少本保险承保的损失而采取措施,不应视为对委付的放弃或接受、或对双方任何其他权利的损害。

(四)被保险人与有关方面确定保险船舶应负的责任和费用时,应事先征得本公司的同意。

(五)保险船舶发生保险责任范围内的损失应由第三者负责赔偿的,被保险人应向第三者索赔。如果第三者不予支付,被保险人应采取必要措施保护诉讼时效;保险人根据被保险人提出的书面赔偿请求,按照保险合同予以赔偿,同时被保险人必须依法将向第三者追偿的权利转让给保险人,并协助保险人向第三者追偿。未经保险人同意放弃向第三人要求赔偿的权利,或者由于被保险人的过失造成保险人代位求偿权益受到损害,保险人可相应扣减赔款。

九、招标

(一)当保险船舶受损并要进行修理时,被保险人要像一个精打细算未投保的船东,对受损船的修理进行招标以接受最有利的报价。

(二)保险人也可对船舶的修理进行招标或要求再次招标,此类投标经保险人同意而被接受时,保险人补偿被保险人按保险人要求而发出招标通知日起至接受投标时止所支付的燃料、物料及船长、船员的工资和给养。但此种赔偿不得超过船舶当年保险价值的30%。

(三)被保险人可以决定受损船舶的修理地点,如被保险人未像一个精打细算未投保的船东那样行事,保险人有权对被保险人决定的修理地点或修理厂商行使否决权或从赔款中扣除由此而增加的任何费用。

十、索赔和赔偿

(一)保险事故发生时,被保险人对保险标的不具有保险利益的,不得向保险人请求赔偿保险金。

(二)全损

1.保险船舶发生完全毁损或者严重损坏不能恢复原状,或者被保险人不可避免地丧失该船舶,作为实际全损,按保险金额赔偿。

2.保险船舶在预计到达目的港日期,超过两个月尚未得到它的行踪消息视为实际全损,按保险金额赔偿。

3.当保险船舶实际全损似已不能避免,或者恢复、修理、救助的费用或者这些费用的总和超过保险价值时,在向保险人发出委付通知后,可视为推定全损,不论保险人是否接受委付,按保险金额赔偿。如保险人接受了委付,本保险标的属保险人所有。

（三）部分损失

1. 对本保险项下海损的索赔，以新换旧均不扣减。

2. 保险人对船底的除锈、或喷漆的索赔不予负责，除非与海损修理直接有关。

3. 船东为使船舶适航做必要的修理或通常进入干船坞时，保险船舶也需就所承保的损坏进坞修理，进出船坞和船坞的使用时间费用应平均分摊。

如船舶仅为本保险所承保的损坏必须进坞修理时，被保险人于船舶在坞期间进行检验或其他修理工作，只要被保险人的修理工作不曾延长保险船舶在坞时间或增加任何其他船坞的使用费用，保险人不得扣减其应支付的船坞使用费用。

（四）被保险人为获取和提供资料和文件所花费的时间和劳务，以及被保险人委派或以其名义行事的任何经理、代理人、管理或代理公司等的佣金或费用，本保险均不给予补偿，除非经保险人同意。

（五）凡保险金额低于约定价值或低于共同海损或救助费用的分摊金额时，保险人对本保险承保损失和费用的赔偿，按保险金额在约定价值或分摊金额所占的比例计算。

（六）保险船舶与同一船东所有，或由同一管理机构经营的船舶之间发生碰撞或接受救助，应视为第三方船舶一样，本保险予以负责。

十一、争议的处理

因履行本保险合同发生的争议，由当事人协商解决。协商不成的，提交保险合同载明的仲裁机构仲裁；保险合同未载明仲裁机构且争议发生后未达成仲裁协议的，依法向有管辖权的法院起诉。

本保险合同适用中华人民共和国法律（不包括港澳台地区法规）。

参考文献

[1] 章金萍.保险实务[M].北京:中国人民大学出版社,2012.

[2] 袁建华.海上保险原理与实务[M].3版.成都:西南财经大学出版社,2011.

[3] 刘金章,王晓珊.海上货物运输与运输工具保险[M].北京:清华大学出版社,北京:北京交通大学出版社,2011.

[4] 崔惠贤.保险中介理论与实务[M].北京:清华大学出版社,2010.

[5] 王卫国,马颖,王仰光.保险法[M].北京:清华大学出版社,2010.

[6] 冯芳怡.海上保险实务[M].北京:中国金融出版社,2009.

[7] 郭颂平,袁建华.海上保险学[M].北京:中国金融出版社,2009.

[8] 杨良宜,汪鹏南.英国海上保险条款详论[M].2版.大连:大连海事大学出版社,2009.

[9] 梁爽.国际贸易保险[M].大连:大连理工大学出版社,2009.

[10] 孙晓程.国际货物运输与保险[M].大连:大连理工大学出版社,2009.

[11] 王艳玲.英国海上保险条款专论[M].大连:大连海事大学出版社,2007.